일본의 식민지배와 역사적 책임

중층적 결재 구조로
본 식민지배

청일전쟁, 러일전쟁, 3·1만세운동, 중일전쟁, 아시아태평양전쟁 과정에서 돌아가신
이름 없는 의병들과 강제 동원 등으로 피해를 입은 민초들에게 이 책을 바칩니다.

일본의 식민지배와 역사적 책임

중층적 결재 구조로 본
1894~1910~1945 식민지배

김경남 지음

경북대학교출판부

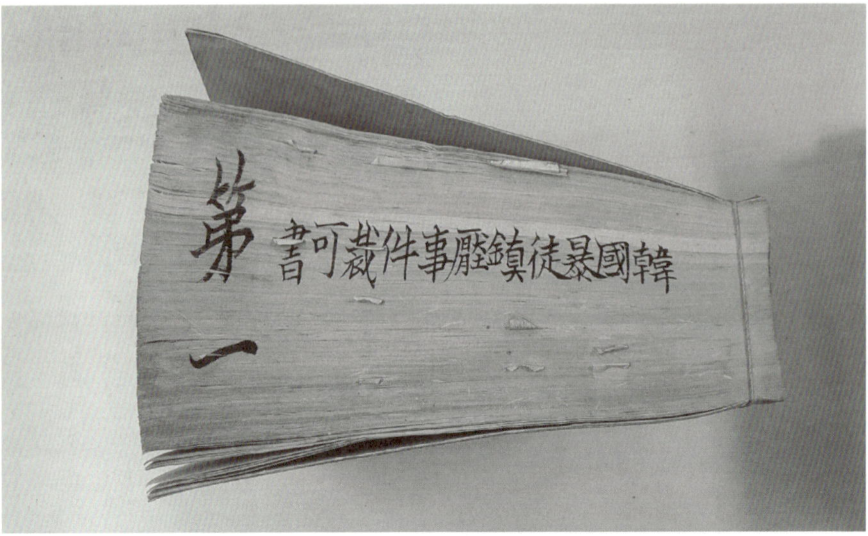

일본 내각의 한국 폭도 진압 사건 재가철 제1권

러일전쟁 때 일본의 침략에 저항한 조선인은 국사범(정치범)으로 처형되었다.

일본 내각이 생산한 '공문유취'에 수록된 한국 관련 기록-재정, 군사, 학사, 산업, 상훈, 관제

머리말

3·1운동 100주년을 어떻게 맞이할 것인가. 대한제국은 왜 전쟁다운 전쟁 한번 해 보지 못한 채, 1910년 8월 29일 일본의 식민지로 전락하고 말았을까. 왜 당시 강대국인 미국과 영국이 아닌, 늦게 제국주의에 나선 일본이 한국을 점령했는가. 여기에 대한 대답은 여러 가지가 있을 수 있다. 특히 일본이 영국과 미국과의 밀약을 활용하여 한국을 침략했다는 사실은 잘 알려져 있다. 그런데 이에 더하여 일본 정부가 청일전쟁, 러일전쟁을 거치면서 한국의 행정부를 착착 장악해 온 것이 무엇보다 큰 원인 중의 하나라고 할 수 있다.

이 책은 제국과 점령지, 제국과 식민지의 중층적 결재 구조에 주목하고 있다. 일본 정부가 서양 열강으로부터 침입을 당하자 제국화로 살 길을 모색하였고, 주변 국가들을 군사기지로 활용하기 위하여 강대국의 묵인하에 자국의 행정 시스템으로 다른 나라의 행정을 움직였기 때문이다. 이 중층적 결재 구조는 제국이 자국의 전쟁에서 이익을 챙기기 위하여 식민지에 만든 희생 시스템이라고 할 수 있다. 이 희생 시스템은 식민지에 속한 사람들의 생활, 즉 생명, 건강, 일상, 재산, 존엄성, 희망 등을 희생시켜 일본 국가의 이익을 유지하는 시스템이다. 식민지 사람들의 희생 없이는 생길 수 없는 제국의 이익이다. 이러한 식민지의 희생에 대해 제국은 약육강식 논리로 정당화하고 있으며, 그것은 모양은 다르지만 현재까지도 지속되고 있다.

1868년 메이지 정부 수립 이래 일본의 총리들은 한국을 자신들의 '이익선'과 '생명선'으로 생각하였고, 이에 따라 한국은 그들의 희생 시스템 속으로 편입되었다. 이 시스템 속에서 자행된 식민도시 '개발' 정책은 이른바 '근대화' 논리로 아무리 포장한다 해도 제국주의 시대 열강들과 상층 권력부의 이익을 위한 희생양이었다는 것을 부정할 수 없다.

민족의 위기에 당하여 민중들은 동학농민전쟁과 청일전쟁, 러일전쟁과 의병전쟁 과정에서 반봉건·반제국주의 전쟁을 끊임없이 벌이고 죽어 나갔다. 하지만 이 시기에 일본 정부는 갑오개혁과 한국의 친일파, 통감부를 활용하여 한국 정부의 심장인 행정부를 틀어쥐었다. 그 수법은 동아시아 조약항 체제(Treaty port system)하에서 영국, 미국, 러시아 등 강대국과 이권을 거래하고, 한국 내정에는 고문정치와 일본식 기록관리 체제를 구축하여 각종 사업을 통제하는 것이었다.

일본 정부는 대한제국 정부를 강제 '병합'하기 이전에 이미 '총성 없는' 전쟁을 시작하여 차관을 들이고 행정부를 점차 장악하는 수법으로 자신들의 전쟁에 필요한 전략적 시설이나 물자 및 인력을 조달하는 체제를 만들었다. 그리고 제국주의 정책에 반대하는 자는 일본인이든 조선인이든 모두 총살시키거나 형무소에 가두었고, 친일파를 기용하여 500년 이상 유지되어 오던 조선왕조를 손에 넣었다. 그리고 36년을 완전 식민지로 지배하였다.

식민지로 전락한 이후 나라를 되찾기 위해 가장 대규모로 일어난 저항운동이 3·1민중운동이다. 이후에도 학생과 청년들, 노동자, 농민들은 각종 조직을 만들어 일제의 식민지배 정책에 저항하였다. 해외에서는 대한민국임시정부를 세우고, 조선광복군과 의열단을 만들어 목숨을 걸고 독립운동을 전개하였다. 아시아태평양전쟁에서 연합국의 승리로 해방이 결정되었지만, 수많은 독립투사들의 희생 위에 지금의 우리들이 있는 것이다.

그런데 일본으로부터 해방되고 70여 년이 지났지만, 식민지배에 대한 배상·보상 문제가 여전히 미해결 상태로 남아 있다. 과거의 부끄러운 진실과 마주하고 싶지 않은 일본 정부는 '조선인 노무자 채무'를 이른바 '경제협력'으로 둔갑시키고, '위안부' 문제도 '강제동원' 문제도 '돈 정치'로 진실을 덮으려 하고 있다. 심지어 최근에는 '독도', '센가쿠' 등 영토 문제를 일으켜 식민지배에 대해 사죄하기는커녕 국제교전권이 없고 군사 무장을 할 수 없다는 '평화헌법' 제9조를 개정하여, 군사 무장과 교전권을 확보하려 하고 있다. 아시아의 고통스런 역사 체험을 바탕으로 만들어진 '평화헌법'이 폐기될 위기에 처하게 되었다.

그리고 이른바 '한강의 기적'이라 불리는 한국의 경제적 부상에도 불구하고, 한반도는 '미소 냉전'의 마지막 화약고로서 아직도 미국과 중국, 러시아와 일본 등 강대국에게 큰 영향을 받고 있다. '종전 선언'도 북한의 '벼랑 끝 핵무기 외교'도 이러한 역사적 상황에 따른 약소국의 실정을 잘 보여 주는 것이 아닌가 생각된다.

세계 각국은 네트워크를 형성하여 제4차 산업혁명에 따른 인공지능시대를 맞이하고 있는데, 한반도와 아시아에는 '미소 냉전'의 마지막 처리가 필요한 시점이다. 한국은 미국 정부의 군사작전권을 반환받아야 하고, 남북한과 미국 간에는 한국전쟁에 종지부를 찍는 종전선언이 필요한 상황이다. 종전 이후 평화적으로 남북한 통일 문제를 풀어 나가야 한다. 그런데 일본은 독도영유권을 주장하면서 국제사법재판소(ICJ)에 제소하려 하고 있고, 중국은 이미 북한의 경제를 실질적으로 장악하고 있다. 이러한 국제정치적 상황에 따라 다시 한번 각계 각층의 '심기일전'이 필요한 시점이다. 한반도에 해빙이 온다면 세계사의 흐름이 바뀔 수 있는 중대한 귀로에 서 있기 때문이다.

따라서 3·1운동 100주년을 맞이하여, 필자는 1894년 청일전쟁부터 해방 이후 연합국 최고사령관 총사령부(Supreme Commander for the Allied Powers: SCAP/General Headquarters: GHQ, 이하 GHQ로 약칭) 점령기까지 중층적 결재 구조를 검토하고자 한다. 이것은 식민지배에 대한 배상·보상 문제를 해결하기 위한 증거를 밝히는 작업으로서, 이를 통해 일왕과 일본 내각의 역사적 책임을 분명하게 하고자 한다.

결재 제도는 조직의 정책을 효율적으로 결정하기 위해 행정기관 등에서 가장 광범위하게 취하고 있는 제도이다. 그런데 일본 내각은 강제 병합 이전부터 청일전쟁, 러일전쟁에서 한반도를 일본군의 군사적 요새로 활용하기 위해 여러 가지 법적·행정적 결정을 하였다. 이로 인해 일본 내각과 일왕의 행정적 결재가 한반도는 물론 오키나와(沖縄), 홋카이도(北海道), 만주(滿洲), 가라후토(樺太, 지금의 사할린), 중국 등에 사는 사람들의 운명을 뒤흔들었다는 점에서 일본 정부의 결재 구조를 주목할 필요가 있다.

강제 병합 이후 일본 내각과 일왕은 일본 법률을 조선에 실시하기 위하여 칙령은 물론 제령을 만들어 컨트롤하였다. 칙령과 제령은 제국의회의 심의를 거치지 않아도 되기 때문에 집권세력의 의지를 바로 관철할 수 있는 법적 장치였다.

필자는 그동안 학계에 발표해 왔던 일부 논문을 대폭 수정·보완하고, 새로이 관심을 갖게 된 주제를 추가하여 한 권의 책으로 엮게 되었다. 수정·보완한 사항이 많으므로 앞으로 이 책을 참고하기 바란다. 형식은 한국 강제 병합 이전 시기와 식민지 시기, 해방 이후 등 총 3부로 구성하였다. 제1부와 제2부가 중심을 이루며, 제3부는 일제의 식민지 지배에 대한 배상·보상 문제를 제기하기 위하여 검토하였다.

제1부에서는 식민지화를 위한 결재(1894~1910년)에 대하여 서술하였다. 이 기간은 일본 정부가 청일전쟁과 러일전쟁, 의병전쟁을 통해 한국을 식민지로 만들고 동아시아에서 패권을 잡기 위한 기초 작업을 끝낸 때였다. 즉 한국의 행정 체계를 일본식으로 전격적으로 바꿈으로써 일본이 한반도에서 전략적으로 필요한 전쟁 시설 기반을 구축하는 기간이었다. 주로 한반도 청일전쟁 기반 구축을 위한 결재, 러일전쟁기 일본군 요새 건설을 위한 한일의 결재 구조, 의병전쟁 진압을 위한 결재 구조를 다루었다.

제2부에서는 일제 세력권 확대를 위한 결재(1910~1945년)에 대하여 검토하였다. 한국을 강제로 식민지로 삼고, 물적·인적 자원을 수탈하기 위한 대륙병참기지로 만들기 위해 일본 내각과 일왕이 어떠한 결재를 하였는지 집중 조명하였다. 그러기 위해 산재해 있는 식민지 기록의 실태, 일제강점기 산림·토지 지배를 위한 다층적 결재 구조, 전시체제기 강제 동원을 위한 중층적 결재 구조에 대하여 검토하였다.

제3부에서는 일본의 패전과 미완의 식민지 배상(보상)에 대하여 살펴보았다. 주로 GHQ 점령하 노무자 미불금 처리를 위한 다층적 결재 구조에 대하여 검토하였다. 일본과 한국의 식민지 배상(보상) 문제, 특히 노무자들의 미불금 문제는 미국을 중심으로 한 GHQ가 개입하였는데, 현재 남북 분단 상태에서 남아 있는 문제가 무엇인지에 대하여 고찰하였다.

이 책을 통해 식민지 조선의 지배 정책의 근간이 되는 법적·행정적 결재 구조를 중층적으로 인식하여, 그 증거를 원문으로 제시함으로써 일왕과 일본 내각의 역사적 책임을 분명히 할 수 있을 것이다. 또한 그동안 학계에서 주목하지 못했던 문제를 밝히는 데 일조할 수 있을 것이다. 즉, 일제 시기 제국과 식민지 사이의 중층적 결재 구조로 인해 원문을 보존하는 장소가 달라, 조선총독부 관련 기록을 각각 한국의 국가기록원과 일본의 국립공문서관에 분산 보존하게 되었다는 점이다. 따라서 조선총독부 기록이 분산된 원인은 지금까지 알려진 것처럼 전쟁으로 인해 파기되거나 분산된 측면도 크지만, 기본적으로 이 중층적 결재 구조로 인한 것이라는 사실에 주목할 필요가 있다. 특히 인사, 예산과 관제, 관직을 통한 정책 결정 등 조선총독부 정책의 가장 중요한 것은 일왕과 일본 내각이 칙령과 제령을 작성하여 공포하였으며, 조선총독부에서는 이 결정된 것을 시행하기 위한 결재문서들을 생산하고 보존하였다는 점을 분명히 해야 한다. 무엇보다도 일왕은 신적·상징적 존재가 아니라, 행정결재 라인의 최종 결정자였음이 명백하다.

더불어 중층적 결재 구조는 오늘날에도 시사하는 바가 크다. 미국이 주도한 GHQ가 강제로 끌려간 수십만 한국 노동자들의 미불금을 일본 정부가 국내법으로 공탁하여 처리할 수 있도록 일본과 거래를 하였다는 것은 놀라운 일이다. 아직 남태평양으로 끌려간 노동자 등 많은 피해자들에 대해서는 미불금도 생사도 확인 못 하고 있는 실정이다.

그리고 한국의 군사작전권은 여전히 미국 정부의 손에 있으며, 성주에 사드를 배치하거나 한반도의 미군기지를 컨트롤하거나 '종전선언'에 대하여 결정하는 최종 결재자는 한국 대통령이 아니라 미국 대통령이다. 그러므로 우리나라의 운명과 관련한 결재 공문서 원본이 한국 정부와 미국 정부의 중층적인 공문서 분류 체계 속에 관리되고 있다는 점을 인식해야 한다.

따라서 제국과 식민지 사이의 중층적 결재 구조를 분석하여 그 본질적인 구조를 밝힘으로써, 오늘날의 강대국과 한국·북한 등 국제적인 차원의 결재 구조를 유추할 수 있고, 이를 바탕으로 불확실한 미래를 대비할 수도 있을 것이다.

이 책은 일본과 한국에 있는 여러 분의 도움으로 나오게 되었다. 마음 깊이 감사한 마음을 올리며, 출판을 맡아 준 경북대학교출판부와 교정 작업을 도와준 강정원 선생과 박정인에게 감사의 말을 전한다.

복현골에서

김경남

목차

제1부

식민지화를 위한 결재

제1장

한반도 청일전쟁 기반 구축을 위한 결재

청일전쟁은 1894년 6월부터 이듬해 4월까지 청국과 일본국이 조선과 아시아에서 주도권을 잡기 위해 벌인 전쟁이었다. 이름은 청일전쟁이지만 전쟁터는 주로 조선 땅이었으며, 일본이 조선에서 지배권을 강화하고, 타이완과 가라후토를 노린 싸움이었다. 표면적으로는 고종과, 정권을 잡은 민비 세력이 동학농민군을 진압하기 위해 청국군을 불러들이면서, 톈진조약(天津條約)을 빌미로 청일 간에 초래된 충돌이었으나 실상은 조선국왕, 청국군, 일본군 모두가 동학농민군을 진압하기 위해 벌인 전쟁이었다.

일본이 청국과 전쟁을 벌일 수 있었던 것은 당시 패권을 쥐고 있던 영국과 미국이 러시아를 적국으로 생각하고 있었기 때문이다. 이에 열강은 메이지유신을 성공시키고 새롭게 권력을 쥔 유신 세력과 손잡고, 청국과의 결전을 인정하였다. 일본군은 1894년 7월 25일 청군을 공격하였다. 일본군은 평양 전투와 황해 해전에서 청군을 격파하고 랴오닝성(遼寧省)의 요지인 진저우(錦州)와 뤼순(旅順)을 점령하였다.

한편 일본군은 동학농민군이 가장 크게 결집해 있던 전라도 지역에서 초토화 작전을 써서 마을 전체를 불태우고 지도자들을 잡아들여 진압하였다. 다른 한편으로는 경복궁을 점령하고 친일 정권을 수립하여 조선 정부의 행정 시스템을 장악하려는 속셈을 가지고 있었다. 그리고 1895년 4월 17일 일본은 청국과 시모노세키조약을 체결하여 타이완과 가라후토에 대한 지배권을 넘겨받았다.

이렇게 일본 정부가 조선왕조를 이은 대한제국을 무너뜨린 것은 바로 열강과의 국제조약을 이용하고 우리나라 행정 체계를 일본식으로 바꾸어 기록을 통제하는 체제를 만들었기 때문이다. 일본이 가장 먼저 추진한 것은 1894년 8월 26일 '양국맹약(大朝鮮大日本兩國盟約)' 체결이다. 이 맹약 제2조에 따라 일본국이 청국과 공수 전쟁을 벌일 때, 조선국은 일본병이 후퇴하거나 양식을 준비하기 위한 모든 편의를 봐주어야 하며, 일본군은 조선 정부에 인부나 식량 조달을 강요할 수 있었다. 그리고 가장 크게 바뀐 것은 청일전쟁을 선포하기 16일 전 갑오개혁에서 조선의 행정 체계를 일본식으로 전격 바꾸었다는 점이다.

이것은 일본 정부가 한반도에서 전쟁을 수행하기 위해 필수불가결한 것이었다. 즉 이는 일본 내각에서 기안하고 조선에서 시행하는 이중적 결재 시스템을 만드는 것으로, 한국의 완전 식민지화를 노린 조선 정부를 향한 '총성 없는 전쟁'을 알리는 신호탄이었다.

이러한 시스템을 만들기 위해 일본은 개화파 정권을 활용하였다. 갑오개혁기 개화파 정권은 일본의 절대적 영향으로 '공문식'을 제정·반포하여 조선왕조시대 중앙기록 관리의 골간을 형성하던 『경국대

전』 공문서 체계를 전면적으로 교체하였다.[1]

종래『경국대전』 공문서 체계는 주로 왕실 기록을 중심으로 철저하게 관리되고 보존되어 왔다. 국정의 투명성과 공개성을 뒷받침하기 위해서인데,『조선왕조실록』,『승정원일기』,『비변사등록』 등이 그 대표적 생산물이다.[2] 이러한 기록 보존 전통은 일제에 의해 단절되었고, 갑오개혁기 일본에서는 폐지된 기록 관리 제도인 공문식이 조선에서 부활하여 일본식으로 체계화되었다.[3] 이에 개화파들의 독립적인 개혁 사안도 있었지만, 대체로 통감부 시기가 되면, 이른바 '근대적'으로 바꾼 여러 가지 제도는 일제의 정치경제적 요구를 관철시키는 제도로 기능하였다. 이 때문에 통감부는 대한제국의 기록 관리 제도를 장악함으로써 조선의 주권을 더욱 용이하게 침탈할 수 있었다.[4]

그런데 일본이 조선을 침탈하는 과정에서 작성한 결재 원본들, 즉

---

1 權泰檍,「갑오개혁 이후 공문서 체계의 변화」,『奎章閣』 17, 서울대학교 奎章閣, 1994, pp. 77-98; 金才淳,「일제의 公文書制度 장악과 운용의 실제」,『韓國文化』 16, 서울대학교 奎章閣, 1995, pp. 353-384; 金泰雄,「甲午改革 前後 地方公文書管理의 변화」,『奎章閣』 23, 서울대학교 奎章閣, 2000, pp. 141-155; 이경용,「한말 기록관리제도: 공문서 관리 규정을 중심으로」,『기록학연구』 6, 한국기록학회, 2002a, pp. 161-224; 이경용,「한국의 근현대 기록관리제도사 연구(1894~1969)」, 중앙대학교 대학원 박사학위논문, 2002b; 김건우,「갑오개혁기「공문식」과 공문서의 변화」,『古文書硏究』 29, 韓國古文書學會, 2006, pp. 137-162; 김건우,『근대 공문서의 탄생』, 소와당, 2008a; 이영학,「갑오개혁시기 기록관리 제도 변화」,『역사문화연구』 27, 한국외국어대학교 역사문화연구소, 2007, pp. 89-126; 이영학,「통감부의 기록장악과 조선침탈」,『기록학연구』 41, 한국기록학회, 2014, pp. 213-260; 박성준,「갑오개혁~대한제국기 공문서 보존기관 起算과 책정기준」,『韓國史學報』 35, 고려사학회, 2009, pp. 261-294; 정일균,「갑오·을미개혁기 학부의 공문서관리제도」,『高宗時代 公文書 硏究』(서울대학교 규장각 한국학연구원 편), 태학사, 2009; 정일균,「갑오개혁기 정부의 공문서제도」,『사회와 역사』 101, 한국사회사학회, 2014, pp. 267-310.

2 신병주,「왕실에서의 기록물 생산과 보존 고문서연구」 28, 한국고문서학회, 2006, pp. 1-15.

3 이경용, 앞의 논문, 2002a, pp. 59-96; 김건우, 앞의 논문, 2006.

4 이영학, 앞의 논문, 2014.

상위 레벨의 기록은 현재 어디에 어떻게 보존되어 있으며, 이 원본 기록을 한국과 일본의 기록 관리 제도에서 어떻게 위치 지어야 할 것인가라는 문제를 제기할 수 있다. 왜냐하면 일본에서 추진된 결재가 우리나라 국권의 존망과 밀접하게 연관되어 있기에 이러한 시스템을 파악하는 것이 필수불가결하기 때문이다.

일본 정부는 조선을 침탈하는 과정에서 한국에 이른바 '근대적'인 인프라 체제를 전략적으로 구축하고, 제도적으로는 한국을 지배하기 위한 기관으로 통감부를 설치하는 등 한국이라는 국가의 근간을 뒤흔드는 정책을 만들어 냈다. 이 정책 제안서는 일본 내각에서 만들어졌고, 최종적으로 일본 내각과 '일왕[天皇]'(이하 일왕이라 표기)의 결재를 통해 시행되었다. 그러므로 이 정책 제안서는 상위 레벨 기록이라고 할 수 있으며, 한국에서 시행되었지만 최초 기안문 원본은 일본에서 작성되고 보존되는 구조였다.

이 때문에 일본의 침략 시기 한국 기록 관리 제도는 일국사적으로 완결되는 구조가 아니라는 것을 알 수 있다.[5] 개화파 정권이 갑오개혁기에 새롭게 도입한 제도는 1886년 '각성 관제 통칙(各省官制通則)'인데, 이를 참고하여 내각과 왕실의 분리, 공문 표준화, 기안문과 시행문 분리 구조를 만들어 이른바 '근대적' 기록 관리 제도가 탄생하였다. 이는 『경국대전』 방식과는 확연히 다른 제도로, 일본에서 기안하고 한국에서 시행하는 구조에 적합한 시스템이라고 볼 수 있다.

5 이러한 구조는 일제강점하 조선총독부 시기에도 같은 양상을 나타낸다(김경남, 「제국의 식민지·점령지 지배와 전후보상 기록의 재인식 조선의 식민지지배·보상처리 결재 구조와 원본출처를 중심으로」, 『기록학연구』 39, 한국기록학회, 2014, pp. 281-318).

일본 정부는 개화파 정권을 활용하여 왜 기록물 관리 시스템을 일본식으로 바꾸었을까. 그것은 일본의 대륙침략전쟁과 밀접하게 연관되어 있다고 볼 수 있다.[6] 당시 일본 정부와 군 당국은 한국을 청국과 러시아로부터 자신들의 나라를 지키기 위한 '이익선'으로 인식하고 있었고, 그에 따라 한반도를 전쟁터와 군수물자 조달기지, 군사거점 등으로 사용하였다.[7] 이 때문에 일본 내각과 일본군이 한반도에서 군사적 행동을 취하게 된 법제적 근거와 절차는 당연히 일본의 행정기관 시스템에 따라 작성되었다. 즉, 이 시기 한국에 전진기지로서 거류지를 설치하거나 전쟁 과정에서 도로, 전신 등 도시 인프라를 설치하는 것은 모두 일본 내각과 육군성 시스템 속에서 정책이 결정되었고, 이에 따라 그 기록 원본도 일본에서 보존하게 되었다.

바로 이러한 점 때문에 개항기부터 1945년까지 한국의 기록 관리 제도를 일국사적으로만 고찰해서는 안 되며, 한일 간 수직적 구조 속에서 중층적이고 종속적인 시스템 속에서 파악해야 한다.

고문관 제도와 중층적 결재 시스템

일본 정부가 조선의 내정을 간섭하기 위하여 가장 전략적으로 주

6 일본은 1876년 개항 이후부터 1945년까지 제국주의의 식민지 쟁탈전에 참전하였다. 이에 따라 이 기간 동안 전쟁과 관련되어 일본 정부와 일본군 당국이 생산한 기록은 류큐왕국, 대만, 조선국, 만주국, 중국 등과 밀접한 연관이 있다. 특히 대만과 조선국의 경우 운요호 사건, 청일전쟁, 러일전쟁을 겪으며 일본의 전쟁터와 식민지로 전락하게 되었다.

7 한반도에 대한 일본의 인식은 정한론(征韓論)과 야마가타 내각의 대한 전략 방침을 보면 분명히 알 수 있다. 자세한 것은 金慶南, 「朝鮮海峡への要塞·軍港建設と国際関係」, 坂本悠一(編), 『地域と軍隊 帝国の最前線』, 吉川弘文館, 2015a 참조.

의를 기울인 정책은 기록 관리 제도와 고문관 초빙 제도였는데, 이 두 가지 정책은 밀접하게 연관되어 있다. 특히 일본에서 기안하고 조선에서 시행할 수 있는 시스템, 즉 기안문과 시행문을 구분하는 결재 시스템을 구축하는 것이 관건이었다.

먼저, 갑오개혁기 한일의 기록 관리 제도에 대하여 살펴보자. 일본에서는 1890년에 개정된 「각성관제통칙(칙령 제50호)」 제21조에서 총무국을 설치하도록 규정하였다. 또한 총무국이 각 국(各局)에서 기안한 공문을 심사하고, 공문서류와 성안문서를 접수·발송하며, 공문서류 일체를 편찬·보존할 것을 규정하였다. 이 사무는 내각대신관방이 장악하였다. 이후 공문서 관리를 각 성에서 분담하도록 일임하였기 때문에 각 성에서 기록국을 설치할 근거가 없어져 버렸다.[8]

그런데 1894년 1월 전라도 고부에서 동학농민전쟁이 발발하자, 일본 정부는 조선 정부에 더욱 강력한 영향력을 미쳐 갑오개혁을 추진하도록 하였다. 특히 일본이 결정한 정책을 조선에서 원활하게 시행하기 위하여 기록 관리 제도를 일본에서 폐지된 공문식 규정을 거의 그대로 받아들이도록 종용하였다.

같은 해 6월 28일에는 조선 정부의 의정부 관제와 함께 각 아문의 관제를 전면적으로 개편하였다. 의정부 산하 내무·외무·탁지·법무·학무·공무·군무·농상 등 8아문으로 정부 조직 체계를 개편하였다. 이때 공문서를 보존하고 편찬하기 위하여 의정부에는 기록국 각 아

8 渡邊佳子, 「日本近代における公文書管理制度の構築過程-太政官制から内閣制へ」, 安藤正人·久保亨·吉田裕(編), 『歴史学が問う公文書の管理と情報公開』, 大月書店, 2015, pp. 143-147.

문에 총무국을 두고, 그 산하에 문서과, 왕복과, 보고과, 기록과 등을 설치하여 업무를 분장하였다.[9] 기록국을 장악하면 조선의 정책 과정을 용이하게 장악할 수 있었기 때문이다.

당시 공문서식과 작성 절차에서 가장 획기적인 것은 규격화된 기안문이 등장한 것인데, 기안문은 정부조직의 문서행정 절차를 서식으로 반영한 것이다. 어떤 정책을 실시하기 전에 실무 담당자가 기안문을 작성하고 중간 관리자, 최종 결재자에 이르기까지 승인과 결재 과정을 거친 후 시행문을 작성하게 하는 제도이다. 기안문은 작성한 관청에서 보존하고 시행문은 송부한 관청에서 보관·관리한다.[10] 갑오개혁기 기록 관리 체계는 일본의 1886년 공문서 체계에 크게 영향을 받은 것으로서, 기안문을 작성하게 한 것은 행정문서 절차와 책임 소재를 분명하게 하기 위해서였다. 이것은 일본 내각에서 기안하고 조선에서 시행하는 시스템에도 적용할 수 있기 때문에 무엇보다 필요한 기록 관리 정책이었다.

종래 연구에서 갑오개혁기 공문서 체계가 일본식으로 변화된 것은 개화파 정권이 메이지유신을 본떠 조선을 근대국가로 만들기 위한

---

9 大宅儀一, 『公文起案の実際』, 朝鮮図書出版株式会社, 1941, pp. 302-303. 문서과는 각국의 문서와 기안문 등을 심사하고 왕복과는 공문서류의 접수 및 발송을 담당하였다. 보고과는 각 국·과의 통계 안건을 수집하여 표본을 만들어 대신에게 사열하도록 보내고 아울러 관보에 게재하도록 관보국에 보냈으며, 기록과는 해당 아문의 공문서류 일체를 보존하고 편찬하였다. 공무를 처리하기 위해 계획하는 문권을 사안(査案), 이를 문서화한 문권을 기안(起案) 또는 입안(立案)이라고 하며, 기안문서가 회의를 통해 승인 또는 수정되어 최후 결재를 완료한 경우를 성안(成案)이라고 부른다. 성안이 시행된 후에는 이를 원안(原案)이라고 하여 편찬 및 보존 대상 문서로 취급하였다. 이승일, 「조선총독부 공문서 제도: 起案에서 成冊까지의 과정을 중심으로」, 『기록학연구』 9, 한국기록학회, 2004, pp. 6-7.

10 이경용, 위의 논문, 2002a; 김건우, 위의 논문, 2008a; 이영학, 위의 논문, 2014.

것이었다고 말하고 있다. 하지만 간과해서 안 되는 것은 일본의 속셈이다. 일본 정부는 청일전쟁에 필요한 설비를 신속하게 구축하고, 나아가 고문관 정치 등을 이용하여 조선 정부의 내정에 깊숙이 개입하고자 했다. 갑오 정권의 핵심인물은 일본의 이러한 속셈을 간파하지 못하고, 차관을 받는 조건으로 고문관을 고용하게 되었다. 1894년 7월 15일 '의안'으로 「각 부·아문에 외국인 고문을 두는 건」을 제정하였다. 고문관은 서양인과 일본인으로 대별되는데, 공문서 제도는 바로 일본인 고문관과 밀접하게 관련되어 있다.[11]

일본이 청국과 전쟁을 시작하기 4일 전인 1894년 7월 28일 무쓰 무네미쓰(陸奧宗義) 외상은 오토리 게이스케(大鳥圭介) 공사에게 '조선 정부가 일본인을 고빙하도록 하라'는 지시를 내렸다.[12] 당시 일본 당국은 청국과의 전쟁에 대비하고 동아시아에서 남하하고 있던 러시아와의 일전을 준비하고 있었다. 일본 정부는 조선의 내정에 깊숙이 들어가기 위하여 이른바 고문관 제도를 본격적으로 활용하였다. 청국과의 전쟁에서 승리하여 타이완과 가라후토를 식민지로 만든 일본 정부는 조선 정부의 내정을 간섭하기 위한 여건을 조성하는 데 성공하였다.

같은 해 11월 21일 이노우에 가오루(井上馨)는 고종에게 20개 '개혁안'을 설명하고 다케히사 가쓰조(武久克造)를 조선경무청 고문으로 채용할 것을 요구하여 곧바로 고종의 허락을 받아 냈다. 이로써 최초

11 김건우, 위의 논문, 2008a, p. 70.
12 外務省, 『日本外交文書』 27(Ⅰ), 文書番号425(1894. 7. 28.)

의 일본인 고문관이 조선 정부에 채용되었다.[13] 이후 조선 정부의 왕실조직 행정기관 등 거의 모든 부서에 일본인 고문관과 고문보좌관이 투입되어, 각종 일본 법령을 도입하는 계기가 되었다. 고문관은 정치·사회·경제·산업기술 각 분야에서 대대적으로 활동하였는데, 특히 통신·우편·철도 등 이른바 근대화 사업, 즉 전쟁 준비와 관련된 사업에 중점적으로 고빙되었다.[14]

이렇게 일본과 조선의 행정조직 체계가 변화되었기 때문에, 이 시기부터 본격적으로 조선의 공문서 관리 제도를 일본의 제도와 연관하여 파악해야 할 것이다. 겉으로는 대한제국에서 고문관을 빙용하는 형태였지만, 그 고문관은 실질적으로 일본 내각에서 기안하여 일왕의 최종 결재를 받아 파견한 것이었기 때문이다. 이때 고문관 파견이나 전쟁 준비와 관련하여 작성된 기록들은 모두 일본 내각과 일왕이 생산한 문서 계층인 '어서명원본(御署名原本)', '공문유취(公文類聚)', '공문잡찬(公文雜纂)' 등에 편성되어 있기 때문이다. 따라서 갑오개혁기의 공문서 관리 체계의 일본화는 단순히 기록 관리 구조만의 문제가 아니라, 점차 일본에 종속되어 가는 조선 정부의 정책 결정 과정과 연관하여 파악해야 할 것이다.

---

13 왕현종, 『한국 근대국가의 형성과 갑오개혁』(역비한국학연구총서 20), 역사비평사, 2003, p. 194.

14 김건우, 위의 논문, 2008a, pp. 70-71; 이원순, 「한말 일본인 고빙문제 연구」, 『한국문화』 11, 서울대학교 규장각한국학연구원, 1990, pp. 537-582; 김현숙, 「한말 조선정부의 고문관정책(1882-1904)」, 『역사와현실』 33, 한국역사연구회, 1999, pp. 217-255.

일본 육군성의 한국 내 인프라 설치와 기록 편성 구조

그러면 일본 내각과 참모본부가 한국 내 인프라를 설치하기 위해 작성한 기록의 구조에 대하여 구체적으로 검토해 보자.

일본 정부는 한성을 비롯한 개시장과 부산, 인천, 원산, 진남포, 군산 등 개항장을 중심으로 거류지(租界, 이하 거류지로 표기)를 개발하여 일본인들을 대대적으로 이주시키고, 대(對)청국과 대(對)러시아 전쟁을 치르기 위해 한국에 전략적으로 전쟁 시설을 만들기 시작하였다. 이 거류지들은 강제 병합 이후 모두 각 지역의 중심도시로 개발하여 조선시대부터 전통적으로 내려오던 중심도시나 교통 체계를 현격하게 바꾸어 갔다.[15] 일본의 전략적 거류지 개발은 제국주의 전쟁을 치르기 위해 물자와 인력을 조달하기 위한 기지를 만드는 것으로, 그들에게는 촌각을 다투는 중요한 정책이었다. 또한 전쟁 시 정보 유통과 군수물자 및 군사를 이동하기 위한 철도와 통신망 설비 구축은 그 무엇보다 필수불가결한 전략이었다.

이에 따라 일본 내각과 참모본부가 가장 주목한 지역은 인천-한성 라인과 부산-대구-전주 라인(군산-강진-포함)이었다. 일본군은 경복궁을 무력으로 정복하였고, 평양, 서해안 등에서 청국군과 접전을 벌였으며, 전라도 일대에서 동학농민군과 치열하게 싸웠다.

일본 정부는 시모노세키항에서 한반도로 진입하기 위해 최단거리

15 손정목, 『한국 개항장 사회 구조 변화 연구』, 일지사, 1986; 김경남, 「한말 진해만 요새지대 형성과 도시개발의 변형」, 『항도부산』 28, 부산광역시사편찬위원회, 2012, pp. 1-51.

를 선택하였고, 전주를 중심으로 동서남북으로 통신망을 연결하는 작업을 최우선적으로 추진하고자 하였다.[16] 이 작업을 위해 조선왕조에 협조를 요청하였다. 이와 관련된 공문서가 어디에 어떻게 편성되어 보존되고 있는지 시계열적으로 살펴보면 다음과 같다.

첫째, 일본 정부와 일본군이 한반도 남부 지역에 통신망을 설치하기 위하여 지방관리에게 협력을 요청하는 공문이 있다. 이것은 현재 한국의 서울대학교 규장각한국학연구원(이하 규장각)에 소장되어 있으며 『각사등록』에 수록되어 있다.

이 기록물이 작성된 배경은 다음과 같다. 동학농민군이 1894년 1월부터 전라도 정읍을 중심으로 남부 일대를 장악하고 6월에 전주성에 입성하자, 조선 정부가 농민군 진압 명목으로 청군에게 원조를 요청하였다. 이것을 빌미로 일본군은 7월 23일 경복궁을 무력으로 점령하였다. 결국 일본 정부는 청국군 구축 의뢰서(清国軍 驅逐 依頼書)를 조선 정부로부터 강제로 받아 냈고,[17] 조선에 상륙한 육군은 군사와 군수물자를 수송하고 통신망을 설치하기 위하여 지방관리들에게 전략적으로 협력을 요청하였다. 〈그림 1-1〉은 『각사등록』에 기재된 것이다.

이 문서는 1894년 7월 28일, 일본 공사 오시마(大島)가 부산-대구-전주-군산-강진을 연결하는 통신선 설치와 관련하여 지방관청에 협력을 요청한 문서로서, 기록물 원본은 규장각에 있는 대한제국의 정

16 김경남, 「1894-1930년 '전통도시' 전주의 식민지적 도시개발과 사회경제구조 변용」, 『한일관계사연구』 51, 한일관계사학회, 2015b.
17 参謀本部(編), 『明治廿七八年日清戦史』(一), 1907, p. 132.

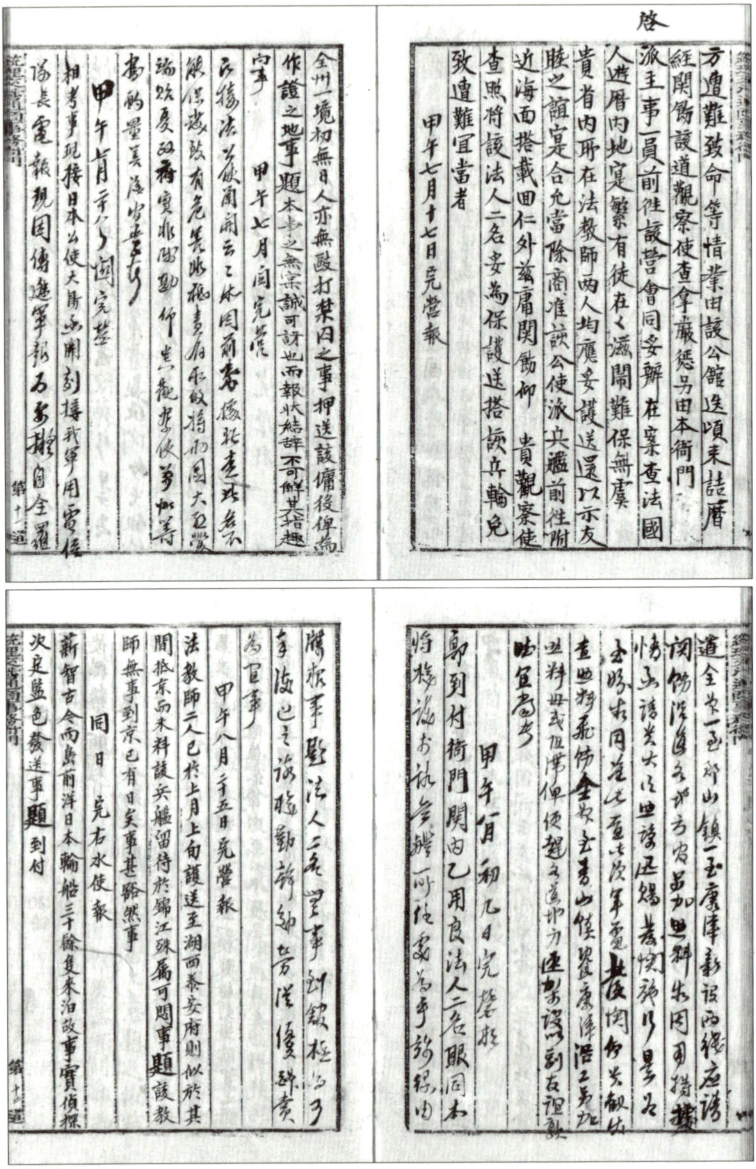

〈그림 1-1〉『각사등록』에 기재된 일본의 한국 내 통신 설비 관련 기록

출전: 『각사등록』 전라도 편(서울대학교 규장각한국학연구원 소장)

부기록류, 『각사등록』 시리즈에 편성되어 있다.

그러나 조선 정부는 겉으로는 협력 체제를 취하면서도 조선인 인부들에게 일본의 전신망 설치 고용에 응하지 못하도록 하였다.[18] 결국, 일본 정부는 조선 정부에게 지방관리들의 협력을 요청하는 공문서 「인마 고인에 관한 통리아문의 문서(人馬雇人方ニ関する統理衙門ノ文書)」를 얻어 내는 데 성공했다.[19] 일본군은 이 문서를 가지고 지방관에게 협력을 요청하였다. 그러나 요청에 응하지 않는 관리가 많아서, 별로 효력을 발휘하지 못하자 공문서가 '종이쪽지에 불과하다'고 할 정도였다. 그래서 지방관리에게 협력을 요청하는 훈령 명령이 빈번하게 내려졌다고 한다.[20]

둘째, 기록물의 생산 맥락과 관련하여 살펴보면, 〈그림 1-1〉의 공문서는 4일 뒤에 선포하는 청일전쟁 포고 공문서와 밀접한 관련이 있다. 청일전쟁 선포 관련 서명원본은 일왕이 최종 결재한 공문서로서, 〈그림 1-2〉와 같다.

일본은 조선에 정보통신망을 설비하였으며, 결국 그해 8월 1일 청국에 선전포고를 하였다. 청일전쟁은 육군성, 육해군 참모본부, 추밀원 등에서 회의를 거쳐, 일왕이 「청국에 대한 선전포고(清国ニ対シ宣戦)」 공문서에 직인(어새)을 찍음으로써 최종적으로 성안되었다. 원본은 일본 내각의 '어서명원본·메이지 27년(御署名原本·明治二十七年)'에 편

18 『時事新報』, 1894. 7. 6.

19 参謀本部(編), 『明治廿七八年役 日清戦争 実記』 上. (2) 7月 26日(防衛省防衛研究所図書館 소장).

20 宮内彩希, 「日清戦争における朝鮮人人夫の動員」, 『日本植民地研究』 22, 日本史研究会, 2010, pp. 54-55.

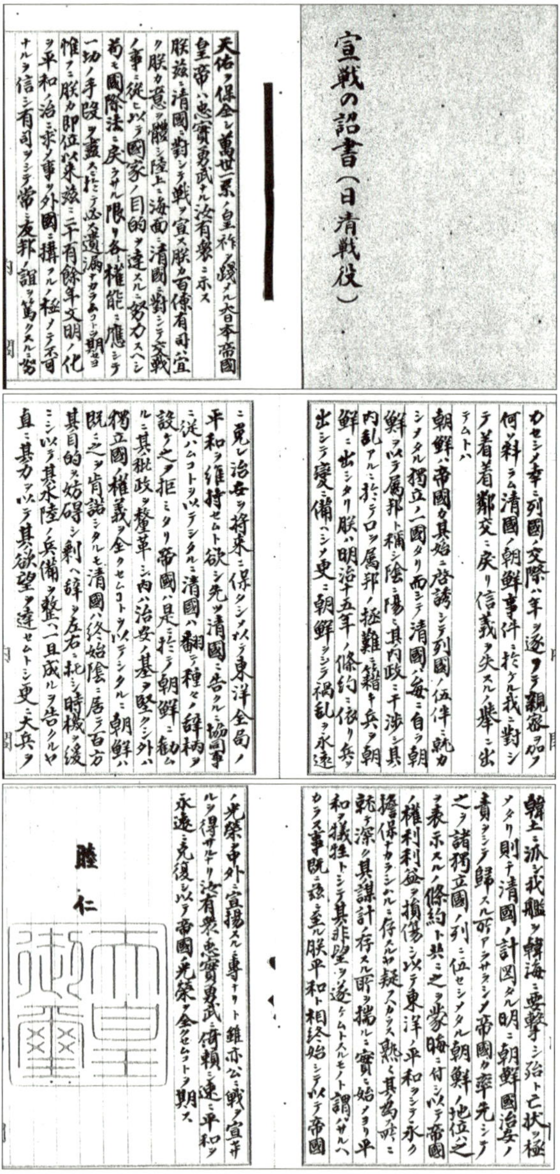

宣戦の詔書（日清戦役）

天佑ヲ保全シ萬世一系ノ皇祚ヲ踐メル大日本帝國皇帝ハ忠實勇武ナル汝有衆ニ示ス

朕茲ニ清國ニ對シテ戰ヲ宣ス朕カ百僚有司ハ宜ク朕カ意ヲ體シ陸上ニ海面ニ清國ニ對シテ交戰ノ事ニ從ヒ以テ國家ノ目的ヲ達スルニ努力スヘシ苟モ國際法ニ戻ラサル限リ各〻權能ニ應シテ一切ノ手段ヲ盡スニ於テ必ス遺漏ナカラムコトヲ期セヨ

惟フニ朕カ即位以來茲ニ二十有餘年文明ノ化ヲ平和ノ治ニ求メ事ヲ外國ニ構フルノ極メテ不可ナルヲ信シ有司ヲシテ常ニ友邦ノ誼ヲ篤クスルニ努力セシメ幸ニ列國ノ交際ハ年ヲ逐フテ親密ヲ加フ何ソ料ラム清國ノ朝鮮事件ニ於ケル我ニ對シテ著著鄰交ニ戻リ信義ヲ失スルノ擧ニ出テムトハ

朝鮮ハ帝國カ其ノ始ニ啓誘シテ列國ノ伍伴ニ就カシメタル獨立ノ一國タリ而シテ清國ハ每ニ自ラ朝鮮ヲ以テ屬邦ト稱シ陰ニ陽ニ其ノ内政ニ干渉シ其ノ内亂アルニ於テ口ヲ屬邦ノ拯難ニ籍キ兵ヲ朝鮮ニ出シタリ朕ハ明治十五年ノ條約ニ依リ兵ヲ出シテ變ニ備ヘシメ更ニ朝鮮ヲシテ禍亂ヲ永遠ニ免レ治安ヲ將來ニ保タシメ以テ東洋全局ノ平和ヲ維持セムト欲シ先ツ清國ニ告クルニ協同事ニ從ハムコトヲ以テシタルニ清國ハ翻テ種〻ノ辭抦ヲ設ケ之ヲ拒ミタリ帝國ハ是ニ於テ朝鮮ニ勸ムルニ其ノ秕政ヲ釐革シ内ハ治安ノ基ヲ堅クシ外ハ獨立國ノ權義ヲ全クセムコトヲ以テシタルニ朝鮮ハ既ニ之ヲ肯諾シタルモ清國ハ終始陰ニ居テ百方其ノ目的ヲ妨碍シ剩ヘ辭ヲ左右ニ托シ時機ヲ緩ニシ以テ其ノ水陸ノ兵備ヲ整ヘ一旦成ルヲ告クルヤ直ニ其ノ力ヲ以テ其ノ欲望ヲ達セムトシ更ニ大兵ヲ韓土ニ派シ我艦ヲ韓海ニ要擊シ殆ト亡狀ヲ極メタリ則チ清國ノ計圖タル明ニ朝鮮國治安ノ責ヲシテ歸スル所アラサラシメ帝國カ率先シテ之ヲ諸獨立國ノ列ニ伍セシメタル朝鮮ノ地位ハ之ヲ表示スルノ條約ト共ニ之ヲ蒙晦ニ付シ以テ帝國ノ權利利益ヲ損傷シ以テ東洋ノ平和ヲシテ永ク擔保ナカラシムルニ存スルヤ疑フヘカラス熟〻其ノ爲ス所ニ就テ深ク其ノ謀計ノ存スル所ヲ揣ルニ實ニ始メヨリ平和ヲ犠牲トシテ其ノ非望ヲ遂ケムトスルモノト謂ハサルヘカラス事既ニ茲ニ至ル朕平和ト相終始シテ以テ帝國ノ光榮ヲ中外ニ宣揚スルニ專ナリト雖亦公ニ戰ヲ宣セサルヲ得サルナリ汝有衆ノ忠實勇武ニ倚頼シ速ニ平和ヲ永遠ニ克復シ以テ帝國ノ光榮ヲ全クセムコトヲ期ス

睦仁

〈그림 1-2〉 청일전쟁 선포 관련 일왕의 서명원본

출전: 御署名原本·明治二十七年 清国ニ対シ宣戦(일본 国立公文書館 소장)

성되어 있다.[21]

이 공문서에는 '독립국가인 조선에 대하여 청국이 내정을 간섭하는 것을 비난하고, 일본은 조선 독립을 위해 싸운다'고 선언되어 있다. 문구만 보면 조선을 독립시키기 위한 것 같지만, 주지하듯이 실제로는 조선을 청국으로부터 분리시켜 점령하기 쉽게 바꾸기 위한 술수였다. 조선은 일본의 선전포고 없이 전쟁터가 되어 버렸다.

셋째, 청일전쟁을 선포한 일본이 조선에 통신망을 시급하게 설치하기 위해 작성한 공문이 있다. 〈그림 1-3〉은 이를 증명해 주는 결재문서로서, 일본 육군성 병참총감이 작성한 「조선국 대구 등에 전신을 가설하는 건(朝鮮国大邱等に電信架設の件)」이다.

이 공문서는 일본 육군성이 작성한 통신망 개설 관련 기안문이다. 육군성 병참총감이 대구, 전주, 강진 등에 통신망을 설치하는 데 필요한 재료를 청구하기 위한 공문서로, 조밀(朝密) 제333호로 긴급하게[至急] 처리된 것이다.[22] 1894년 8월 22일 일본 육군성에서는 조선국 부산으로부터 대구부까지 전신은 기존 것을 사용하고, 대구부로부터 전주를 거쳐 강진현 부근 해안에 이르는 전신과, 전주로부터 군산진에 이르는 전신을 가설하려는 계획을 세우고 실시하였다. 결재 라인은 연대과장, 연대부장, 주무과장, 주무부장, 고급부관, 차관의 협조를 얻고, 육군대신이 최종 결재하였다. 이 기안문에는 병참총감 가와가미 소로쿠(川上操六)가 육군대신 오야마 이와오(大山巖)에

21 『詔勅八月一日』, 御01620.

22 陸軍省, 明治27年 7月~8月, 『着電綴(三)』, 兵站総監, 「朝鮮国大邱等に電信架設の件」, M27-5-117(防衛省防衛研究所図書館 소장).

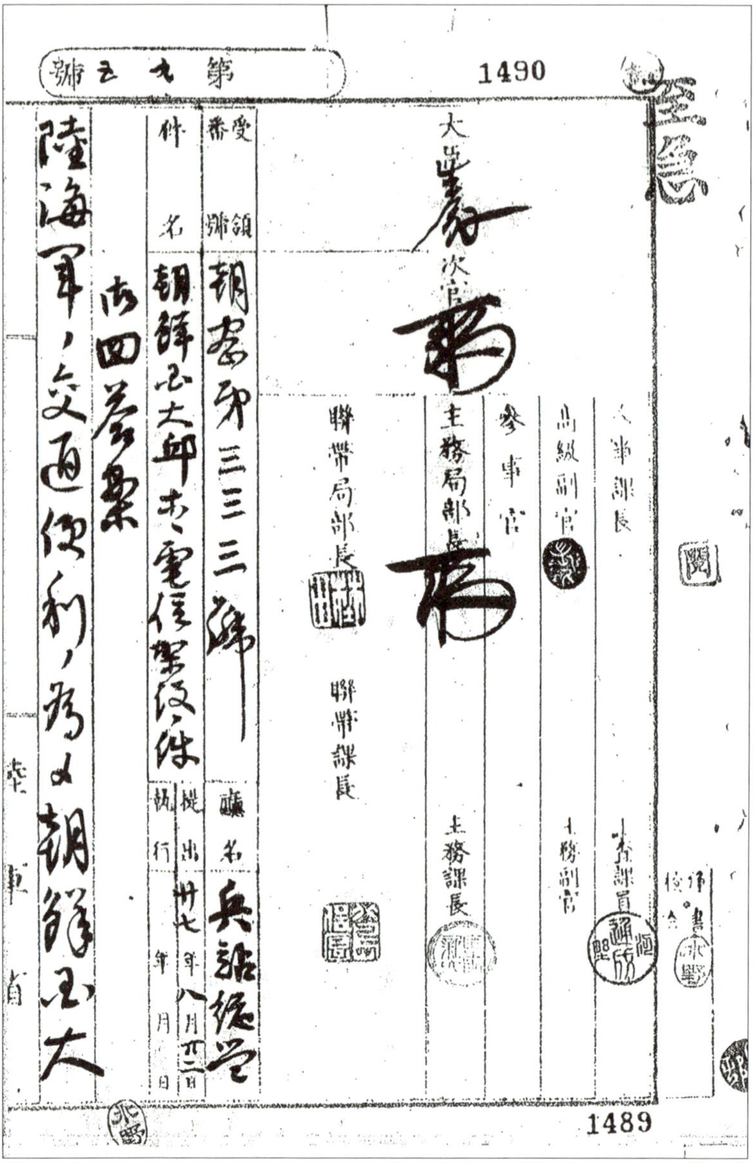

〈그림 1-3〉 1893년 일본 육군성 병참총감이 작성한 통신망 개설 관련 기안문

출전: 陸軍省, 「兵站総監」, 明治27年 7月~8月

게 보내는 공문서가 첨부되어 있다.[23]

이보다 조선이 더욱 종속적 구조로 빠져들어 간 것은 8월 26일 일본이 강제로 맺은 '양국맹약' 때문이다. 제2조에 "일본국은 청국에 대해 공수 전쟁에 임하여 조선국은 일본병이 후퇴하거나 양식을 준비하기 위한 모든 편의를 봐줄 것"이라고 되어 있어, 일본군은 조선 정부에 인부나 식량을 조달할 의무를 강요하였다.[24]

그런데 여기서 갑오개혁기 기록물 관리 제도와 관련하여 주목해야 하는 것은 청일전쟁 선포 16일 전, 정권을 주도하던 개혁파 관료들이 행정 제도를 개혁하여 '각부각아문통행규칙'과 사무 관리 규정을 마련한 것이다.[25] '각부각아문통행규칙'은 7월 14일 의안으로 제정되었다. 이 규칙은 8년 전 1886년 2월 제정된 일본의 '각성관제통칙'을 전적으로 수용한 것이다.[26] 갑오개혁파 조선 관료들은 일본의 메이지유신을 모델로 근대국가를 수립하려 하였으나, 결국 조선의 행정 체계를 일본식으로 전격 바꿈으로써 일본이 전략적으로 필요한 전쟁 시설 기반을 구축하기 좋은 환경을 마련하는 데 이용되고 말았다는 것을 알 수 있다.

이처럼 조선 정부가 자국 농민군을 진압하기 위하여 외세를 끌어들이자, 이를 기회로 일본 정부가 조선에서 전쟁을 준비하게 되었

---

23 陸軍省(発第185号, 至急), 「兵站総監」, 明治27年 7月~8月.
24 宮内彩希, 위의 논문, 2010, p. 55.
25 지수걸, 「총론: 한국의 '근대'와 기록관리」, 『기록사료관리와 근대』(한국국가기록연구원 편), 진리탐구, 2005.
26 이경용, 「한국의 근현대 기록관리제도사 연구(1894~1969)」, 중앙대학교대학원 박사학위논문, 2002b.

다. 이와 관련하여 조선과 일본에서 생산된 기록물들도 점차 밀접한 연관 구조를 가지게 되었다. 더욱이 일본 정부가 조선에 전략적 시설 기반을 확보하는 과정은 일방적으로 정책을 결정한 것으로서, 종속성은 더욱 심화되어 갔다. 그 중심에 일본 고문관과 기록 관리 체제의 전환을 통한 내정 간섭이 있었고, 그것을 컨트롤하는 일본 내각과 일왕의 최종 결재가 있었다. 그러므로 이 시기 일본이 작성한 전쟁 준비, 전쟁 결정 기록은 조선의 운명을 좌지우지할 정도로 커다란 영향을 주는 것이며, 그 전초전으로서 조선 정부의 기록물 관리 제도를 일본화하였다고 해도 과언이 아닐 것이다.

일본 소재 기록물의 편성과 연관 구조

그러면 이와 관련된 원본 기록들의 보존 실태에 대해서 살펴보자. 앞에서 검토한 공문서 가운데 일본에서 생산된 육해군 관련 공문서 원본들은 한국에는 없고, 현재 모두 방위성 방위연구소에 보존되어 있다. 육군성 기록군은 방위연구소에서 이 자료군을 유별부목(類別府目) 분류 방식으로 편성하고 있는데, 그 계층을 분석하면 다음과 같다.

먼저 육군성 기록은 대체로 육군성 대일기(陸軍省大日記)와 육군 일반사료(陸軍一般史料)로, 해군성 기록은 해군성 공문비고류(海軍省公文備考類), 해군 일반사료(海軍一般史料)로 시리즈를 분류하고 있다. 육군성 대일기류는 1866년부터부터 1945년까지 작성된 기록군으로, 육군성에 왕래한 공문서류가 편철된 파일의 총칭이다. 각 문서는 종류에 따라 서브 시리즈로 분류되어 있다. 군사기밀 대일기(軍事機密大日記), 밀대일기(密大日記), 육밀·육보(陸密·陸普), 육군성 대일기(陸軍省大日記) 등 총 43개의 서브 시리즈로 분류되어 있다.[27]

육군 일반사료는 전역(戰役), 중앙, 오키나와·타이완(沖縄·台湾), 만주(満洲), 중국(支那), 남서(南西), 비도(比島), 문고(文庫)로 분류하고 있다. 한국 관련 자료는 육군 일반사료가 아니라 육군성 대일기에 편성되어 있다는 점을 주목할 필요가 있다. 그것은 육군성이 직접 한국에 전쟁 시설 기반을 구축하기 위해 생산한 문서라는 것을 의미하기 때문이다.

해군성 공문비고류는 공문비고등(公文備考等), 전역등(戦役等)으로, 해군 일반사료는 법령, 중앙, 전사(戦史), 대동아전쟁(大東亜戦争), 함선·육상부대, 항공부대, 기타로 분류하고 있다. 앞에서 검토한 육군성 병참총감이 작성한 문건을 국제기록평의회(International Council Archives: ICA)가 규정한 국제표준 계층 구조로 편성해 보면 다음과 같다.[28]

---

27 43개의 자세한 시리즈명은 다음과 같다. 軍事機密大日記, 密大日記, 陸密·陸普, 陸軍省大日記, 大日記甲輯, 大日記乙輯, 欧受大日記, 西密受·西受大日記, 陸満機密·密·普大日記, 陸支機密·密·普大日記, 陸亜機密·陸亜密·陸亜普大日記, 壱大日記, 弐大日記, 参大日記, 肆大日記, 伍大日記, 太政官, 本省布告·規則条例, 陸軍省達書, 陸軍省日誌·送達·受領日誌, 陸軍省各局文書 陸軍省日報·月報等, 軍務官記録·陸軍省審按, 参謀本部·大本営大日記, 朝鮮事件, 西南戦役, 日清戦役, 日露戦役, 清国事件, 日独戦役, 各省·各縣文書, 開拓史文書, 外国人関係文書, 参謀本部関係文書, 国際連盟·華府会議·軍縮関係書類, 監軍部等文書, 崩御陸特文書, 陸軍省雑文書, 兵部省陸軍省雑, 陸軍省雑文書, 雪中行軍, 陸軍省雑文書, 霧社事件, 陸軍省雑文書 人事関係 등이다(일본 国立公文書館 아시아역사자료센터 홈페이지 2015).

28 관리번호 C05121518000(일본 아시아역사자료센터 디지털 자료, 원본은 防衛省防衛研究所図書館 소장).

[표 1-1] 육군성 병참총감 작성 기록의 계층 구조

계층 구분	내역
그룹명	① 陸軍省大日記
시리즈명/서브 시리즈명	② 日清戦役 〉戦役日記
기록물철	③ 大本営電報綴 〉明治27年 8月 着電綴(三)
건명1	④ 兵站総監より朝鮮国大邱等へ電信架設の件
건명2	⑤ 6月29日柴中尉発, 川上総監宛, 大邱と全州間の電信は不確実 今詮議中[29]
건명3	⑥ 7月27日柴中尉発寺内大佐宛 只今朝鮮線大邱及全州道開通すの件
건명4	⑦ 7月27日 参謀本部宛[30]

[표 1-1]의 기록물 건명(건명1~건명4)은 모두 같은 철에 편성되어 있는데, 그 구조는 육군성 대일기(陸軍省大日記) → 일청전역(日清戦役)1 → 대본영전보철(大本営電報綴) → 메이지 27년 6월 21일부터 7월 9일까지 착전철2(着電綴(二))로 되어 있다. 청국에 전쟁을 선포하기 며칠 전까지 전략적으로 조선 대구-전주 간에 전신 가설이 불확실하였기 때문에 현장에서 참모본부에게 요청하는 전보들이다. 이 작업은 결국 8월 22일에 가서 추진된다.[31]

요컨대, 한국에서 추진된 일본 육군성의 도시 인프라 설치 관련 기록은 다음과 같은 중층적 계층 구조하에 편성되어 있다. 육군성 병참총감 작성 공문서 원본은 '육군성 대일기 일청전역(陸軍省大日記 日清戦役)' 시리즈에 편성되어 있으며, 청일전쟁을 선포하기 위해 일왕이

29 관리번호 C06060763600(출처는 위와 같음).
30 위와 같음.
31 陸軍兵站部, 「朝鮮国大邱等に電線架設の件」, 1894, 防衛省防衛研究所図書館 소장.

작성한 공문서 원본은 국립공문서관의 어서명원본(御署名原本)에 편성되어 있다. 그리고 이것을 시행하기 위해서 조선 정부와 맺은 여러 가지 조약은 일본 외무성의 외교자료군에 보존되어 있다. 또한 시행 협력안 원본은 조선 정부의 외사『각사등록』에 편성되어 있으며, 현재는 규장각에 보존되어 있다. 그러므로 이 시기 청일전쟁과 관련된 기록의 완결된 구조를 파악하기 위해서는 일본 내각, 육군성, 외무성 등의 기록과 조선에서 작성된 시행 기록을 상호 연관하여 파악해야 한다.

제노사이드: 일본군의 동학농민군 진압

1894년 1월부터 시작된 농민전쟁은 전주화약으로 1차 휴정하여 집강소가 설치되었다. 농민군은 일본군이 득세하자 2차 봉기하여 반외세 정책을 취하며 전투를 벌였다.청일전쟁 당시 평양 전투와 황해 해전에서 청군을 격파한 일본군은 자신들에게 저항하는 마지막 세력을 진압하기 위해 동학농민군 소탕 대작전을 벌였다.

일본 정부와 일왕은 청국에 대한 선전포고문에서 '조선의 치안 상황'을 언급하고 있다. 이것은 동학농민군에 대한 것이라 할 수 있는데, 일본군은 동학농민군을 '폭도'로 규정하고 자신들의 '이익선'을 지키기 위하여 희생해야 할 희생물로 인식하였다. 그들은 자신들이 규정한 '폭도'를 섬멸하기 위하여 일반 농가에 불을 질러 선량한 노약자들과 아이들까지 희생시켰다. 이것은 한국에서 행해진 제노사이드라고 할 수 있다.

제2장

러일전쟁 진해만 요새 건설을 위한 결재

청일전쟁에서 식민지를 획득하는 데 성공한 메이지 정부는 영국과 미국 등 열강의 아시아 외교전에서 자신들의 역할을 부각시키면서 부국강병 정책과 제국화 정책에도 박차를 가하였다. 이에 일본 정계에는 오랫동안 정한론(征韓論)을 주장하는 세력들이 득세하게 되었다.[1] 그들은 조선 정부 내에서 자신들의 우호 정권을 수립하기 위해 왕후 민비를 암살하고 갑신정변을 사주하여 정국을 뒤흔들었다. 이에 생명의 위협을 느낀 고종은 러시아 공관으로 아관파천을 단행하였으며, 1년 만에 다시 경운궁으로 돌아와 1897년(광무 원년) 10월 12일 대한제국을 선포하였다. 그러나 이미 많은 열강과 불평등 조약을 맺어 이권을 빼앗긴 상태에서 국론은 분열되어 국운이 기울 대로 기

1 이현희, 『정한론의 배경과 영향』, 대왕사, 1986; 김인덕, 「일본의 정한론과 대원군정권의 대응」, 성균관대학교 석사학위논문, 1987; 한계옥, 『정한론의 계보: 일본과 한반도의 100년』, 三一書房, 1996(일문); 한동환, 「19세기 '정한론'의 허구성에 대한 비판적 연구」, 『인문과학연구』 34호, 강원대학교인문과학연구소, 2012; 한석호, 「천황제 이데올로기의 재생산에 관한 연구」, 전북대학교 박사학위논문, 2014.

울어진 상황이었다.

이러한 대한제국의 위기 상황 속에서 러시아는 동청철도 부설권을 얻어 중국 동북부 지역에서 세력을 확대하고, 블라디보스토크에서 다롄(大連)으로 가는 길목인 대한해협에 함대 정박지, 즉 군사요새를 만들려고 하였다. 이처럼 남하하는 러시아는 영국과 미국에게도 견제의 대상이 되었고, 일본의 야마가타 내각은 한반도를 '이익선'으로 규정하고 전쟁도 불사하겠다는 의지를 천명하였다.[2]

야마가타 내각은 동아시아 조약항 체제하에서 외교적으로 영국과 2차 동맹을 맺고, 미국과 가쓰라-태프트 밀약을 맺어 러시아와 전쟁을 벌이고 한국을 점령하는 것을 묵인하도록 하는 데 성공하였다. 일본 내각과 참모본부는 러일전쟁에서 이기기 위하여 전략적 대응책을 모색하고자 하였다.[3] 그러나 당시 한국에서 외국인은 거류지 10리 밖에는 토지를 소유할 수 없다고 정한 영국, 러시아 등 각국과의 조약이 걸림돌이 되었다.

이러한 일촉즉발의 국제적 상황하에서 한반도가 가지는 의미는 전략적으로 매우 컸다. 특히 러시아도 일본도 전쟁에서 승리하기 위한 열쇠는 랴오둥반도의 다롄(大連)과 대한해협에 요새를 만드는 것이었다. 한국의 입장에서 보면 남의 나라 전쟁에 내 땅을 내어 주어야 하는 어처구니없는 상황이 벌어진 것으로, 지정학적 위치의 특수

---

2 大山梓, 「日露戦争直前における日露関係の一問題: 馬山浦事件」, 『明治時代の軍事史』, 1968.

3 일본 대본영은 전시 중에 설치되는 일왕 직예의 최고 통수기관으로서, 육군 및 해군을 지배하에 두고 있었다. 대본영은 참모본부 및 군령부 조직이 담당하였다. 일본의 참모본부에 대한 자세한 것은 大江志乃夫, 『日本の參謀本部』, 中公新書, 1985 참조.

성으로 빚어진 참사라고 할 수 있다. 한국은 희생의 아이콘이었다. 특히 러일전쟁을 준비하면서 일본이 한반도의 마산포와 부산포 등에 이주어촌을 만들어 군사적으로 이용하고, 항구가 식민도시로 탈바꿈하는 결정적인 계기가 된다는 점에 주목해야 할 것이다.[4]

그런데 앞 장에서 살펴본 청일전쟁 과정에서는 일본 정부가 농민군을 진압하는 명목으로 조선 정부에 의뢰하여 전신, 도로 등 인프라 건설을 추진하였지만, 러일전쟁 준비 과정에서는 러시아의 눈치를 봐야 하는 상황이었기 때문에 더욱 전략적인 차원의 국제적인 속임수가 필요하였다.

일본 정부와 일본군은 진해만에 요새를 설치하기 위하여 속임수를 썼다. 한편으로 대한제국 농상공부장관의 협조를 얻어 거액을 주고 밀거래를 하고, 한편으로는 부산 거류 일본인을 활용하여 러시아 몰래 국제법을 위반하면서 요새를 준비하였다. 대한해협에 진해만 요새를 구축하는 것은 동아시아에서 주도권을 잡기 위해서는 사활이 걸린 중요한 문제였다.

러시아와 일본 모두 마산포와 부산포를 전략적 요충지로 주목하였다. 러시아가 이곳에 군사요새를 구축하려고 하자, 다급해진 일본 정부는 수단과 방법을 가리지 않고 군용지를 확보하려 하였다. 대한제국은 정치적 중립을 선언하고 있었고, 국제법으로 외국인은 거류지 10리 이내에만 땅을 확보할 수 있었다.[5]

---

4 자세한 것은 김경남, 『일제의 식민도시 건설과 자본가』, 선인, 2015 참조.

5 1885년 조선 정부는 거류지에 외국인이 토지를 구입할 수 없다고 정했으며, 1900년 3월 3일 러시아와 한국은 거제도와 그 일대의 토지를 타국에 양도하지 못하도록 협정을 맺었다

이 때문에 일본 정부는 정상적인 루트가 아닌 한국인의 명의를 이용한 '토지 잠매'라는 방식으로 목적을 달성하고자 하였다. 따라서 군용지를 확보하기 위한 공문서는 한국보다 일본 본토에 대부분 남아 있다. 이것을 추진한 주무 부서는 일본 내각의 육군성과 참모본부, 외무성과 부산 영사관, 마산 영사관 등이다.[6] 그러므로 이 기관에서 생산한 기록물들을 살펴보면, 마산포와 부산포의 토지 잠매와 이 지역 인프라 설치에 대한 실상을 구체적으로 알 수 있으며, 이에 대한 상위 레벨의 결재 구조를 명확하게 규명할 수 있을 것이다.

이것을 명확하게 하는 과정은 종래 마산포에서 부산 영사의 지시로 하자마가 토지를 샀다가 육군성에 토지를 헌납했다는 설[7]이 사실이 아님을 증명하는 작업이 될 것이다. 그리고 마산포뿐만 아니라 부산포에서도 육군성과 참모본부의 총지휘하에 사활을 건 군용지 잠매 정책이 실시되었음을 밝혀 내는 작업이라 할 수 있다.

이러한 문제의식하에 이 장에서는 일본 정부가 러일전쟁을 준비하면서 진해만에 요새를 설치하기 위해 부산포와 마산포에서 잠매라는 방법으로 군용지를 사들인 사실을 명확히 하고, 그것을 일본 내각의 결재 구조와 기록물 편성 계층을 통해 규명하고자 한다. 진해만 요새 설치로 인해 일본은 러일전쟁에서 승기를 잡을 수 있었기에, 이 시기에 진행된 일본 내각의 결재 구조를 파악하는 것은 매우 중요하다. 이를 통해 일본 정부의 군사요새와 인프라 건설을 위한

(국회도서관입법조사국, 『구한말 조약휘찬』(상·중·하), 1964).

6 주무부서는 당시의 결재문서를 보면 알 수 있다. 본문의 결재문서 참조.

7 和田春樹, 『日露戦争-起源と開戦』(上), 岩波書店, 2009, p. 295.

결재 구조가 제국주의 전쟁과 관련하여 철저히 군사적 목적으로 만들어졌다는 것을 명확히 할 수 있다. 또한 일본 정부가 진해만에 군사요새를 만든 것이 이후 한국 점령이 본격화되면서 요새 지역을 새로운 중심도시로 만들어 가는 계기가 되었다는 점에서 시사하는 바가 크다.[8]

대한해협 제해권과 러일의 각축

20세기 초, 구미 열강의 식민지나 이권 획득 경쟁의 최종 무대가 된 것은 동아시아 지역이다. 동아시아에서 열강들은 청국 각지에 조차지(租借地)를 설정하였다. 러시아는 중요한 항만인 뤼순(旅順)·다롄(大連), 영국은 웨이하이웨이(威海衛)나 주룽반도(九龍半島), 독일은 자오서우만(膠州灣), 프랑스는 광저우만(廣州灣)을 조차지로 만들었다. 이러

8 일본이 군사적 목적으로 개발을 추진한 도시는 일제 강점 이후 지역의 주요 거점도시로 거듭나게 된다. 종래 서울(당시 한성), 부산, 인천 등 대도시는 물론 목포, 군산, 마산, 나진 등 각 도시의 '거류지' 형성 및 도시 건설 과정에 대한 윤곽은 대체로 밝혀져 있다. 김용욱, 『한국조계에 관한 연구』, 태화출판사, 1967; 손정목, 『한국개항기 도시사회경제사연구』, 일지사, 1882; 高秉雲, 『近代朝鮮租界史の研究』, 雄山閣, 1987 등. 일제강점기 경성, 부산, 나진 등 식민도시계획에 대한 연구성과는 다음을 참조. 金慶南, 「戦時体制期における近代都市釜山開発の植民地的性格」, 『近代植民地釜山の都市形成: 「日本帝国」における植民地との人の移動をめぐって』, 九州国際大学 経営経済論集』 第18巻1号, 2011a. 또한 마산에 대해서는 다음을 참조. 이성환, 「마산의 성장과정 및 그 특징에 관한 연구」, 1976; 이규성·허정도, 「20세기초 원마산 도시공간의 복원적 연구」, 2000; 허정도·이규성, 「일제강점기 원마산의 도시공간 변천과정 연구-1912년부터 1945년까지」, 『건축역사연구』 11-2, 2002; 박희윤, 『개항 이전 마산시 도시형성 및 변화과정에 관한 연구』, 2000; 허정도, 『전통도시의 식민지적 근대화 일제강점기의 마산』, 신서원, 2005; 김백영, 『지배와 공간』, 문학과지성사, 2009; 김경남, 『일제의 식민도시 건설과 자본가』, 선인, 2015; 염복규, 서울도시계획 2018 등.

한 체제는 이른바 동아시아 조약항 체제이며, 이 조약항을 발판으로 열강들은 세력 범위를 넓혀 나갔다.[9] 이 동아시아 분할 경쟁에 일본과 미국이 뒤이어 참가하였다.[10] 러시아와 일본의 동아시아 패권 쟁탈전에서 초점이 된 곳은 뤼순·다롄과 진해만이었다.

청일전쟁으로 타이완과 가라후토를 지배하게 된 일본은 조선과 청국의 동북부 지역에 대한 지배권을 확보하고자 하였다. 이에 따라 일본은 당시 청국과 손을 잡고 이 지역에 대한 영향력을 확대해 가고 있던 러시아를 적국으로 규정하였다.

일본 정부가 전략적으로 가장 먼저 눈독을 들인 것은 진해만에 요새를 설치하는 것이었다. 패권을 쥐고 있던 러시아가 함대나 함선으로 다롄과 블라디보스토크를 왕복할 때 반드시 거쳐야 하는 곳이 대한해협이었다. 이 해협은 동아시아를 제압할 수 있는 가장 중요한 전략적 요충 해협이기 때문이다. 당시 이 지역의 대표적인 항구와 섬은 부산포, 마산포, 통영, 삼천포, 거문도, 거제도 등이었다.

이 지역을 제압하면 보급로를 끊어 적국에 타격을 줄 수 있으므로, 19세기 말 식민지를 개척하려고 한 영국·미국·러시아 등 구미 열강들은 이곳을 가장 먼저 확보하려 했다. 이곳은 임진왜란 때 도요토미 히데요시(豊臣秀吉)와 이순신 장군이 치열하게 싸우던 전장이었고, 또 몇 백 년 동안 조선통신사가 평화적으로 문물을 교류하기 위해 건넌 현해탄이다. 그렇게 300년 이상 평화를 유지하던 해협이

---

9 W. G. Beasley, *JAPANESE IMPERIALISM 1894-1945*, Oxford University, 1987.
10 『日露戦争と第1次世界大戦, 朝日クロニクル20世紀 第1巻 明治34年—大正5年』, 朝日出版社.

제해권 쟁탈전에 휘말린 것은 1885년 영국에 의한 거문도 점령과 1904년 진해만을 둘러싼 러일의 제해권 쟁탈전 때문이었다.[11]

일본은 독일을 비롯한 삼국의 간섭으로 랴오둥반도를 반환하는 대신, 청국으로부터 2억 냥(1냥=은 37g,약 3억 6천만 엔)의 배상금을 받아 군수물자를 더욱 확대할 수 있는 기반을 만들었다. 이에 러시아 제국이 청국으로부터 동청철도 관리권을 획득하면서 만주 지역은 러시아의 관리 영역으로 떨어졌다. 그리고 러시아는 부동항(不凍港) 블라디보스토크에서 중국의 다롄을 왕래하기 위해 대한해협을 전략적으로 차지하려고 하였다. 메이지유신과 전쟁 승리를 통해 급부상한 일본은 영국, 미국과의 밀약을 통해 러시아를 견제하는 역할을 하게 되었다.

러시아가 청일전쟁 이후 부산의 절영도를 조차할 뜻을 보이자, 영·미·독이 여기에 대항하여 주요 항구에 각국 조계를 정하였다. 러시아는 본격적으로 1897년 7월부터 8월에 걸쳐 부산의 절영도를 조차하려고 하였다. 1898년 2월에 러시아 군함이 부산 절영도에 상륙하여 자신들의 조차 예정지에 나무를 심는 등 실력을 행사했으나, 국제적으로 긴장감을 유발하여 일본과 영국의 공동 저지로 성공하지 못했다.[12] 또한 이때 일본 참모본부가 부산 거류지에서 부동산업자 하자마 후사타로(迫間房太郎)를 활용하여 절영도의 토지를 잠매하였

11 김경남, 위의 논문, 2012 참조.
12 손정목, 앞의 책, 1982, p. 13(원문서는 『구한국외교문서』 17권 俄案, 『日本外交文書』 30권 문서번호 229-326, 31권, pp. 166-178, 김용욱, 「부산조계고」, 『부산시지 상』, pp. 103-105).

기 때문에 러시아는 목적을 달성할 수 없었다.[13]

하지만 러시아는 1898년 3월 27일, 청국과 랴오둥반도 조차에 관한 조약을 체결함으로써 해군기지로서 뤼순, 다롄 및 부근의 해면을 25년간 조차할 수 있게 되었고, 동청철도 간선부터 다롄만(大連灣)까지 지선을 부설할 권리를 획득하였다.[14] 한편 러시아는 한국에도 해군 근거지를 만들기 위해서 한반도의 울릉도, 거제도, 마산포, 부산포 등을 조사하였다.

이 때문에 일본 야마가타 아리토모(山縣有朋) 내각은, 한국을 대륙으로 진출하기 위한 교두보로 삼기 위한 조치로서, 러시아의 블라디보스토크-뤼순 항로를 차단하고자 대한해협 진해만을 사활을 걸고 차지하려고 하였다. 대한해협은 일본의 쓰시마해협과 접해 있고, 특히 일본 본토 방어를 위해서 전략적으로 매우 중요한 해양 항로이다. 이러한 중요성 때문에 일본은 영국, 미국과 동맹하여 진해만을 점령하기 위해 수단과 방법을 가리지 않았다.

러시아는 1899년 4월 러시아 기선회사의 명의를 빌려 마산포의 토지를 잠매하기는 했지만, 다롄과 뤼순의 요새지대 개발을 중시하는 정책에 밀려, 마산 해군 근거지[15] 개발은 본격적으로 추진하지 못

---

13 『日本外交文書』 제31권 제1책, pp. 194-195. 대한제국의 서재필이 이끄는 독립협회도 러시아의 절영도 점령을 예의 주시하고 있었다. 절영도 문제에 대해서는 손정목, 앞의 책, 1982, pp. 108-114 참조.

14 『日本外交文書』 제31권 제1책, pp. 307-308.

15 러시아가 마산포 율구미에 단독 조차지를 설정한 데 대해서, 당시 일본 정부는 러시아의 '해군 근거지' 설정이라고 커다란 '공포감'을 가졌는데, 이는 해군 근거지라기보다는 탄수 공급지와 병사의 병원, 휴양 시설 등 당시 열강이 세계 각지에 건설한 코링 스테이션(給炭地) 내지 마카로프가 정의한 저탄장 혹은 제2등 근거지에 가깝다는 의견이 있다(山脇重雄, 「馬山浦事件」, 『東北大学文学部研究年報』 第9, 10, 13上号, 1959). 하지만 다롄(大連)과 뤼순(旅

했다. 러시아는 로젠-니시 협정[16]과 한국과 다른 국가 간 토지 불양도 협정[17]을 맺어 일본이 마산포와 그 인근 토지를 선점하여 전략적으로 사용할 수 없도록 조치하였다. 그러나 러시아가 영·미 등의 견제와 차르 정부 내부의 의견 대립으로, 진해만 점령 정책을 적극적으로 추진하지 못한 것은 전략적으로 볼 때 큰 실책이었다.[18] 일본이 진해만을 차지하는 것은 그들이 예견한 보스프러스화 현상을 재촉하는 것이었기 때문이다.

부산에서 실패한 러시아는 이번에는 마산포를 주목하였다. 1899년 4월 21일 두바소프 제독이 나가사키(長崎)에 정박 중이던 순양함 러시아호와 드미트리 돈스코이호를 이끌고 마산포에 도착하여 토지를 가계약하였다. 이 사실을 『보스토치니 베스트닉』지(블라디보스토크 발행)가 4월 30일 자로 '러시아 함대에 의한 마산포 점령'이라고 보도하였다. 한국 조정은 당황하였고, 일본 정부는 러시아의 마산포 해군기지 건설이 자신들의 심장을 겨누는 칼이 된다고 비난하였다. 마

順)에 요새를 설치한 러시아이고, 알렉산드리아 제독은 보스프러스화 현상을 염려하여 진해만에도 요새를 설치할 필요성을 충분히 인식하고 있었다. 따라서 러시아의 당면 목적은 탄수 보급소 설치라 하더라도 궁극적인 목적은 진해만 요새 설치에 있었다고 볼 수 있기에 이 장에서는 '해군 근거지'라고 썼다.

16 로젠-니시 협정(1898년 4월 25일 체결)에 대한 내용은 鄭肯植, 『韓国近代法史改轉英社』, 2002, pp. 25-26; 和田春樹, 『日露戦争 起源と開戦(上)』, 岩波書店, 2009, pp. 280-281 참조.

17 러시아가 한국과 맺은 두 개의 협정은 다음과 같다. 첫째, 1900년 3월 30일 마산포 10개 지역 이외 남포지구를 요구하고, 또한 거제도와 주변 섬을 타국에 양도하지 못하도록 하는 협정을 주한 러시아 공사 파블로프와 한국 정부 사이에 체결하였다. 둘째, 1900년 6월 3일에는 러시아 부영사 소코프와 한국 외무부 관리 정대유 간에 토지 조차 협정을 체결하였다. 러시아의 태평양 함대가 마산포의 개항장 토지 일부를 조차하여 마산포 문제에 지속적으로 개입할 근거를 마련하였다(최덕규, 『제정러시아의 한반도정책 1891~1907』, 경인문화사, 2008, p. 79).

18 和田春樹, 앞의 책, 2009, p. 295 참조.

산포 문제는 한·러·일 삼국 간의 새로운 외교 분쟁의 대상이 되었다.[19] 로젠-니시 협정 체결을 통하여 한반도 문제를 둘러싸고 외견상 진정되었던 러일 관계는 새로운 갈등국면으로 돌입하게 되었던 것이다.[20]

그해 5월 5일 러시아는 마산포 월영동, 율구미 등에 3만 평의 토지를 점령하여 러시아제국 전관 거류지로 선언하고, 바로 군사 병영 시설들, 즉 러시아국 동양 함대의 육상 사령부, 숙사, 장교 집회소, 하사 집회소 등을 만들기 시작했다.

이러한 러시아의 마산 해군 근거지 확보 움직임에 위기감을 느낀 일본 정부는 영사관을 통해 바로 하자마(迫間)에게 토지를 잠매하도록 지시한다.[21] 이것은 야마가타 아리토모(山縣有朋) 내각 참모본부 육군성의 발빠른 대처였다.

야마가타 내각은 동아시아 패권이 러일의 대결로 압축되고, 러시아가 뤼순과 다롄 요새를 점령하고 만주까지 점령하자,[22] 절체절명의 위기를 느끼게 된다. 거기에 러시아 해군이 마산포에 정박하고 동계 훈련을 실시하면서 한반도 점령이 현실화되자, 신속하게 토지 잠매 대책을 지시한다.

또한 같은 해 10월 11일 '대한정책의견서'를 제출한다. 야마가타는

---

19 마산포 사건과 러시아의 율구미 조차지 문제에 대해서는 다음을 참조. 손정목, 앞의 책, 1982; 山脇重雄, 앞의 논문, 1959; 井口和起, 『日露戦争の時代』, 吉川弘文館, 1998, pp. 72-74.
20 최덕규, 앞의 책, 2008, pp. 40-42.
21 손정목, 앞의 책, 1982, p. 340.
22 러시아의 뤼순·다롄 조차 문제와 한국 문제에 대한 구체적인 내용은 大江志乃夫, 『世界史としての日露戦争』, 立風書房, 2001, pp. 77-86 참조.

수천 년 동안 가장 밀접한 관계를 이어 온 한국에 대하여 자국 '이익선'을 유지·확충하기 위해 전략을 세워야 하며, 러시아보다 유리한 위치에 서기 위해 전쟁도 불사한다는 생각을 명백히 하고 있다.[23] 구체적인 개요에 대하여 다음과 같이 서술하고 있다.

> 첫째, 러시아(露國)가 한국의 마산포·거제도 혹은 기타 전함 정박소 또는 요새에 준하는 지역을 점령 또는 차용하려고 기획하여 조선 정부를 위협하든가 또는 목적을 실행하기 위해 자위상 타기해야 할 경우에는, 러시아에게 일본과 조선 간의 이해관계 및 수백 년 내력사에 대해 세론한다. …… 담판에는 충분한 여지를 주고 러시아가 도저히 충고를 받아들이지 않을 때 대처하는 여유가 필요하다.
>
> 둘째, 러시아가 만약 우리 충고를 거절할 경우, 지형상 및 수백 년에 걸친 일한 역사의 관계에 기인하는 우리 이익을 포기할 것인가 말 것인가를 결정해야 한다. 이 제국의 존망흥폐에 따르는 중요 문제를 속히 어전회의에 주청하고 신중한 검토를 진력하고 제국의 중요 정책을 결정해야만 한다.[24]

위에서 보듯이, 야마가타 내각은 대(對)한국 정책을 제국의 존망이 달린 사활을 건 정책으로 인식하고 있으며, 한국을 동아시아 침략

---

23 大山梓,「日露戦争直前における日露関係の一問題: 馬山浦事件」,『明治時代軍事史』, 1968, pp. 74-75.
24 大山梓 編,「山縣有朋意見書」,『原書房明治百年史叢書』, 1966, pp. 254-255.

전쟁에서 최선의 '이익선'이라고 생각하고 대책을 강구한다. 한국이 러시아의 수중에 넘어가면 일본 본토가 전쟁터로 변할 위험성이 커진다는 것이다. 러일 간에 발생한 토지 분쟁인 '마산포 사건'은 겉으로 보기에는 일본 상인과 러시아 기선회사 사이의 토지 소유권 분쟁이었지만, 야마가타 내각은 국가의 존망흥폐가 달린 중요 사건으로 인식하였다.[25]

야마가타가 생각해 낸 '불리한 위치에 서지 않는 수단 방법'은 진해만 부산포와 마산포 일대의 토지를 잠매하여 '일본 육해군'의 기지를 만드는 정책이었다.[26] 그는 동아시아에서 제국으로 나아가는 데 필요한 육해군의 예산을 확보하기 위하여 조세를 증액하고자 하였다.[27] 그리고 일본 육해군은 진해만 일대에서 바로 사활을 건 군용지 잠매를 시작한다. 이 전략은 당면으로는 러시아의 발틱 함대를 물리치기 위한 군사요새기지로 사용하기 위함이었고, 궁극적으로는 대륙 진출의 전진기지로 활용하기 위함이었다. 일본 정부는 부산 요새와 마산 요새를 진해만 요새로 만들려고 하였다.

---

25 일본 제국주의적 형성은 井口和起, 『日本帝国主義の形成と東アジア』, 名著刊行会 2000 참조.

26 군용지 잠매 정책의 주무 부서는 육군성과 참모본부였지만, 최종 결재자가 누구인지에 대한 기록은 아직 발견하지 못했다. 다만, 육군성이 주로 담당하고 참모본부가 보고를 받고 있기 때문에, 야마가타 내각총리가 결재했을 것으로 생각된다. 앞으로 검토해야 할 과제이다.

27 야마가타 내각은 1899년도 예산 세출 2억 2천여 만 엔, 세출 부족 3천7백여 만 엔을 지조(地租) 증세로 돌파하려고 하였다. 이때 내각과 헌정당이 타협하였다. 그런데 지방의 유지들이 이 지조 증세안을 반대하자 야마가타는 궁중(宮中)의 예비비를 유용하여 헌정본당 의원 몇 명을 정상(政商)에게 돈을 주고 매수하였다. 총 98만 엔을 우선(郵船)회사 배당 5주로 간주하고 사용하였다(小山博也, 「明治の内閣(第1代~第14代)」, 白鳥令, 『激動の日本政治史明治大正昭和 歴代国会委員 史録(上巻)』, 阿坂書店, 1979, p. 24).

부산포 군용지 잠매를 위한 일본 내각의 결재 구조

그러면 일본 정부가 대한해협 진해만 부산포와 마산포에서 군용지를 몰래 사들이는 '작전'을 어떤 결재 구조를 통해 실시하였는지 살펴보자.

기존 연구에서는 개항기 일본인 하자마 후사타로가 부산포와 마산포에서 토지를 잠매했고, 그 토지를 육군에게 헌납했다고 하였다.[28] 하지만 앞에서 밝힌 바와 같이 야마가타 내각이 절체절명의 위기에서 제국의 '이익선'을 지키기 위한 것이라고 표명하였기 때문에 하자마가 토지를 육군에게 헌납했다는 것은 사실과 다름을 알 수 있다.

이하에서는 이러한 사실을 증명하기 위해 일본 내각이 작성한 공문서를 통해, 누가 어떻게 부산포와 마산포에서 토지를 몰래 사들였는지, 그 주체가 누구인지에 대하여 구체적으로 살펴보자.

먼저 부산포 군용지 잠매에 대한 실태와 기록의 결재 구조를 살펴보면 다음과 같다. 메이지 정부가 쓰시마 종가를 위협하여 부산 왜관을 점령한 것은 1872년이다. 그러나 조선 정부는 4년간 메이지 정부를 인정하지 않았다. 이에 일본 정부는 1876년 함포외교전으로 대응하여 운요호(雲楊號) 사건을 일으켰고 마침내 강화도조약을 체결하였다. 부산이 최초의 개항장이 되면서 왜관이 있던 곳에 일본인 전관 거류지가 만들어졌다. 메이지 정부는 거류지 일본인 보호를 구실로 군인을 배치하는데, 1885년 12월 27일 부산항 절영도 내에 기

28 和田春樹, 앞의 책, 2010, p. 295.

지를 만들었다.[29] 그리고 이듬해 1월 31일 일본 해군용 석탄을 저장하기 위하여 절영도 흑석암의 땅 4,900평을 조차한다. 독변교섭통상사무 김윤식과 일본국 임시 대리공사 다카히라 고고로(高平小五郎) 간에 조인된 것이다.[30]

그런데 1895년 러시아 정부가 부산의 절영도 일부를 해군기지로 사용하기 위해 조차하고자 할 때, 영국·미국·독일이 이에 대항하여 총세무사 브라운을 시켜 이곳에 각국 조계를 정하여 경계를 표시하였다. 한국 정부는 그해 7월에 외국인은 토지나 가옥을 구입하지 못하도록 하였다. 1898년 3월 30일에는 외부대신 이도재(李道宰)의 주재하에 영국, 미국, 프랑스, 독일 등이 절영도 동북단 90만 평방미터를 각국 조계의 기지로 합의하였다.[31] 이렇게 영미를 비롯한 서구 열강이 러시아가 한국에 해군기지를 설치하는 것에 반대하였기에 러시아는 부산 절영도의 토지 획득에 실패한다.

이러한 틈을 타, 일본 육군은 부산에 연병장을 건설하기 위하여 하자마를 시켜 토지를 매수하였다. 군용지 잠매 정책의 주무 부서는 육군성과 참모본부이다. 이러한 사실을 증명해 주는 공문서는 [표 2-1]과 같다. 이 문서철을 통해 1899년 11월부터 1903년 2월까지 외무성이 부산 절영도와 초량에 해군탄고를, 육군성이 부민동에 부

---

29 손정목, 앞의 책, 1982, p. 87(원문서는 『구한국외교문서』 1권 일안 1 문서번호 637, 639, 640, 643, 644호 등).

30 손정목, 앞의 책, 1982, p. 112(원문서는 『구한국외교문서』 1권 일안 1 문서번호 548, 549, 637, 640, 641, 643호 등, 『日本外交文書』 19권 문서번호 135호).

31 손정목, 앞의 책, 1982, p. 114(원문서는 『구한국외교문서』 3권 일안 3 문서번호 4574, 4575, 4576, 4582, 4590, 4619, 4690, 4576호 付2).

[표 2-1] 부산 절영도와 부민동 군용지 매수에 관한 결재

작성 연월일	건명	작성자 → 수신자	편성 계층
1899. 11. 9.	부산 절영도의 해군탄고 매수 기밀 제14호	마산 분관 주임 영사관보 나카무라 다카시(中村巍) → 특명전권공사 하야시 곤스케(林権助)	
1899. 12. 12.	부산 연병장 신설에 관한 부산 영사의 품신 밀수잡(密受雑) 359호 기밀송(機密送) 299호	부산 영사	육군성 대일기류, 明治32年 기밀
1899	부산 거류지 서부에 지소 3,000평을 매수하고 연병장 용지로 하는 건 밀수(密受) 294호 밀발(密発) 130호		육군성 대일기류, 明治32年 기밀
1901. 10. 2.	연병장 용지 매수금으로 2,500엔을 지불 명령서로서 외무성에 송부하는 건 밀수 356호 밀발 6호		육군성 대일기류, 明治32年 기밀
1902. 1. 21.	부산 주차대 연병장 용지 매수에 진력한 하자마 후사타로(迫間房太郎)에게 300엔의 보수를 증여하는 건 밀수 47호 기밀송 30호	외무대신 소네 아라스케(曾禰荒助) → 육군대신 오야마 이와오(大山巖)	
1902. 2. 13.	연병장 매수 실비의 잔금 94엔 60전에 차위 205엔 40전 밀수 61호 밀발 23호		
1902. 3. 27.	연병장 매수 자금에 대한 하자마 후사타로의 수령 밀수 98호 기밀송 41호		
	부산 주차대 장군이 연병장의 용지를 만드는 건 밀수 16호 기밀송 42호		
1903. 2. 4.	하자마의 부산 부민동 토지 매수	마산 영사 시데하라 기주로(幣原喜重郎) → 외무대신 고무라 주타로(小村壽太郎)	

산 주차대 연병장을 만들기 위해 활동한 구체적인 사실을 알 수 있다. 대표적인 것을 정리하면 다음과 같다.

먼저, 부산 절영도에 해군탄고를 매수하기 위하여 외무성이 결재한 기록을 들 수 있다. 이 공문서는 1899년 11월 9일 기밀 제14호로 마산 분관 주임 영사관보 나카무라 다카시(中村巍)가 특명전권공사 하야시 곤스케(林権助)에게 보낸 것이다. 구체적으로는 절영도의 토지 7,995.215평, 동년 8월에 초량의 토지 606.71평을 304엔 16전으로 매수했다.[32]

그리고 거류지 서부 토지를 하자마에게 사도록 하고, 매수 자금 2,500엔을 3년 뒤인 1902년 3월 27일 지불하였으며, 부산 주차대 연병장 용지 매수에 진력한 공으로 보수를 지급하였다.[33] 1903년 2월 4일에는 하자마의 보고를 토대로, 재마산 영사 시데하라 기주로(幣原喜重郎)가 외무대신 고무라 주타로(小村壽太郎)에게 부민동 밭 5경, 전답 2경 등 1,844평을 매수하였다고 보고하고 있다.

한편 이 공문서들은 모두 육군성 대일기류에 계층화되어 있으며, 현재 방위성 방위연구소에 보존되어 있다. 메이지 32년 기밀문서 시리즈부터 메이지 36년 기밀문서에 편성되어 있다.[34] 그러므로 이 공문서들은 육군성과 외무성이 주체가 되어 하자마를 시켜 부산의 절영도와 부민동 등의 토지를 몰래 사도록 하여 연병장을 만들려고 했다는 사실을 증명해 준다.

이처럼 일본의 육군성과 참모본부는 부산포 절영도를 토지 잠매

---

32 1900년 8월 10일에 재마산(在馬山) 사카다(坂田) 영사가 경성에 있는 하야시 곤스케(林權助)에게 보낸「마산포 매수지 영리 문제에 관한 건」(문서번호 機密半公信 62).

33 1902년 부산 주차대 연병장 용지 매수에 진력한 하자마 후사타로(迫間房太郎)의 보수 증여에 관한 건으로서, 외무대신 소네 아라스케(曾禰荒助)가 제안하여 육군대신 오야마 이와오(大山巖)가 보수 증여를 결정하였다.

34 陸軍省,「釜山練浜場の件」,『明治32年起 機密文書編册』, 1907. 제1호부터 제6호까지로 편철되어 있다.

정책을 통해 점령하려고 했다. 이것은 일본이 러시아에 대응한다는 명목으로 한국을 속이고 부산 요새를 구축하기 위해, 1885년 거류지에 군대를 만들지 못하게 한 국제법을 위반한 것이다.

마산포 군용지 잠매를 위한 일본 내각의 결재 구조

마산포 군용지 잠매는 부산포 절영도나 초량 등 '부산 연병장' 설치를 위한 것과는 다른 양상을 보여 준다. 러시아와 직접 충돌하였기 때문에 첩보전쟁이라고 해도 과언이 아니다. 당시는 대한제국법과 한영조약, 한러조약 등으로 외국인이 거류지에 토지를 살 수 없던 시기로서, 더구나 군용지는 더욱 확보하기 힘든 상태였다.

1896년 6월 3일부터 청국과 러시아는 모스크바에서 비밀협정을 맺어 일본을 견제하였고, 일본은 영국·미국과 협정을 맺어 청국과 러시아를 적국으로 삼았다. 특히 러시아는 부동항을 얻기 위하여 남하 정책을 폈으며, 진해만 일대 부산포와 마산포에 해군 근거지를 확보하는 데 혈안이 되었다.

마산포 사건은 1899년 5월 5일에 러시아가 마산포에 정박하자 일본이 신경전을 벌이면서 발생하였다. 직접적인 계기는 같은 해 12월 러시아 군함이 마산포 월영대에서 러시아 기업을 앞세워 석표를 세우자, 부산 거류 일본인 하자마가 자신이 이미 그 땅을 샀다고 주장하면서 토지 분쟁이 발생한 것이다. 일명 '마산포 사건'이다. 이 사건으로 결국 러시아는 마산포를 해군 근거지로 만드는 데 실패하였다.

그런데 '마산포 사건'의 본질은 다른 곳에 있었다. 러시아는 기업을 내세우고 일본은 거류민을 내세웠지만, 실상은 국가 간의 갈등이 표출된 것이다. 이러한 갈등 관계는 일본 측의 행동과 공문서를 통해 여실히 드러난다. 종래 부산 영사 관여설이 있고, 마산포 사건의 전면에 나선 하자마가 육군에게 토지를 헌납했다고 하고 있으나, 이것은 사실과 다르다. 부산 거류지에서 살던 하자마가 갑자기 마산에서 러시아가 해군기지를 만들려고 한 바로 그 시점에 한국인 명의를 빌려 바로 그 토지를 몰래 구입했다는 것은 거의 불가능에 가깝다.

그러면 이러한 사실을 명확하게 알 수 있는 자료는 어디 있을까. 부산 영사가 관여되어 있다면 그 상위 레벨의 외무성이 관여하고 있을 것이며, 나중에 군용지로 쓰이기 때문에 육군성이 관여하고 있을 것이라고 추측할 수 있다.

[표 2-2]는 이러한 추측을 증명할 수 있는 공문서이다. 공문서는 외무성과 육군성, 참모본부가 작성한 것으로, 마산포에서 군용지를 확보하기 위한 결재 라인과 기록물의 편성 계층이다.

이 공문서를 시계열적으로 분석해 보면, 1899년(메이지 32) 11월 9일 자와 12월 4일 자 공문서는 러시아의 동향을 외무성과 육군성이 이미 파악하여 부산포와 마산포에서 러시아와 충돌할 만약의 사태에 대하여 준비하고 있었음을 알 수 있다.

11월 9일 자 기밀 제14호 공문서는 마산 분관 주임 영사관보 나카무라 다카시(中村巍)가 특명전권공사 하야시 곤스케(林權助)에게 보낸 것이다. 이 공문에는 러시아의 동향이 파악되어 있으며, 부산 절영도의 해군탄고 매수지와 초량의 매수지 약도가 표시되어 있을 뿐만

[표 2-2] 마산포 군용지 잠매 공문서와 결재 라인

작성 연월일	건명	작성자 → 수신자	편성 계층	보존 장소
1899. 11. 9.	러시아(露国) 군함이 월영대(月影台) 하자마 매수지 일부를 포함하여 러시아 기선회사 지계(地界)의 석표를 건설한 데 대해 마산 분관 주임으로부터 보고받은 건 기밀 제14호	마산 분관 주임 영사관보 나카무라 다카시(中村巍) → 특명전권공사 하야시 곤스케(林権助)	외무성	외무성
1899. 12. 4.	러시아국 군함이 월영대 하자마 매수지의 일부를 포함하여 러시아 기선회사 지계의 석표 건설 기밀(機密) 제295호. 수취: 기밀 제422호 비(秘)	외무대신 아오키 슈조(青木周蔵) → 육군대신 가쓰라 타로(桂太郎)	육군성 대일기류 메이지 33년 한국 마산지소(地所) 제2의 편책 기밀	방위성
1899. 12. 8.	육군차관으로부터 참모장 본부 차장에 내첩안 비친전(秘親展) 밀수(密受) 제422호	육군차관 → 참모장 본부차장	육군성 대일기류	방위성
1900. 2. 2.~3. 10.	한국 농상공부 대신과 상의(商議) 결과 이영균(李泳均)을 마산포에 파견하여 토지를 매수한 데 따른 하야시 전권공사의 보고의 건		육군성 대일기류 메이지 33년 한국 마산지소(地所) 제2의 편책 기밀	방위성
1900. 8. 10.	마산포 매수지 영리 문제에 관한 건 문서번호 기밀 반공신(半公信)	재마산 사카다(坂田) 영사 → 경성에 있는 하야시 곤스케(林権助)	외무성	외무성
1900. 9. 12.	선명서(매상증서)	하자마 후사타로(迫間房太郎) → 영사 사카다 수지로(坂田重次郎)	육군성 대일기류 참모본부 잡철(秘)/ 메이지 33년 비밀일기 참비호(参秘號)	방위성
1900. 12. 3.	한국 율구미에서 러시아와 교환한 우리 소유지에 대한 명의인 선명서 등 반각 육군성 밀수 제468호	외무대신 가토 다카아키(加藤高明) → 육군대신 가쓰라 타로		방위성
1900. 12. 11.	한국 마산포에서 매수지 소유명의 전환의 건 기밀송(機密送) 제90호	재마산 영사 사카다(坂田) → 외무대신 가토 다카아키		방위성
1900. 12. 24.	한국 마산포에서 매수지 소유명의 전환의 건 기밀송(機密送) 제327호 밀수(密受) 제473호	외무대신 가토 다카아키 → 육군대신 고다마(兒玉)		방위성
1900. 12. 25.	한국 마산포에서 매수지 소유명의 전환의 건 발(密発) 제233호	육군성 → 참모본부	참모본부(参謀本部)-잡(雜)	방위성
1900. 12. 26.	한국 마산포에서 매수지 소유명의 전환의 건 참비(参秘) 제264호 제22호	육군대신 고다마 → 참모총장 오야마 이와오(大山巖)	참모본부(参謀本部)-잡(雜)	방위성

아니라, 월영대 약도에 러시아, 하자마, 이영균의 종자(從者) 오씨(吳氏)가 매수한 토지가 각각 표시되어 있다.[35]

한 달 뒤인 12월 4일 외무대신 아오키 슈조(青木周蔵)는 마산 분관 주임에게 보고받은 내용을 육군대신 가쓰라 타로(桂太郎)에게 기밀(機密) 제295호 문서로 보냈다.[36] 러시아 기선회사가 월영대 하자마 매수지 일부 지계에 석표를 건설했다는 것이다. 이 내용은 같은 달 8일 밀수(密受) 제422호로, 육군차관이 참모장 본부차장에게 보고하였다.[37]

이러한 보고를 접한 일본 육군성과 참모본부는 군용지를 매수하기 위해서 수단과 방법을 가리지 않았다. 가장 먼저 1900년 2월 2일부터 3월 10일까지 재한(在韓) 특명전권공사 하야시가 한국 농상공부대신 민영기(閔泳綺)를 거금 2만 엔을 주고 매수하였다. 민영기는 이영균을 마산에 파견하여, 이영균의 종자(從者) 오씨가 한국인 명의를 빌려 토지를 매수하도록 시켰다. 이 내용은 『메이지(明治) 33년 한국 마산지소 제2의 편책 기밀』에 편철되어 있다.[38]

그리고 하자마는 '마산포 사건'의 분쟁 토지 율구미 이외에도 막대한 토지를 몰래 사들였다. 1900년 9월 12일 한국 마산포 각국 거류지 부근 자복리(滋福里), 월영리(月影里), 신월리(新月里), 완월리(阮月里), 정산

---

35 위의 문서, pp. 64-65.

36 明治32年 12月 4日, 機密第295号(受取: 機密第422号)秘 (外務大臣 青木周蔵→陸軍大臣 桂太郎) p. 50.

37 明治32年 12月 8日, 密受第四二二号 陸軍次官ヨリ参謀長本部次長へ内牒按 秘親展(次官) pp. 48-49.

38 陸軍省,『明治33年分 韓国馬山地所 第2の編册 機密』,「林全権公使韓国農商工省大臣と商議の結果李泳均なるものを馬山浦に派遣して買収せしめたる地所の義に付林公使具報の件」, 明治33年 2月 23日~明治33年 3月 10日, 陸軍省-雑-M33-18-96(防衛省防衛研究所 소장).

리(正山里), 서성리(西城里) 등의 토지를 28,198엔 50전에 매수하였다.

또한 마산포 토지 잠매를 육군대신이 직접 지휘하였다는 사실은 러시아와 교환한 월영동 토지 명의 전환에 대한 공문서를 통해 명확하게 알 수 있다. 12월 11일 마산 영사는 외무대신에게 하자마와 민영기[39]를 통해 구매한 한국인 명의의 토지 전부를 정부가 변경할 수 있는 좋은 기회라고 제의한다.[40] 그리고 12월 24일 외무대신은 육군대신에게, 12월 26일 육군대신은 참모총장에게 보고하고, 결국 참모본부에서 12월 28일에 명의 변경 결정을 유보한다.[41] 이후에도 명의 변경 건은 1901년 1월에 외무대신, 육군대신과 참모총장이 검토하였으나 반각되었다. 결국 그해 7월 18일에 가서야 참모총장은 육군대신에게 러시아와 교환한 월영동 소유지의 명의 변경을 승인한다.[42]

이처럼 마산포 토지는 육군대신과 참모총장이 직접적으로 관련하고 있음을 알 수 있다. 그리고 공문서들을 통해 마산 영사 → 특명전권공사 하야시 곤스케(林權助) → 외무대신 아오키 슈조(青木周蔵) → 육군대신 가쓰라 타로(桂太郎) → 참모총장 오야마 이와오(大山巖)까지 결재 라인이 이어지는 것을 알 수 있다. 따라서 하자마 개인이 사서 육군성에 헌납한 것이 아니라, 육군성이 마산 요새를 만들기 위해 하

39 원문에는 민영완으로 쓰여 있으나, 농상공부 대신 민영기의 오자이므로 고쳐 썼다.

40 하자마가 재마산 영사 사카다에게 선명서를 제출한 것은 1901년 3월 러일의 '일촉즉발의 위기'를 4개월 지난 시점이다. 1900년 9월 12일 현재 율구미 토지 매수 상황은 수전 24위 7두락 지계 7매, 전 4작 오두수 지계수 3매로 되어 있다(9월 12일 「宣明書」, 迫間房太郎→在馬山領事 坂田重次郎).

41 参謀本部-雑-M33-4-109(防衛省防衛研究所図書館 소장).

42 「陸軍省大日記類」, 参謀本部関係, 参謀本部雑, 参謀本部雑(秘), 明治34年秘密日記参秘号.

자마에게 한국인 명의를 차용하여 토지를 사도록 시켰다는 것을 알 수 있다. 심지어 대한제국 정부의 고위 관직자 민영기까지 돈으로 매수하였다는 사실은 충격적이다. 민영기의 이러한 행위는 한국이 망하는 데 결정적인 타격이 되었다고 해도 과언이 아니다.

한편 앞의 공문서가 편성된 계층을 보면 육군성과 참모본부가 전략적으로 토지를 몰래 매수하였다는 것이 더욱 분명해진다. 기록물은 육군성의 기록물 분류 계층에 따라 편성되어 있다. 자세하게 살펴보면 다음과 같다.

먼저 당시 육군성에서 작성한 기록은 '육군성 대일기류' 문서군에서 '육군성 잡철'에 연도순으로 편성되어 있다. 예를 들면, 「러시아 군함이 월영대 하자마 매수지 일부를 포함하여 러시아 기선회사 지계의 석표를 건설한 데 대해 마산 분관 주임으로부터 보고받은 건」은 메이지 33년 「한국 마산지소 제2의 편책 기밀」 시리즈에 편성되어 있다. 상위레벨 계층은 육군성-육군성 대일기류 참모본부 관계-참모본부잡(비) 메이지 33년 비밀일기 참비호이다.[43]

이상에서 살펴본 여러 가지 자료는 일본 정부가 대(對)러시아 군사적 전략에 따라 진해만 군용지를 한국인 명의를 차용하여 잠매했고, 육군성 대신 가쓰라 타로와 참모총장 오야마 이와오가 이를 직접 총지휘했다는 증거이다.

이러한 행위는 1883년 거류지 10리 밖의 토지 거래 금지 조항을 규

43 陸軍省, 「露国軍艦が月影台迫間買収地の一部を包括して露国汽船会社地界の石標を建設したる義に馬山分館主任より報告の件」, 陸軍省大日記類, 『明治33年分 韓国馬山地所 第2の編册 機密』, 1900에 편철되어 있다.

정한 한영수호통상조약을 위반한 것이며, 1885년 대한제국의 외국인 토지 구입 금지법도 위배하는 행위였다. 게다가 1900년 3월 3일에, 거제도와 그 일대의 토지를 타국에 양도하지 못하도록 러시아와 한국 정부 사이에 맺은 협정까지 무시하고 추진한 도발적인 행위였다.[44]

그러므로 일본 정부가 육군성과 참모본부의 총지휘하에 마산포에서 속임수를 써서 토지를 잠매한 것은 국제법을 위반한 사례이다. 이러한 행동은 바로 한반도 '이익선'을 차지하기 위한 일본 정부의 전략적 조치라고 할 수 있을 것이다. '마산포 사건'은 겉으로 보면 러시아 기업과 일본인 거류민 하자마 사이의 토지 분쟁이지만, 실상은 러시아제국과 일본제국의 치열한 외교전이었다고 할 수 있다. 결국 일본은 속임수를 써서 러일전쟁에서 '승리'할 수 있는 교두보를 만들었다.

한국 관련 예산을 위한 결재와 기록물 편성 구조

앞에서 본 바와 같이 마산포와 부산포에서 일본 정부가 자행한 이 모든 군용지 잠매 행위는 러시아와의 전쟁을 준비하기 위한 것이었다. 그러면 이러한 정책의 최종 결재자는 누구였을까. 정책을 추진하기 위해서는 예산이 필요하다. 그러므로 예산이 어떻게 결정되었는지를 살펴보면 최종 결재자가 누구인지를 알 수 있을 것이다.

당시 토지 잠매를 위한 예산은 대장성 기밀비로 사용하였다. 그것

44 국회도서관 입법조사국, 『구한말 조약휘찬』(상·중·하), 1964 참조.

은 다음 기록을 통해 알 수 있다. 당시 일본 정부에서 예산 비목을 '청국 사건'이라 하였는데, 이 비목에는 군사항인 사세보 등에 함대를 설치하거나 군사들의 여비를 주는 것이 포함되어 있다. 일본 정부가 청국 사건이라 한 것은 한국은 물론 중국의 다롄 확보를 목표로 러일전쟁을 치렀기 때문이다. 이 비목에는 조선의 전신이나 우편국 설치, 토지매입 등과 관련된 예산이 함께 편성되었다.[45]

1900년부터 1901년에 걸쳐 청국 사건과 관련하여 한국에는 전신선이 가설되고 양말 공장도 만들어졌다. 1900년 7월 내각총리대신 야마가타 아리토모(山縣有朋)는 대장대신 마쓰가타 마사요시(松方正義)가 올린 청국 사건과 관련하여 한국에 설치하는 제 경비 예산에 대하여 인준하고 회답을 하였다. 그 내용은 인천-부산 간 전신 복선 가설, 중앙 양말창 공장 소관 설치 등에 따른 경비를 임시 지출 경비로 한다는 내용이다.[46] 이 문서와 관련하여 7월 19일 대장대신 마쓰가타는 청국 사건에 대하여 육해군 경비 임시 지출 청구 수속에 관한 건을 총리대신에게 보냈다. 91,138엔 80전 3리를 임시 지출하는데, 그 재원은 부득이하게 1900년(메이지 33) 칙령 제270호에 의해 군함 수뢰정 보충기금으로 지출한다는 것이다.

이를 바탕으로 7월 23일 총리대신 야마가타는「대장대신이 청의한 청국 사건에 관한 기밀비예산 외 지출의 건」을 일왕에게 상신하

---

45 内閣,「清国事件ニ関シ第五師団附属兵站司令部増設ニ要スル経費支出方」, 明治33年 8月 14日.

46 清国事件ニ関シ仁川釜山間電信複線架設及中央糧秣廠工場瓦斯管設置等ニ要スル経費支出方. 清国事件ニ付臨時ニ要スル雑費及機密費ヲ予算外支出ス. 仁川釜山間電信複線架設及中央糧秣廠工場瓦斯管設置等ニ要スル経費ヲ臨時支出ス(公文類聚·第二十五編·明治三十四年·第十二巻·財政四·会計四·臨時補給二, 1900~1901)

여 재가를 요청하고 있다.[47]

이 예산과 관련된 공문서는 '공문유취(公文類聚)' 시리즈에 편성되어 있으며, 자세한 것은 공문유취 제24편·메이지 33년·제20권·재정6·회계6·임시보급3·청국 사건비 지출[48]에 편성되어 있다. 그러므로 한반도 토지 잠매 정책은 러시아와의 전쟁 준비와 밀접하게 연관되어 있다는 것을 알 수 있으며, 최종 결재자는 메이지 일왕이라는 것을 확인할 수 있다.

일본제국은 농상공부 장관 민영기를 매수하여 군용지를 확보하였는데, 영국, 러시아 등과 맺은 국제법을 위반하는 행위였다. 이 같은 토지 잠매는 한반도 진해만 일대에서 추진되었지만, 그 상위 레벨의 결재는 일본 내각에서 진행되었다. 러일전쟁을 준비하기 위하여 관제로 참모본부를 설치하고, 예산을 지원하며, 인사를 결정하는 것은 일본 내각의 결재 루트를 거쳤다. 결재 구조는 일본 육군과 참모본부를 비롯하여 외무성, 대장성과 내각총리를 거쳐, 최종 결재자 일왕까지 이어진다. 그래서 공문서가 일본의 국립공문서관과 방위성 방위연구소, 외무성에 남아 있다.

심지어 육군성과 참모본부는 국제법을 어겨 가면서 잠매한 토지에서 임대 사업을 하여 대략 연간 3,000엔의 수익을 챙겼다.[49] 이 매

---

47 清国事件ニ付臨時ニ要スル雑費及機密費ヲ予算外支出ス(公文類聚·第二十五編·明治三十四年·第十二巻·財政四·会計四·臨時補給二, 1900~1901)

48 公文類聚 第二十四編·明治三十三年·第二十巻·財政六·会計六·臨時補給三·清国事件費支出.

49 「買収地収益金ヨリ教育費其他ノ補助金支給ノ件」, 機密本第九三号 機密受第三七八七号, 「馬山浦居留地外買収地管理ニ関スル件」(사본), p. 337. 종래의 소유 명의인은 하자마 후사타로(迫間房太郎)로서 …… 토지 수입은 대략 3천 엔으로 되어 있다. 明治33年 12月 12日 재마산 영사 사카다 주지로(坂田重次郎)가 외무대신 가토 다카아키(加藤高明)에게 보낸 보고서.

수지 수익금으로 외무성은 마산포에서 각종 국가 사업을 벌였다.[50] 마산포 거류지 외 참모본부 매수지의 연세(年稅)는 육군성에서 만든 내용을 기초로 결정되었다. 참모본부는 육군대신의 면담을 통해 재마산 영사, 특명전권공사, 외무성, 육군성, 참모본부의 결재 루트를 거쳤다는 것을 알 수 있다. 관련 건에 대한 출처와 편성 계층을 정리하면 [표 2-3]과 같다.

[표 2-3] 토지 수입금을 거류지 보조금으로 전용

연도	작성 부국	건명	편성 계층
1900. 8. 14.	일본 내각	청국 사건에 관해 제5사단 부속 병참사령부 증설에 필요한 경비 지출 건	제24편·메이지 33년·제20권·재정6·회계6·임시보급3·청국 사건비 지출
1900. 12. 12.	외무성	매수지 수익금으로부터 교육비, 기타의 보조금 지급의 건(기밀 본 제93호) 재마산 영사 사카다 주지로(坂田重次郎) → 외무대신 가토 다카아키(加藤高明) 기밀수(受) 제3787호 마산포 거류지 외 매수지 관리에 관한 건	외무성 기록 5문(門)군사-1류 국방-7항 군항, 요새, 근거지
1900. 12. 12.	외무성	한국 각지에 제국 육해군 요지 매수 관계 잡건 재마산 영사 사카다 → 외무대신 가토	외무성 기록
1900. 12. 21.	육군성	매수지 수익금으로부터 보조금 지출의 건 기밀 제94호 기밀수 제3815호	육군성

이 표에서 마산포 사건은 청국 사건 속에 포함되어 있으며, 제5사단 부속 병참사령부 증설과 관련되어 있다는 것을 알 수 있다. 그리고 육군성이 작성한 기밀 제94호 기밀수 제3815호 「매수지 수익금

50 機密本第九三号 機密受第三七八七号,「馬山浦居留地外買収地管理ニ関スル件」.

으로부터 보조금 지출의 건」을 보면 토지 구입에 따른 수익금으로 거류지에서 여러 사업을 추진했다는 것을 알 수 있다. 중요한 것은 세 가지로 압축된다.

첫째, 자신들의 목적 달성에 활용하기 위하여 한국인에게 일본어 교육을 시켰다. 이때 일본어를 배운 사람 중에 일본으로 유학을 가서 친일파가 된 사람이 많다. 박영철, 박중양 등이 대표적 인사이다. 둘째, 의사보조금을 주어 일본인 거류민들이 불편하지 않도록 하였다. 1개월 20엔씩 1년간 240엔을 지급하였다. 셋째, 일본거류민회 보조금으로서, 1개월 15엔씩 총 780엔을 지급하였다.

이렇듯, 일본 외무성에서는 육군성과 참모본부가 잠매한 마산포의 토지로부터 나온 수익금으로 거류지에서 국가적 차원의 식민 사업을 추진하였음을 알 수 있다. 일본 정부로서는 한국을 속여 일석이조의 효과를 거둔 것이다. 이 마산포 거류지의 매수지 연세 및 지권(地卷)의 처리에 대해서는 외무성에서 제안하고, 육군성에서 검토한 후, 참모총장이 확인하고 육군성에 하달하였다.[51]

진해만 요새 건설과 경고 없는 한국 침략

일본 대본영이 연합함대 근거지 진해만 요새를 구축한 것은 앞에서 밝힌 바와 같이 군용지를 잠매한 상태에서 추진한 것이다. 일본

51 外務省, 「外務省記録」, 5門 軍事, 1類 国防, 7項 軍港·要塞·根拠地, 「韓国各地二帝国陸海軍要地買収関係雑件」 在馬山領事坂田重次郎→外務大臣加藤高明(1900. 12. 12.~1902. 11. 24.)

은 러일전쟁 선포 1년 전인 1903년 9월 30일 군령해(軍令海) 제1호 '방비대조례'에 따라 '진해만 송진포 방비대'를 설치하였다. 1904년 1월에 일본 해군은 러시아와의 전쟁에서 '작전 방침'을 결정하였다.

그런데 여기서 주목되는 것은 한국의 입장에서 보면, 러일전쟁은 완전히 국제법을 위반한 경고 없는 군사적 침략이라는 점이다. 일본은 2월 8일에 러시아에 선전포고를 하였지만, 그보다 이틀 앞선 2월 6일에 육군이 무장한 임시 파견대를 사세보(佐世保)에서 인천으로 출항시켰다(『明治卅七八年戰役陸軍政史』 2). 해군도 군함을 이끌고 진해만의 마산 전신국을 점령해 버렸다.[52]

그리고 한국으로 이동할 때도 속임수를 썼다. 육군도 해군도 선발 징발대, 선발 호위대(병력 계 181명), 보병 5대대 산포 1중대(병력 계 2,963명), 합계 3,144명의 병력을 평복으로 변장시켰다. 무기는 별도로 묶어서 일반 화물로 수송하고, 독립한 주권국가인 한국에 비밀리에 상륙시켜, 수도 한성을 점령하고자 계획을 세우고 실행 명령(군령) 및 구체적인 훈령까지 발령했다.

같은 해 8월, 유수(留守) 제5사단 제3 임시 축성단은 마산에 상륙하여 요새 구축 작업을 시작하였다. 그 후 제3군 군사령관 노기 마레스케(乃木希典) 중장의 제1회 뤼순 공격 실패에 따라 진해만 요새에 비치할 28류를 뤼순 요새용으로 전용(轉用)하도록 명령을 받았기 때문에 공사가 훨씬 늦어졌다.[53] 같은 해 11월 27일에 진해만 요새 포

---

52 大江志乃夫, 앞의 책, 2001, p. 386; 大江志乃夫, 『日本の参謀本部』, 中央公論社, 1985.

53 일본 대본영 회의에서 진해만, 다렌만, 쓰시마만 3개소에 중포대 28류를 비치하도록 결정함에 따라 1904년 8월 10일까지 철거하여 9월 10일까지 각지에 도착하도록 지시하였다(朝鮮

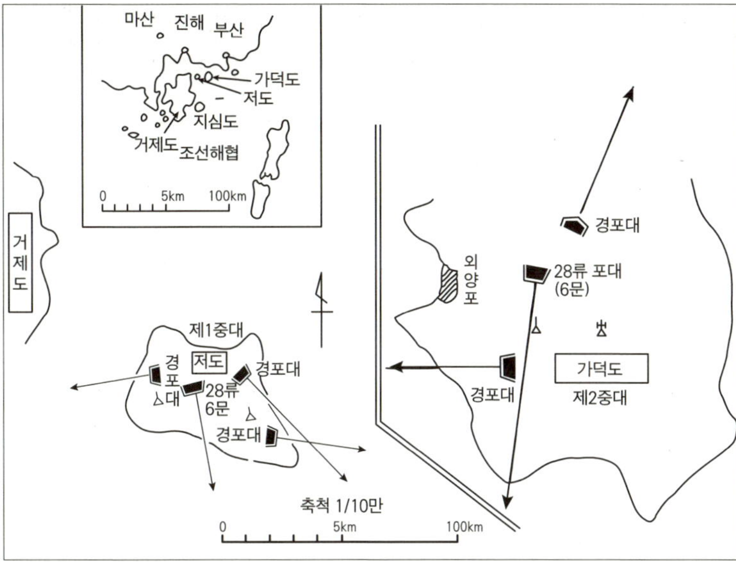

〈그림 2-1〉 진해만 요새 구축 포대 건설 예정도(1904. 8. 5.)

병대대를 설치하였다.

〈그림 2-1〉에서 보는 바와 같이, 진해만 요새지대는 부산, 진해, 마산, 가덕도, 저도, 거제도 일대의 육지와 섬에 건설될 예정이었는데, 가덕도(加德島)에 제2중대 28류 포대 6문, 경포대 2문을, 마산 쪽의 저도(猪島)에 28류 6문, 경포대 3문을 설치하였다.

일본 대본영이 대한제국에 요새를 구축한 것은 공식적으로는 1905년 4월 26일이라고 하지만, 앞에서 살펴본 바와 같이, 이미 요새용으로 군용지를 확보한 상태에서 1904년 2월 23일 '한일의정서'

重砲兵聯隊史 編輯委員會, 『朝鮮重砲兵聯隊史』, 1999, p. 70).

를 체결하였으며, 4월에 진해만 거제도 외양포에 요새를 만들었다고 할 수 있다. 그해 8월에 대본영은 무기고를 탈취하고 진해만 요새 사령부와 진해만 요새 중포병 대대를 설치하였으며, 해군이 소관하는 진해 요항부를 설치하였다.[54]

메이지 일왕(明治天皇)은 1904년 3월 한국주차군을 신설하였다. 그리고 일본군 대본영은 진해만 요새 이외에도 그해 8월에 의주, 진남포 해안, 송전만(원산)에 요새를 두고, 육군 요새 포병대를 배치하였다.[55] 이것에 대한 결정과 운용은 일본 본토의 요새사령부조례와 요새지대법에 따랐다.[56]

〈그림 2-2〉는 가덕도 외양포의 일본군사령부 발상지의 현재 모습이다. 비석에는 '사령부발상지, 메이지 38년 4월 26일(司令部發祥地, 明治三十八年四月二十六日)'이라고 쓰여 있다.

---

54 編輯委員會, 앞의 책, 1999, pp. 68-70. 진해 요항부에 대한 자세한 것은 다음을 참조. 橋谷弘, 「要港部都市·植民地都市としての鎭海」, 坂根嘉弘 編, 『軍港都市史研究 VI: 要港部編』, 淸文堂, 2016.

55 編輯委員會, 앞의 책, 1999, p. 27. 일본의 대본영은 일왕을 정점으로 참모총장 아래 참모본부 차장을 두고 각 부를 통솔하였다. 각 부서와 그 활동 내역은 다음과 같다. 총무부(서무·편제·동원), 제1부(작전·요새), 제2부(정보·지리), 제3부(운수·통신), 제4부(병참), 제5부(전사 편찬), 公使館附武官(외국군사정보의 수집), 육군대학교(참모적임자 양성), 육지측량부(지도 작성) 등이다. 러일전쟁 시기 야마가타 아리토모(山縣有朋, 1904. 6. 20.~1905. 12. 20.)가 참모총장을 맡았고, 오야마 이와오(大山巖, 1905. 12. 20.~1906. 4. 11.)가 그 뒤를 이었다. 이에 대한 자세한 것은 大江志乃夫, 『日本の参謀本部』, 中公新書, 1985 참조. 전쟁 중의 중층적 결재 구조를 파악하려면 구체적인 작업이 필요하므로 이에 대해서는 별도의 논고를 기약한다.

56 일본 정부는 청일전쟁 기간인 1895년 3월 30일 자 칙령 제39호로 요새사령부조례를 제정하여, 요새의 대소 크기에 따라 1~3등 요새로 구분했다. 다시 1899년 7월 15일에는 법률 제105호로 요새지대법을 제정하였다. 요새지대는 국토방위를 위해 건설한 제반 방어 건축물 주위를 포괄하는 구역이며 제3구로 나누었다. 제1구역은 기선(基線: 방어 영조물의 각 돌출부를 연결하는 선)으로부터 250間 이내, 제2구역은 기선으로부터 750間 이내, 제3구역은 기선으로부터 2,250間 이내로, 일본 육군대신이 경계를 정해서 고시하였다(編輯委員會, 앞의 책, 1999, p. 2, p. 28).

〈그림 2-2〉 일본군 진해만 요새 사령부 발상지
비고: 비석이 세워진 것은 1936년(2012년 2월 촬영)

진해만 요새를 설치한 당면 목적은, 당시 일본 육군이 대본영 연합함대의 근거지로 사용함으로써 육해군 합동으로 러시아의 발틱함대를 격파하여 전쟁의 승기를 잡기 위함이었다. 동북 방향에는 영흥만 요새를 만들어 일본군을 배후에서 엄호하도록 하였다.[57] 일본 대본영은 국제법을 위반하면서 만든 진해만 요새 덕분에 일본 해군의 연합함대가 러시아의 발틱함대를 격파하는 데 지대한 공헌을 하였다. 이로 인해 일본은 청일전쟁에 이어 러일전쟁에서까지 승리함으로써, 동아시아에서 패권을 거머쥐게 되었다. 1905년 12월, 한일신협약에 따라 한국에는 이른바 '보호정치'가 실시되게 되었다.

진해만 요새 포병대대는 1906년 4월 1일 포병대로 되었고, 병력이 3분의 1로 축소되어 한국주차군사령관 예하로 배속되었다. 러일전쟁이 끝난 1906년 4월 1일 진해만 요새 포병대대는 포병대로 되

57 編輯委員會, 앞의 책, 1999, pp. 16-17.

었고, 병력이 3분의 1로 축소되어 배속되었다. 그해 7월 31일, 일본 정부는 한국주차군사령부조령(條令)을 발표하여 군제를 평시 편성으로 전환한다. 1908년에는 육군의 요새 사령부와 포병대가 가덕도에서 마산의 월영리로 이전하게 된다. 1900년 초에 마산포에서 잠매한 군용지로 이동한 것이다.

한국 병합 후에 진해만 요새는 제1 진해만 요새지대 마산 요새, 제2 진해만 요새지대 부산 요새로 구성되었다. 러일전쟁기와 다른 점은 부산 요새가 강화되고 일본의 쓰시마해협(対馬海峡)과 본토를 연결하는 조선해협 요새계(朝鮮海峡 要塞系)가 만들어졌다는 점이다.

〈그림 2-3〉에서 보는 바와 같이, 당시 진해만 요새는 제1지대가 마산, 진해, 거제도 일대이며 중점지역은 가덕도와 저도, 거제도의 장승포 등이다. 제2지대는 부산일대로서, 중점지역은 마키노시마(牧ノ島, 절영도), 몰운대, 감만리 등이다. 이 지구에는 육군 중포병 부대가 배치되었다. 진해만 중포병 연대는 위술지명(衛術地名) 마산 중포병 연대로 명칭이 바뀌었고, 제1지대는 마산 요새로 명칭이 변경되었다. 요새 사령부는 조선군사령관의 직례로 편제되었으며, 진해만 요새는 진해만 요항을 수비하고, 영흥만 요새는 영흥만 정박지를 수비하게 되었다.

진해만 보조이주어촌의 건설

진해만 일대의 광대한 토지를 확보한 일본 육해군은 군사요새를 건설하기 위해 제일 먼저 한일 간 항로를 개설하고 인적 자원을 확보

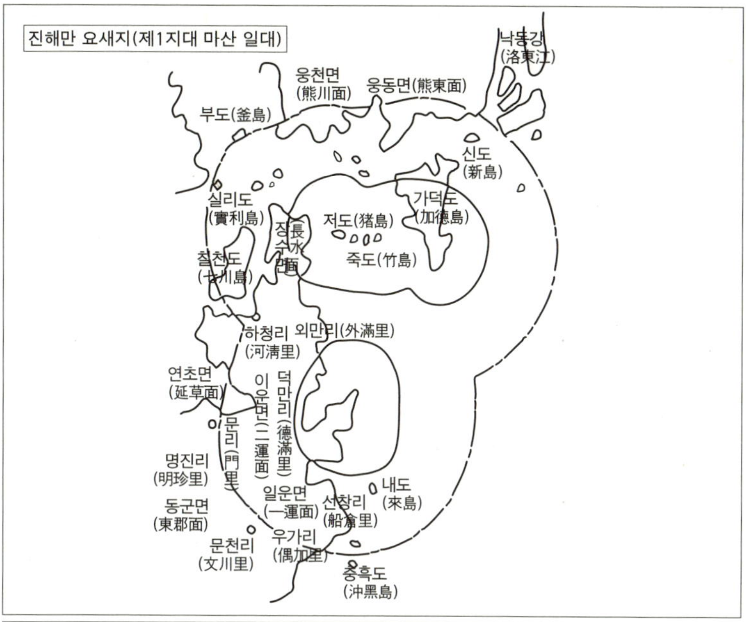

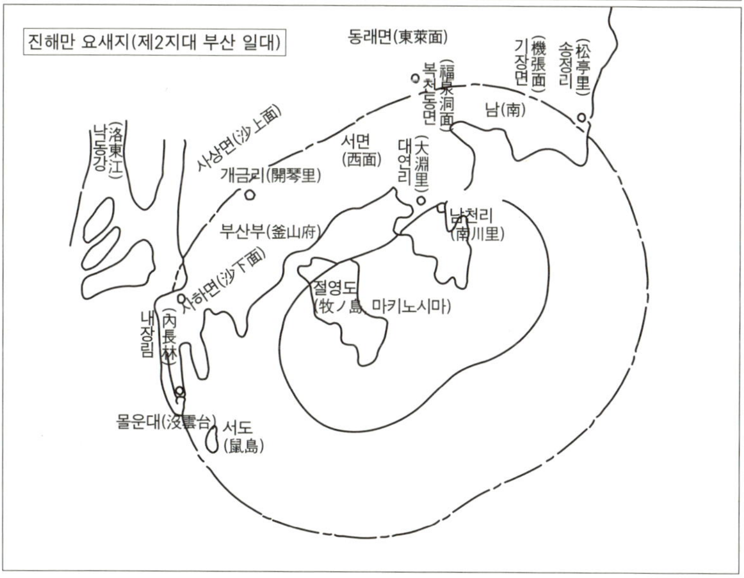

〈그림 2-3〉 진해만 요새(제1지대 마산 일대, 제2지대 부산 일대)

출전: 朝鮮重砲兵聯隊史 編輯委員會, 『朝鮮重砲兵聯隊史』, 1999.

해야 했다. 그리고 철도·도로·통신·항만 건설 등을 통해 일본과 대륙을 잇는 도시 인프라가 필요하였다. 한국을 강제 병합하기 전에는 일본 정부, 도도부현(都道府県), 통감부가, 이후에는 일본 정부, 도도부현, 조선총독부가 이러한 제 정책을 추진하였다. 이 정책을 수행하기 위해서는 반드시 일본 정부나 지방자치체로부터 보조금이 지급된다.

그러면 진해만 요새지대의 보조이주어촌의 실태와 이주 사례에 대해 살펴보자. 한국에 일본 어민들이 정착하기 쉬워진 것은, 러일전쟁 이후 1908년 10월 '한일어업협정'이 맺어지고, 11월에 '한국통어법'과 '어업법시행세칙'이 제정·발포되면서부터이다.

그러나 진해만 요새지대에는 그 이전인 1899년부터 통영군 길야정(吉野町), 욕지도 동항동, 거제도 장승포, 마산포 율구미[58] 등에 일본인의 보조이주어촌이 만들어진다.[59] 이것은 일본 정부의 특별대책으로서, 러시아군과 대결하기 위한 근거지 마련과 군용 식량으로 어류 통조림 확보가 긴급과제였기 때문이다. 이러한 문제를 해결하기 위해, 일본 정부와 각 부현의 지사는 한국으로 어민 이주를 계획하고 추진하였다.

이주어촌은 지방자치단체나 수산단체의 이주 계획하에 자금 보조를 받거나 자력으로 이주하였는데, [표 2-4]에 열거된 진해만 요새지대로 이주한 어촌은 모두 보조금을 받은 보조이주어촌이다.

이 표를 통해 보조이주어촌은 러일전쟁기를 전후하여 남해안에 형

58 율구미는 지금의 가포동(架浦洞).

59 布野修司·韓三建·朴重信·趙聖民,『韓国近代都市景観の形成』, 京都大学出版会, 2010; 石垣幸子,『朝鮮の千葉村物語』, 2010.

[표 2-4] 진해만 요새지대의 보조이주어촌

군면동리	이주 연도	종별	별칭	주요 내용
고성군 동해면 장사리	1898	補	広島村	권현업자의 근거지
통영군 욕지도 동항동	1899	自→補	山口村	고등어 어업의 근거지
통영군 통영면 길야정	1900	自→補	島根村, 長崎村	굴지의 상업/수산도시
거제군 이운면 장승포	1904	自→補	入佐村	고등어 어업의 최대 근거지
창원군 마산포 율구미	1904	補	千葉村	소멸
동래군 사하면 다대포	1906	自→補	없음	소멸
남해군 삼동면 미륵리	1909	自→補	佐賀村	고등어에서 멸치로
거제군 사등면 창호리	1910	自→補	城浦	멸치망 어업
사천군 삼천포면 선구리	1911	補	愛媛村, 山口村	소멸
창원군 진해면 경화동	1912	補	鎮海漁港	소멸

布野修司·韓三建·朴重信·趙聖民, 『韓国近代都市景観の形成』, 京都大学出版会, 2010, p. 236에서 재작성. 마산포 율구미 지바무라(千葉村)에 대해서는 石垣幸子, 『朝鮮の千葉村物語』, 2010에서 작성.

성되었음을 알 수 있다. 1898년에 고성군 동해면 장사리에 히로시마 마을이 생긴 것을 시작으로, 통영의 길야정(吉野町), 욕지도 동항동(東港町), 마산 율구미의 지바무라(千葉村), 거제도의 장승포(長承浦), 진해의 경화동(慶和洞) 등은 모두 진해만 요새지대의 핵심적 위치에 자리 잡고 있었다. 보조이주어촌은 대부분 한반도 남해안에 입지해 있고, 촌락당 이주민 수가 20~30호로 영세한 것이 특징이다.

이주어촌은 일본 정부의 대륙정책상 자본주의적 경영의 필요에 따라 만들어졌다고 되어 있으며, 경영 주체는 각 부현, 수산조합, 동양척식회사이다. 그중 각 부현이 가장 적극적으로 조직하고 움직였다.[60]

60 布野修司·韓三建·朴重信·趙聖民, 앞의 책, 2010, p. 231.

그 목적에 대하여 마산포 율구미의 지바무라를 사례로 살펴보면, 당시 지바무라에 간 사람들은 군인들의 식량을 조달하기 위한 목적이었다고 한다. 마산포의 월영동에 만들어진 공장지대도 군인들의 식량을 조달하기 위한 통조림 공장이었다. 아울러 신선도가 생명인 어류를 일본까지 바로 운반하기가 어려웠으므로, 어획물을 처리할 근거지가 필요했다고 할 수 있다.[61]

지바무라는 1904년부터 율구미 남쪽 해변에 일본 지바현(千葉県) 수산연합회의 어민 20명이 어업이민으로 정착하여 거주하면서 만들어졌는데,[62] 지바현 지사인 이시하라 겐조(石原健三)가 자신의 정치 라인인 내각 수상 가쓰라 타로의 정책을 돕기 위한 방책으로 생겨난 이주어촌이다. 지바현은 원래 멸치잡이가 번성하였으나 이 당시 멸치가 별로 잡히지 않아 어민들이 생활고를 겪었다고 한다. 또한 정부 측에서는 러시아군과 대결하기 위해 어류 통조림을 군용 식량으로 확보하는 것이 긴급과제였다. 이러한 문제를 해결하기 위해, 정부와 지바현 지사는 마산 율구미로 주민을 이주시킬 것을 계획하고 추진하였다.

하지만 지바무라가 만들어진 율구미는 러시아 해군기지가 만들어지던 전쟁의 화약고로서, 여차하면 주민들의 생명이 위험한 곳이었다. 정부가 그러한 사정을 이주민들에게 알리지 않아 지바의 이주어민들은 결과적으로 정부에 의해 희롱당하였다고 할 수 있다.[63]

---

61 한국 마산의 지바무라에 대한 자세한 내용은 石垣幸子, 『朝鮮の千葉村物語 房総から渡った明治の漁民たち』, 崙書房, ふるさと文庫, 2010 참조.

62 마산상공회의소, 『마산상공회의소백년사』, 2000, pp. 129-130.

63 石垣幸子, 『앞의 책』, 2010, pp. 30-35.

진해만 요새 인프라 건설을 위한 결재 구조

그러면 대한제국 시기에 일본 내각과 참모본부가 진해만에 요새를 구축하기 위하여, 그들은 어떠한 내각 체제하에서 인프라를 건설하였는가. 이와 관련한 기록물의 결재 구조를 검토해 보자.

가장 먼저 거류지에 일본의 법령을 실시하는 것이 관건이었다. 부산과 마산은 건설 초기부터 일본의 한국 점령을 위한 전진기지로서 만들어졌다. 특히 러시아와의 대결 과정에서 토지를 잠매하거나 군사기지를 만든 것이 특징이다. 이 개발은 모두 일본의 법령에 따라 추진되었으며, 외교와 행정 면에서는 영사관 설치와 함께 적극적으로 활용되기 시작하였다.

일본 정부가 부산에 영사관을 설치한 것은 1880년 2월이다. 관리관청을 영사관으로 바꾸고 영사가 주재하게 되었다. 마산에 영사관을 설치한 것은 1900년도이다. 이후 부산과 마산 거류지는 일본의 법률 훈령에 준하는 사무를 시행하게 되었다.[64]

특히 마산에 영사관을 설치한 것은 마산 요새 설치가 중요하게 되었기 때문이며, 러시아와의 국제적 위치 관계를 고려하여 결정된 것이다. 1900년 4월 14일 외무대신 아오키 슈조(青木周蔵)는 내각총리에게 한국 마산 주재 영사에 사카다(坂田)를 임명할 것을 상주하였고, 메이지 일왕은 며칠 후인 4월 19일에 그 안을 재가하였다. 이 공문

64 内閣,「韓国馬山駐屯領事坂田重次郎へ御委任状御下付ノ件」, 1900. 4. 17. 外務大臣 青木周蔵가 상주하고 内閣総理大臣 山縣有朋가 일왕에게 재가를 요청하였다. 外甲19(明治33年 4月 16日 내각서기관 기안).

서는「메이지 33년 4월 17일 한국 마산 주재 영사 사카다 주지로에게 위임장을 보내는 건(明治33年4月17日, 韓国馬山駐屯領事坂田重次郎へ御委任状御下付ノ件)」으로, 4월 16일 외무대신 아오키가 외갑(外甲) 19로 상주한 내용을 내각서기관이 기안하고 내각총리대신 야마가타 아리토모(山縣有朋)가 일왕에게 재가를 요청한 것이다.

이 조치를 취한 때는 러시아군과 일본군이 진해만의 토지를 둘러싸고 각축을 벌일 때였다. 공식적인 설치 이유는 '마산포가 통상상 주요한 요항이고 동양의 현 정세를 볼 때 최긴요지'이기 때문이라고 했다. 그런데 보다 직접적인 이유는 러시아 정부가 3월에 부영사를 주재시키는데, 일본 영사의 자격이 낮아 거류지 사무를 러시아 영사가 맡게 됨으로써 일본에 불리하다고 판단했기 때문이었다.[65]

그리고 진해만에 요새를 건설하기 위해서는 한일 간 항로를 개설하는 것이 급선무였다. 항로 개설은 일본 정부의 체신부 소관이다. 1903년 3월 28일 체신대신은 1년마다 보조금을 지원하는 정책을 취하여, 고베(神戸) 또는 오사카(大阪)를 출발하여 이즈하라(嚴原), 마산, 목포 및 군산 등에 정기적으로 기항하도록 명령하였다.

다음 표는 일본 체신대신 요시카와 아키마사(芳川顕正)가 총리대신 가쓰라 타로(桂太郎)에게 보고한 내용이다.[66]

[표 2-5]에서 보는 바와 같이, 1903년 4월 1일부터 1904년 3월 31일까지 1년간 고베 또는 오사카를 출발하는 선박에 대해 다음과

65 内閣,「韓国馬山駐屯領事へ三浦彌五郎御委任状御下付ノ件」, 1902. 11. 4.
66 内閣, 管第29号,「大阪商船株式會社へ寄港補助命令書 下付ノ件」, 1903. 3. 28.

[표 2-5] 기항지의 기항 수 및 보조금 실태

번호	기항지	기항 수	보조금
1	쓰시마(対馬)의 이즈하라(嚴原)	매월 2회 이상 32회	768원
2	마산	3개월마다 4회 이상 16회	2,400원
3	목포	매월 4회 이상 48회	2,400원
4	군산	3개월마다 4회 이상 16회	1,600원

같이 기항을 명령하고, 1개월마다 종료하는 기항 수에 따른 비율로 보조금을 지급하였다. 기항 의무를 이행하지 못할 경우, 1회당 1백 원 이하의 위약금을 징수하도록 하여, 한국과의 항로 개설을 의무화 하였다. 1904년부터는 각 지역마다 대부분의 기항 회수가 월 4회에서 2회로 줄어든다.[67] 그럼에도 진해만 마산에 기항하는 선박의 보조금은 다른 지역보다 훨씬 많이 지원되었다.

체신성은 러일전쟁을 전후한 시기이기 때문에 고베, 오사카에서 출발하는 선박에 대해서, 매월 4회 이상 운항하도록 명령하였다. 이 항로가 개설됨에 따라, 일본의 오사카, 고베, 이즈하라, 한국의 마산, 목포, 군산이 연결되었다. 이 당시는 일본 정부의 보조금을 받고 오사카(大阪) 상선이 동원되었다.

이와 관련된 공문서는 체신성 소관이므로 일본 내각 '공문유취'와

67 관제1504호 明治37年 10月 3日, 체신대신 大浦兼武 내각총리대신 桂太郎「大阪商船株式會社へ下付ノ件」, 메이지 33년 7월 17일의 건을 개정. 기항 회수 감소. 고베 또는 오사카발 이즈하라(嚴原), 마산, 목포행 기항이 매월 2회 총 12회로, 군산행 기항이 매월 1회 총 12회로 감소. 기항 보조금도 각각 288원, 1,800원, 600원, 600원으로 감소. 마산의 보조금이 다른 지역보다 훨씬 많이 지원되는 것이 주목된다.

‘어서명원본’에 편성되어 있다. 건명은 메이지 36년 3월 28일, 내각, 관(管) 제29호, 「오사카상선주식회사에 기항보조명령서를 하달하는 건(大阪商船株式會社へ寄港補助命令書下付ノ件)」이다. 이 문서는 체신대신 요시카와가 총리대신 가쓰라에게 보고한 것이다.

이것은 1904년(메이지 37) 10월 3일 관제 1504호로 체신대신 오우라 가네다케(大浦兼武)가 내각총리대신 가쓰라 타로에게 보낸 공문서 「오사카상선주식회사에 하부하는 건(大阪商船株式會社へ下付ノ件)」에서 1900년 7월 17일에 결정된 것을 개정하여 실시한 것이다.

다음으로 진해만 요새지대에 군사적 이동을 위해 철도를 건설하였다. 가장 중요한 루트는 제1 진해만 요새지대인 마산 요새와 제2 진해만 요새지대인 부산 요새를 연결하는 루트로, 마산선(마산-삼랑진), 진해선(창원-진해)[68] 등을 설치하였다.

마산과 삼랑진 사이의 철도는 1902년 6월 김석규, 박기종, 이용복, 유기남, 유지연이 발기인이 되어 삼랑진과 마산을 연결하는 삼마철도 부설을 계획하고, 그 계획하에 영친왕궁 부속으로 영남지선 철도회사를 설립하였다. 그러나 이 회사는 일본의 완전한 금융 지배를 받는 회사였기 때문에 결국 부설권은 일본의 경부철도회사에 매도되고 말았다.[69]

---

68 진해선(창원-진해)은 1911년부터 군용철도로 계획되어 실시된다(內閣, 「軍港境域內鉄道敷設の件」, 1921. 2. 23.)

69 김동철, 「박기종 내달리지 못한 근대의 꿈」, 『시민을 위한 부산인물사(근현대 편)』(부경역사연구소), 선인, 2004, p. 173. 개항 후의 박기종의 철도업에 대해서는 다음을 참조(藤永壮, 「開港後の「会社」設立問題をめぐって-朴琪宗と汽船業, 鉄道業」(上)(下), 『朝鮮学報』 140, 141集, 朝鮮学会, 1991).

마산과 삼랑진선은 마산에 있는 진해만 요새를 한국 종관 철도의 일부인 경부선(경성-부산)과 연결시키기 위한 목적으로, 일본 육군이 군용으로 건설하였다.[70] 역사(驛舍)는 마산, 창원, 진영, 삼랑진에 설치하였다. 이 철도는 러일전쟁 시기에 부산과 마산의 군인, 물자와 무기를 수송하기 위해 군사적 목적으로 사용되었고, 전쟁 종료 후 1905년 11월 1일에 민간인에게 개방되었다.[71]

한편 일본 정부는 군용 통신선을 가설하기 위해 행정적 절차를 밟았다. 1901년 6월에 한국 정부가 부산-마산 간 직통 전선을 가설하기 시작하였고, 7월 29일에 낙성식을 가지고 그날 바로 통신을 시작하였다. 이때 일본 정부에서 마산-부산 간 군용 전신선 가설 특허를 요구하였으나, 한국 정부는 그 예방 수단으로서 직통 전선을 개통하여 감시할 수 있는 체제를 만들었다.[72]

이것을 알 수 있는 공문서로는 1901년(메이지 34) 6월 18일 내각이 작성한 문서번호 외을(外乙) 95, 「한국 정부에서 가설에 착수한 부산-마산 간 직통선 객월 29일로서 공사낙성. 같은 날부터 바로 통신 개시의 건(韓国政府ニ於テ架設ニ着手シタル釜山馬山間直通線客月二十九日ヲ以テ工事落成同日ヨリ直ニ通信開始ノ件)」을 들 수 있다. 이 문서는 외무대신 소네 아라스케(曽禰荒助)가 내각총리대신 가쓰라 타로에게 보낸 보고 문

---

70 조선총독부, 『조선철도사』, 1937. 경부선·경의선 철도 부설의 군사적 성격에 대해서는 정재정, 『일제침략과 한국철도』, 서울대학교출판부, 1999; 坂本悠一 木村健二, 『近代植民地都市 釜山』, 桜井書店, 2007, pp. 155-201 참조.

71 『馬山港誌』, p. 74.

72 明治34年 6月 18日, 内閣(外乙95), 「韓国政府ニ於テ架設ニ着手シタル釜山馬山間直通線客月二十九日ヲ以テ工事落成同日ヨリ直ニ通信開始ノ件」(外務大臣 曽禰荒助로부터 内閣総理大臣 桂太郎 보고).

서로, 내각이 생산한 공문유취에 편성되어 있다.

그러나 일본 해군이 1904년 1월에 러시아와의 전쟁에서 작전 방침을 결정하면서 일본 정부의 결정에 따라 군용으로 변화된다. 이것은 다음을 통해 확인된다. 당시 일본 해군이 작성한 제1작전 계획 중 제5항에 "사세보(佐世保)-팔구포(八九浦)(한국 서남단) 간에 부설하는 해저 전신선으로부터 한국 남서 해면에서 활동하는 우리 함대와 통신 연락을 유지한다.", 제6항에 "쓰시마로부터 거제도를 거쳐 마산포로 통하는 전신선을 부설하고, 가(假)근거지 및 한국 일본과 비밀리에 통신 연락한다."라고 되어 있다.

이것을 볼 때, 일본 해군은 러일전쟁에 돌입하기 위해 거제도를 거쳐 마산으로 통하는 전신선을 부설했다는 것을 알 수 있다. 그리고 해군은 동년 2월 6일에 군함을 이끌고 진해만의 마산 전신국을 점령한다.[73] 러일전쟁 과정에서 진해만 일대의 통신선은 일본 육해군이 장악하여 군용으로 바꾸어 버렸다.

이렇듯 러일전쟁기 철도·도로·전선 등은 모두 군용 시설로 건설·사용되었다. 그러므로 이 시기에는 철도에 들어가거나 전선을 절단하는 등의 행위를 하는 자는 일본 군대의 규칙에 따라 모두 사형시키거나 지역에서 방출시키는 등 극심하게 처벌하였다.[74] 전선을 절단한 한국인 김중길을 진해만 경비대에서 20년간 경상도 밖으로 방

---

73 大江志乃夫,『世界史としての日露戦争』, 立風書房, 2001, p. 386.

74 鄭肯植, 앞의 책, 2002, p. 27. 당시 철도 규칙은 다음과 같다. ① 철도 위 보행자 및 손대는 자는 그 자리에서 체포하여 엄벌에 처하고, ② 군용철도와 전선을 파괴하는 자 또는 그 모의를 꾀하는 자는 사형에 처하며, ③ 범행자가 속한 군수와 촌리도 엄벌에 처함.『昌原報牒四』, 光武 9年(1905) 2月 5日 감리보고 제8호(허정도, 앞의 책, 2005, p. 296).

출할 것을 요구하여, 충청북도 황간군으로 쫓아냈다. 당시 46세였던 김중길은 거제의 학산도에 거주하는 농민이었다.[75]

한반도 땅에서 일본 군대의 규칙을 일반 조선인들에게 적용한 것은 일본 정부가 한국이라는 '이익선'을 지키기 위하여, 의병운동을 말살시키려는 군부 특단의 조치였다. 이를 위해 각지에 요새지대 보안대를 설치하여 치안을 담당하도록 하였다.

일본 내각의 결재 구조로 본 진해만 요새 건설의 의미

20세기 초, 세계 열강의 동아시아 패권 경쟁 속에서, 일본 내각과 참모본부가 대한제국의 진해만 요새를 점령하는 과정에서, 그 핵심축인 부산과 마산이 군사요새도시로 바뀌어 갔다. 러일의 각축전 속에서 진해만 요새지대의 두 축인 부산과 마산에서 토지 잠매가 이루어지고 도시 인프라가 설치된 것을 보면 그 사실을 잘 알 수 있다.

주로 일본 대본영 참모본부와 육군성, 해군성, 외무성이 작성한 당시의 공문서 등을 분석한 결과는 다음과 같다. 1880년대부터 1903년까지 추진된 부산포와 마산포의 토지 잠매는, 일본 야마가타(山縣) 내각이 러시아로부터 한국이라는 '이익선'을 지키기 위해 사활을 걸고 추진한 전략적 방책이었다. 당시 거류지 10리 밖의 군용지

---

75 유장근·허정도·조호연, 「대한민국시기 마산포 지역의 러시아조차지 성립과정과 각국공동조계 지역의 도시화」, 『인문논총』 제16집, 2003, pp. 82-83(원문은 『昌原報牒』5, 보고서 2호, 광무10년 1월 3일).

를 사는 것은 국제법을 위반하는 행위였다. 그럼에도 불구하고 총지휘를 맡은 것은 일본 대본영 참모본부와 육군성이었다.

'일본제국육군'은 진해만 일대, 즉 부산의 절영도, 부민동, 초량을 비롯하여, '마산포 사건'으로 알려져 있는 율구미(栗九味)뿐만 아니라 자복리(滋福里), 월영리(月影里), 신월리(新月里), 완월리(阮月里), 정산리(正山里), 서성리(西城里) 등에서 광대한 토지를 잠매한다. 이때, 일본 상인 하자마(迫間)를 대리로 한국인의 명의를 빌리거나 한국 농상공부 대신 민영기의 대리인인 이영균의 종자(從者) 오씨의 명의를 빌려 잠매를 추진하고, 러시아와의 토지 문제를 해결한 이후에는 명의를 변경하였다. 이처럼 일본 참모본부와 육군성은 수단과 방법을 가리지 않고 한국인 명의를 차용하는 수법으로 군용지를 확보하였다. 이러한 사실은 종래 알려진 바, 하자마가 토지를 사 육군에게 헌납했다는 것이 사실이 아님을 증명한다.

결재 라인은 마산 영사, 외무성, 육군성, 참모본부로 이어진다. 이에 따른 기록물은 내각총리부의 공문유취와 외무성 2문(門), 육군성의 육군성 대일기류, 참모본부 잡철 등에 편성되어 있다. 또한 러일전쟁 선포의 최종 결재자는 메이지 일왕이었다.

부산과 마산의 토지를 잠매한 것은 그곳을 일본 대본영 해군의 연합함대 근거지로 만들기 위함이었다. 러시아와의 일전을 준비하고 있던 일본 해군이 1904년 1월 러일전쟁의 '작전계획'을 수립하면서, 가장 먼저 추진한 것이 한국 진해만 점령이다. 메이지 일왕은 한 달 뒤인 2월 6일 러시아와 국교를 단절하고 전쟁을 선포한다. 이 전쟁 선포 기록물은 내각총리부, 어서명원본 메이지 37년에 편성되어 있다.

그런데 한국이 중립을 선언한 상태에서, 일본은 러시아에 선전포고를 하자마자 가장 먼저 인천과 진해만 마산포 요새와 마산 전신국에 무기와 병력을 위장하여 점령한다. 그해 4월부터는 진해만 거제도 외양포에 요새를 만들고, 8월에는 한국의 무기고를 탈취하여 진해만 요새 중포병 대대를 배치한다. 이 행위는 국제법을 위반한 무경고의 군사적 침략이었다.

진해만 요새는 일본 해군의 연합함대가 러시아의 발틱함대를 격파하는 데 지대한 공헌을 하게 된다. 이로 인해 일본은 청일전쟁에 이어 러일전쟁에서까지 승리함으로써 대한제국을 이른바 '보호국'으로 만들어 점령하고 동아시아에서 패권을 거머쥐게 된다. 그리고 1905년 8월 정식으로 진해만 요새 사령부를 설치하였다. 육군 소관 진해만 요새 사령부, 진해만 중포병 대대, 해군 소관 진해 요항부가 설치되었다.

일본 정부는 러시아와의 전쟁을 준비하기 위하여 한국에 주차해 있는 군사들에게 제공할 군용 식량을 생산하기 위해, 진해만 요새 일대에 일본인 보조이주어촌과 군용 통조림 공장을 건설하였다. 또한 부산 항로에 더해, 일본의 오사카, 고베, 이즈하라와 한국의 마산, 목포, 군산을 항해하는 한일 간 항로를 개설하고 보조금을 지불하였다. 그리고 진해만 요새지대의 핵심도시인 마산과 창원, 진해, 부산(가덕도를 포함)을 잇는 군용 철도(마산-삼랑진선), 도로(마산-진주선) 등 인프라를 설치하고, 육상·해저 케이블 등 군용 통신망을 신설하거나 필요한 전신선을 탈취하였다.

그러므로 한말 부산과 마산의 인프라 설치는 일본 정부, 참모본부가 러시아와 각축을 벌이는 과정에서 진해만을 요새지대로 만들기 위해 군사적 목적으로 추진한 것임을 알 수 있다. 러일전쟁 이후 진해만 요새지대는 평시 편제로 변경되었으며, 제1지대 마산 요새지대, 제2지대 부산 요새지대가 형성되었다. 이 진해만 요새지대는 이후 중일전쟁, 아시아태평양전쟁으로 이어지면서 일본이 상정하는 적국과 군사전략이 변화함에 따라 요새의 중점지역이 변화하게 되었다. 이에 따라 도시 개발도 부산 요새를 중심으로 적극적으로 추진되었고, 태평양전쟁기에는 여수와 사천도 요새로 개발한다.

그런데 여기서 주목해야 하는 것은 한반도에서 추진된 이 모든 전쟁 준비가 일본 내각과 메이지 일왕의 최종 결재에 의해 실행되었다는 사실이다. 특히 통감부와 외무성, 육군성이 앞에 나서서 활동하였지만, 그 행정 라인의 최종 결재자는 메이지 일왕이었다는 사실에 주목해야 할 것이다.

제3장

통감부 설치와 한일 간 기록 관리의 중층적 구조

러일전쟁에서 승리한 일본은 이른바 '보호국화'라는 명분으로 한국을 점령하였고, 그 지배 기구로 통감부를 설치하였다. 통감은 친임관으로서 일왕 직속의 '황권' 대행자였다. 그러므로 통감을 일왕 직속으로 한 것은 한국을 사실상 일본의 통치 지역 일부로 간주하고 주권을 실질적으로 탈취한 셈이다.[1]

통감부 설치 후 가장 크게 달라진 점은 대한제국에서 시행하는 주요한 정책의 문서를 모두 통감 승인을 거친 후 왕래하도록 조치한 것이다. 이 조치는 기안문과 시행문으로 나누어 작성하는 것에 더하여, 기록 관리를 통해 대한제국의 외교권뿐만 아니라 사법권, 내정까지 거의 실권을 장악하는 조치였다.[2]

1 강창석, 『조선통감부연구』, 국학자료원, 2004; 박경룡, 「통감부 이사청 연구」, 『한국사연구』 85호, 1994.

2 이경용, 『한국의 근현대 기록관리제도사 연구(1894~1969)』, 중앙대학교 박사학위논문, 2002; 김건우, 『근대 공문서의 탄생』, 소와당, 2008; 이영학, 「통감부의 기록장악과 조선침략」, 『기록학연구』 41호, 2014.

그런데 한국 통감부 조직을 만들고 예산을 편성하고 직원을 임명한 것은 어느 기관이고, 최종 결재자는 누구인가. 그리고 이 상위 레벨 기록은 어떻게 생산되어 보존되었는가. 지금까지의 연구에서는 이 문제에 대하여 의문을 제기하고 있지만 실제로 어떤지에 대해서는 연구가 충분하지 않다. 이와 관련하여 한국의 국가기록원, 규장각 등에 소장되어 있는 문서를 찾아보아도 시행과 관련된 문서가 대부분이며, 통감부 설치와 그 운영 과정에 관련된 공문서는 거의 없고, 통감부 법령에도 정책, 예산, 인사를 수립하기 위한 법령은 없다. 무엇 때문에 이러한 현상이 나타난 것일까.

이러한 의문을 풀기 위해 먼저, 한국 관련 기록물들이 보존되어 있는 일본 국립공문서관, 방위성 전사연구센터, 외무성 외교사료관 등에서 공문서 원본의 출처를 조사하였다. 왜냐하면 당시 한국 관련 제 정책과 예산, 인사 등을 담당한 제 부서가 일본 내각, 추밀원, 대장성, 외무성 등이었고, 그때 생산된 원본 기록물들은 모두 위의 세 기관에서 보존·관리하고 있기 때문이다.[3]

러일전쟁 직후 통감부가 설치되어 한국의 외교·사법·군사 등 국가의 핵심 정책에 간여하였기 때문에 강제 병합 이후에도 큰 혼란 없이 일본법을 조선에 적용할 수 있었다고 할 수 있다. 그러므로 이 장에서는 러일전쟁 후 한국 강제 병합 이전(1905~1910년) 일본 내각과

3 이에 대한 구조를 파악하는 것은 일제에 완전히 강점되기 이전, 한반도의 사회경제적인 구조를 결정하는 중요한 문서가 일본 속에서 구체적으로 어떻게 결재되었는지를 파악하는 것이다. 이것은 동아시아의 영토 분쟁이 아직 완전히 종식되지 않고 있는 현재의 관점에서 보아도 매우 중요한 작업이라고 할 수 있다.

통감부가 한국을 컨트롤하기 위해 취한 관제·인사·예산 등에 관한 공문서의 중층적 결재 구조를 검토하고자 한다.

일본 내각과 통감부 기록의 중층적 결재 구조

1905년 12월 20일 대한제국과 별도로 통감부가 설치되어 운용되었다. 그런데 통감부는 일본의 행정 체계 속에서 어떤 위치를 차지하는가. 그것은 도도부현(都道府縣)에서 부(府)의 레벨에 해당되고, 점령지 한국에 통감이 설치되었기 때문에 '통감부(統監府)'라고 했다고 할 수 있다. 이에 따라 통감부 기록은 일본 내각 문서 공문유취 부청(府廳) 항목에 편성되어 있다.

일본 행정부의 결재 라인은 1889년 2월 11일 메이지 일왕이 선포한 '대일본제국헌법' 시행과 함께 만들어졌다. 외견상으로는 입헌주의에 기초하고 있으나 실질적으로는 군주제에 입각하고 있다. 이 헌법에 의한 국가 조직 체계는 〈그림 3-1〉과 같다. 이 그림을 보면, 일본제국은 '천황'을 국가의 수반으로 하여 추밀원, 내대신, 궁내대신이 심의를 하거나 '천황'을 보좌하는 체계로 되어 있다. 그리고 재판소는 '천황'의 이름으로 재판을 하고, 내각은 '천황'의 행정을 보좌하며, 제국의회는 제한 선거로 선출되어 신민을 대신하여 의회 활동을 한다. 외견상으로는 제국의회가 있지만, 일본의 국가 체계는 국민을 위로부터 통치하는 지배 체제였다.

헌법 제1조에 "대일본제국은 만세일계(萬歲一系)의 '천황'이 통치한

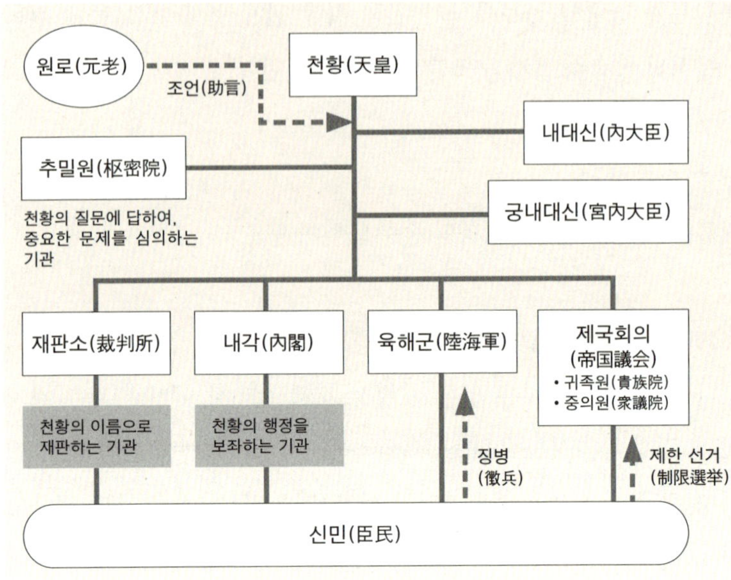

〈그림 3-1〉 일본제국헌법에 따른 국가 체계

다.", 제3조에 "천황은 신성으로서 침범할 수 없다."고 되어 있다. 메이지 정부에서 권력을 잡은 옛 사무라이들은 일왕을 신격화하였다. 그리고 신군부 메이지 세력은 1871년 8월 29일 '폐번치현(廢蕃治縣)'으로 옛 막부 권력을 재편하고, 태정관(太政官) 관제를 개혁하였다.[4]

한편 일본 정부는 동아시아 조약항 체제하에서 영국, 미국과 밀약을 맺어 청일전쟁, 러일전쟁에서 승리하였고, 전리품으로 류큐왕국,

---

4 태정관은 정원(正院)·좌원(左院)·우원(右院)으로 구성되었다. 1873년 '메이지 6년 정변'으로 정한론(征韓論) 논쟁에서 패배하여 하야한 후시마 사카가키 고토, 에토(副島種臣·板垣退助·後藤象二郎·江藤新平) 등은 연서로 '민찬의원설립건백서'를 좌원에 제출하였다.

가라후토(지금의 사할린), 대한제국을 지배하게 되었다. 러일전쟁에서 패한 러시아는 1905년 9월 5일 미국 뉴햄프셔주에 있는 군항도시 포츠머스에서 일본과 강화조약(Treaty of Portsmouth)을 맺고 전쟁을 끝내면서, 일본이 한국을 점령하여 지배하는 것을 인정하였다.

이에 따라 일본 정부는 자국의 상부 국가 체제 아래 점령지나 식민지를 하부 구조로 넣어 일본법을 적용하는 체제를 만들었다. 한국에는 통감부를 설치하고 점령지 지배 체제를 구축하였다. 1907년 현재 통감부의 조직은 다음 그림과 같다.

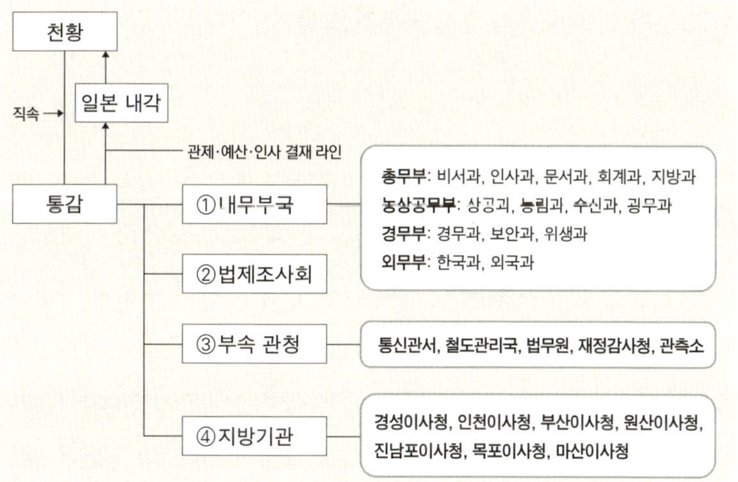

〈그림 3-2〉 일본 정부 내 통감부의 조직 체계

〈그림 3-2〉에서 보는 바와 같이, 통감은 '천황' 직속이고, 한국 통치와 관련된 관제·예산·인사에 대한 사안은 일본 내각의 결재 과정을 거치도록 하였다. 통감을 포함한 통감부의 기본적인 관제·인사·

예산 결정 등은 모두 일본 내각 체제 속에서 행정적 절차를 밟도록 하였다. 그러므로 다음 절에서 구체적으로 살펴보겠지만, 일본 내각은 통감부의 가장 중요한 정책·인사·예산을 기안하여 일왕에게 상신하였으며, 일왕이 최종적으로 결정하였다.

이러한 구조적인 조건에 따라 한국 통감부에서 작성한 공문서는 관제·인사·예산과 관련하여 결정된 상위 레벨의 기안문 원본이 없다. 통감부에서는 상위 레벨의 기안문에 입각하여 한국에서 시행하기 위한 하위 레벨의 기안문이나 시행문을 작성하였기에 하위 레벨의 기록물만 남아 있다. 이렇게 제국과 점령지의 결재 구조가 만들어졌으며, 이를 중층적 결재 구조라고 할 수 있다.

통감부 관련 상위 레벨 기록의 보존 실태

위와 같은 중층적 결재 구조로 인해 통감부 관련 원본이 가장 체계적으로 보존되어 있는 곳은 일본의 국립공문서관이다. 그리고 통감부가 조선에서 작성한 기안문이나 시행문은 국가기록원과 서울대학교 규장각한국학연구원 등에 분산 보존되어 있다. 그 원인은 앞서 살펴본 바와 같이 중층적 결재 구조에 있고, 통감부를 운용할 때 가장 필요한 관제 설치, 예산 결정, 인사 등에 대한 기안권은 일본 내각에, 최종 결정권은 일왕에게 있었기 때문이다. 출처주의적 관점에서 보면, 통감부 업무 중 관제는 내무성, 예산은 대장성, 군사는 육군성과 해군성 소관이다.

내각총리부는 근대 일본의 공문서를 유별부목(類別府目)으로 분류하였다.[5] 국립공문서관에 보존되어 있는 기록물들을 분석하면, 통감부 설치 및 운영과 관련된 시리즈는 일왕이 재가한 '어서명원본(御署名原本)'과 일본 내각에서 생산한 제6류 '공문유취(公文類聚)', '공문잡찬(公文雜纂)', '임면재가서(任免裁可書)' 등이 있다. 공문유취는 일본 내각에서 생산된 법령 관련 기록을 연도별로 편성해 놓은 시리즈이다. 공문유취는 종래 '태정유전(太政類典)'이라는 명칭으로 편철되어 있었는데, 1882년(메이지 15)부터 명칭을 바꾸었다. 특수한 부문을 제외하고, 정치문부터 외사문까지 23개 부문으로 분류하여 연도별로 편성하고 있다. 1886년부터는 주로 법률 및 규칙 원문을 편철하고 있다.[6]

그러면 일본 내각의 자료가 보존되어 있는 국립공문서관에 통감부와 관련된 어떠한 자료가 보존되어 있는지 살펴보자. 색인을 이용하여 '통감부'로 검색하면 1,227건이 검출된다(2018년 12월 현재). 전체적으로 목록을 보면, 대부분 통감부에 관한 관제와 예산, 인사를 결정하는 상위 레벨의 결재문서들이다. 이 중 통감부의 골간을 형성하는 통감부 관제와 예산, 직원 임용과 관련한 문서를 시계열적으로 검토해 보자.

먼저, 통감부 및 이사청 관제를 설치할 때 작성한 기록을 들 수 있다. 한국에 통감부가 설치되는 것은 1905년 12월 20일이지만, 이 사

5 安藤正人, 1985; 채미하, 『일본 근대 역사기록물의 분류와 기술』, 한국국가기록연구원, 2004.
6 石渡隆之, 1975.

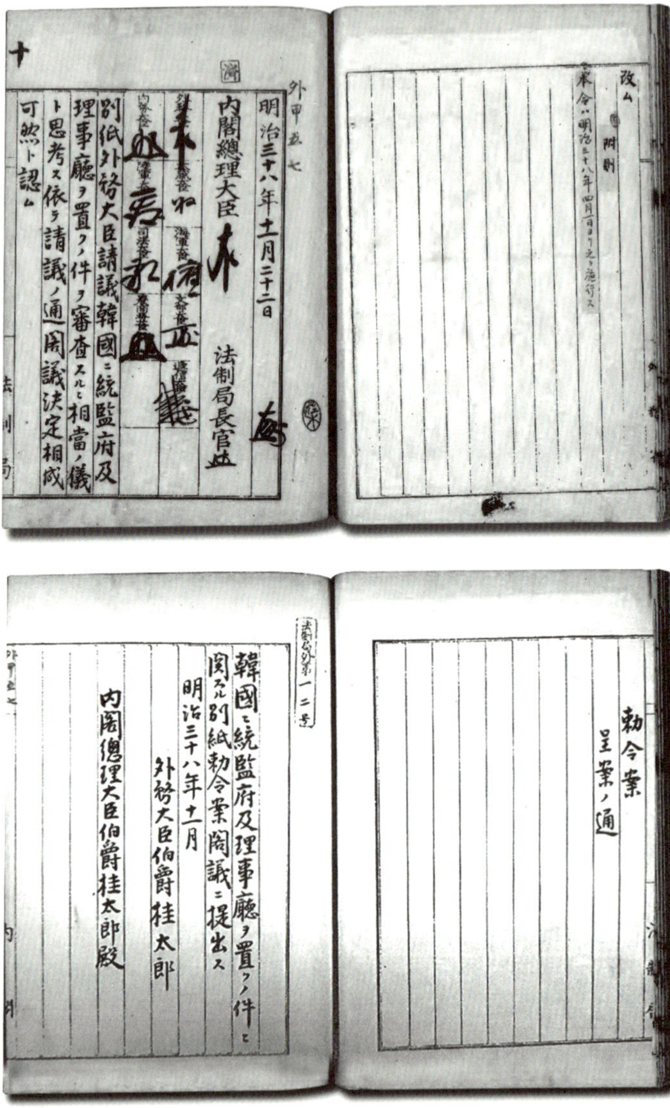

明治三十八年十一月二十二日

内閣總理大臣

法制局長官

別紙外務大臣請議韓國ニ統監府及理事廳ヲ置クノ件ヲ審査スルニ相當ノ儀ト思考ス依テ請議ノ通閣議決定相成可然ト認ム

韓國ニ統監府及理事廳ヲ置クノ件ニ関スル別紙勅令案閣議ニ提出ス

明治三十八年十一月

外務大臣伯爵桂太郎

内閣總理大臣伯爵桂太郎殿

勅令案

呈案ノ通

〈그림 3-3〉 외무대신이 청의한 「한국에 통감부와 이사청을 설치하는 건」

안은 한 달 전인 11월 17일 일본 정부 하야시 곤스케와 한국 정부 박제순 사이에 체결된 협약 제3조에 기반하여 외무대신이 일본 내각에 청의하는 것에서 시작하고 있다. 외무대신은 경성(京城, 당시 한성), 인천, 부산, 원산, 진남포, 목포, 마산 등 기타 주요지에 이사청을 두고 당해 협약에 따른 제반 사무를 관장하게 한다는 내용을 청의하였다.

통감부의 경우는 특별히 임시비로 관제를 충당하였기 때문에 일본 내각의 다른 기관과 같은 루트를 통해 결재가 진행되었다. 즉, 내각 법무국에서 기안하여 각 성 장관의 협조를 얻어 내각총리가 상주문을 결재하고 메이지 일왕에 상주한다. 그 상주 결재문은 제6류 공문유취에 편성되어 있다.

〈그림 3-3〉의 공문서는 1905년 11월 22일 상주한 외갑 57호 문서로, 내각총리가 결재한 것이다. 별지 외무대신이 청의한 「한국에 통감부와 이사청을 설치하는 건」을 심사한 결과, 그것을 인정한다는 내용이다. 외무대신 소관으로 대장대신, 해군대신, 체신대신, 내무대신, 육군대신, 사법대신, 농상무대신의 협조 사인을 얻어 관철하였다.

같은 해 12월 20일 일본 내각에서 한국 통감부 관제를 결재하였다. 기록물 건명은 「한국에 통감부와 이사청을 설치하는 건(韓国ニ統監府及理事庁ヲ置ク件)」으로서, 일본 내각총리가 일왕에게 상주하여 칙령 제240호로 공포되었다. 이 기록의 편성 구조를 ICA(국제기록평의회) 기록물 분류 계층에 따라 나누어 살펴보면 다음과 같다.

[표 3-1] 통감부와 이사청 관제 내각 기록물의 편성 구조

계층 구분	내역
그룹명	내각·총리부
시리즈명	태정관·제6류 공문유취(公文類聚)
기록물철	제6류 공문유취(公文類聚)제29편·메이지 38년 제2권·관직 1·관제 1(내각·외무성)
건명	한국에 통감부와 이사청을 설치하는 건

이 칙령은 통감부령보다 상위 레벨에 속하는 것이며, 공간적으로는 일본 내각에서 기록을 생산하고 관장하였음을 알 수 있다. 내각총리가 상주한 문서는 최종적으로 일왕이 어명, 어새를 찍어 사안이 완결되고 마침내 성안이 된다. 이 결재원본은 어서명원본에 편성하여 각 연도별로 편철하여 관리하고 있다. 〈그림 3-4〉는 이것을 입증하는 자료이다. 이 자료에서 보는 바와 같이, 메이지 일왕은 "짐은 「한국에 통감부와 이사청을 설치하는 건」을 재가하고 이를 공포한다."고 하면서, 1905년 11월 22일 칙령 제240호로 내각총리의 상주를 받아 어명과 어새를 찍어 최종 결재하였다. 이 문서는 '어서명원본 메이지 38년(御署名原本·明治38年)'에 편성되어 있다.

이처럼 통감부 및 이사청 관제를 설치하기 위한 결재 루트는 외무성 청의-일본 내각 법무국 기안-각 성 장관 검토 협조-내각총리 결재 상신문(공문유취에 편성)-일왕 최종 결재(어서명원본에 편성)이다.

서명원본 시리즈에는 메이지 일왕부터 쇼와 일왕(昭和天皇)까지 각 연도별로 결재된 원본이 편성·관리되고 있다. 이 시리즈에는 통감부와 관련된 결재원본이 196건 편성되어 있다. 모두 통감부를 운영하

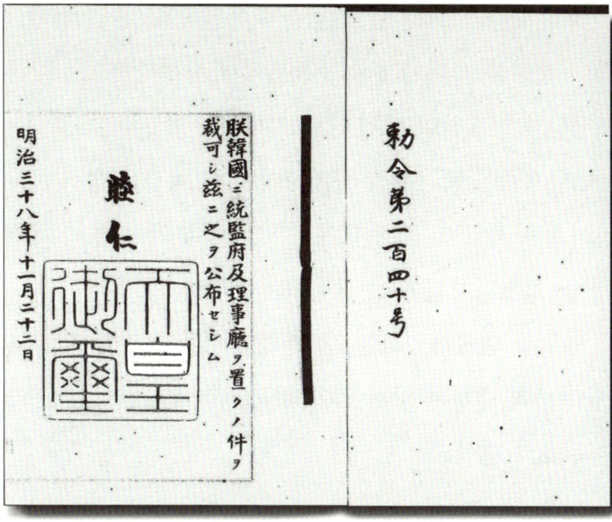

勅令第二百四十号

朕韓國ニ統監府及理事廳ヲ置クノ件ヲ裁可シ茲ニ之ヲ公布セシム

睦仁

天皇御璽

明治三十八年十一月二十二日

〈그림 3-4〉 통감부 및 이사청 설치에 관한 최종 결재문(御署名原本)

출전: 御署名原本·明治三十八年·勅令第二百四十号·韓国ニ統監府及理事庁ヲ置ク(国立公文書館 소장)

〈그림 3-5〉 한국 남산 아래 설치된 통감부

출전: 신기수 편, 『영상이 말하는 '일한병합'사 1875-1945』, 노동경제사, 1987.

고 한국을 지배하기 위해 필요한 관제·예산·인사 관련 건이다. 내각과 일왕이 결정하고 대한제국 통감부에서 시행하였으므로, 하위 레벨의 시행문과 비교하여 상위 레벨 기록이라 할 수 있다.

한편 대한제국에 통감부를 설치하기 위한 예산 편성 및 심사에 여러 조직이 관여하고 있었다. 대체로 일본 정부의 추밀원, 내각, 외무성, 대장성, 회계검사원 등이 관련되어 있었다.

첫째, 외무성 외교사료관[7]이 보존하고 있는 통감부 및 이사청 설치 관련 기록에 대하여 살펴보자. 한국 통감부 관련 기록물은 다음과 같은 구조로 편성되어 있다.

[표 3-2] 통감부와 이사청 관제 외무성 기록물의 편성 구조

계층 구분	내역
그룹명	외무성 기록 〉 1문(門) 정치
시리즈명	1류(類) 제국 외교
기록물철	2항(項) 아시아(亞細亞)
건명	제국에서 한국에 통감부와 이사청을 설치하는 건(1905. 11. 19.~12. 19. 작성) 작성자: 가쓰라 타로 외무대신, 하야시 공사, 다카히라 공사

이 자료는 1905년 11월 19일 오후 6시 45분발 전송(電送) 제1006호로, 재한 가쓰라 외무대신, 하야시 공사(제28호)가 이토 히로부미(伊藤博文) 대사에게 이른바 '한국보호조약'이 성립되었기에 통감부와 이

7 외무성 외교사료관은 막말(幕末)부터 제2차 세계대전 종결까지 생산된 외무성 관계 기록을 보존·이용하기 위하여 1971년에 외무성 소속 시설로 개관하였다. 전쟁 기간 중 많은 외교 기록이 없어졌는데, 이 기관에서 산일된 자료를 수집·복원하고, 연합국에 접수된 기록을 반환받아 약 48,000책을 보존·공개하고 있다.

[표 3-3] 한국 통감부 설치 이전 관련 기관 및 기록물 건명

구분	작성일	작성 부국(편철되어 있는 시리즈명)	기록물 건명
1	1905. 12. 18.	추밀원 어하부안(御下附案)·메이지 38년	통감부 및 이사청 관제(官制)
2	1905. 12. 19.	대장성 재무총합정책연구소 재정사실(明治大正財政史編纂資料/目賀田家文書)	통감부 및 이사청 관제에 관한 회의 개최 통지
	1905. 12. 19.	대장성 재무총합정책연구소 재정사실(明治大正財政史編纂資料/目賀田家文書)	통감부 및 이사청 관제 심사 보고
	1905. 12. 20.	대장성 재무총합정책연구소 재정사실(明治大正財政史編纂資料/目賀田家文書)	통감부 및 이사청 관제에 관한 회의안
	1905. 12.	대장성 재무총합정책연구소 재정사실(明治大正財政史編纂資料/目賀田家文書)	통감부 설치와 재정고문의 권한
	1905. 12.	대장성 재무총합정책연구소 재정사실(明治大正財政史編纂資料/目賀田家文書)	통감부에 재정감사관을 설치하는 것에 관한 칙령안
3	1905. 12. 22.	회계검사원 총무과	각 부·과 관리사무 중 통감부 부가의 건(達第3号)

출전: 일본 국립공문서관

사청을 칙령으로 발효할 필요가 있으니 약속한 대로 의견을 신속히 전해 주기 바란다는 내용이다.

그리고 전송(電送) 제1010호는 11월 20일 오후 8시 40분발 문서로, 재한 가쓰라(桂) 대신이 이토 대사에게 '한일의정서' 실시에 따라, 각국에 대한 선언서 안을 이미 확정하여 하야시 공사에게 전보하였고, 통감 기타 직원 관제안을 확인할 필요가 있다고 전하는 내용이다. 이렇듯 외무성에서 작성한 공문서는 통감부 설치에 대한 의견이나 확인과 관련된 내용이라는 것을 알 수 있다.

둘째, 칙령을 발표하기 전에는 대장성과 추밀원이 관련하고 있다는 것을 알 수 있다. [표 3-3]은 작성한 부국과 기록물 건명으로서, 이 사실을 증명해 준다. 이 표를 보면, 대장성 회계검사원 총무과가

[표 3-4] 통감부 및 이사청 관제·특별임용령 칙령안

작성일	건명	칙령 번호
1905. 12. 20.	통감부 및 이사청 관제	칙령 제267호
	통감부 통신관서 관제	칙령 제268호
	통감부 및 이사청 고등관 관등령(官等令)	칙령 제269호
	통감부 총무장관 및 통감 비서관의 임용 분한 및 관등에 관한 건	칙령 제270호
	통감부 및 이사청 직원 특별임용령	칙령 제271호
	통감부 및 이사청 경찰관 특별임용령	칙령 제275호
	통감부 체신관서 직원 특별임용령을 정함	칙령 제276호

통감부 관제에 대하여 회의하고 칙령안에 대하여 재정적 심사를 했다는 것을 알 수 있다. 통감부 관제에 대한 추밀원 문서는 1905년 12월 18일 작성된 「통감부 및 이사청 관제(統監府及理事庁官制) 건」으로서,[8] 내각총리 가쓰라 타로가 통감부 및 이사청 관제를 일왕에게 재가받기 위해 추밀원에 의견을 구하는 기안문이다. 12월 20일에 바로 칙령이 공포되었기 때문에 형식적인 절차에 불과하였음을 알 수 있다. 이 자료는 그룹명 내각총리부(内閣総理府), 시리즈명 추밀원 관계 문서(枢密院関係文書), 기록물철 추밀원 어하부안·메이지 38년·하권(枢密院御下附案·明治三十八年·巻下)으로 편성되어 있다.

셋째, 통감부 및 이사청 직원을 임용하는 인사 결정과 관련된 상위 레벨 기록에 대해 살펴보면 [표 3-4]와 같다. 이 표는 1905년 12

8 국립공문서관 청구번호 本館-2A-015-06·枢A00029100.

[표 3-5] 통감부 및 이사청 예산의 내각 기록물 계층 구조

계층 구분	내역
그룹명	내각·총리부
시리즈명/서브 시리즈명	태정관·내각관계 제6류 공문유취 제29편·메이지 38년
기록물철	제12권·재정 5·회계 5·임시보급 3
건명1	한국 통감부 및 이사청에 요하는 경비를 임시사건 예비비에서 지출함(작성 일자 1905. 12. 20.)
건명2	임시사건에 관하여 한국 통감부 및 이사청이 필요로 하는 경비 금 10만 엔 지출의 뜻. 외무대신이 청구함(작성 일자 1905. 12. 27.)

월 20일에 편성되어 있는 관제와 특별임용령에 대한 칙령안이다.

표에서 보는 것처럼 통감부에 근무하는 직원들의 인사권은 일왕에게 있기 때문에 행정 절차로 일본 내각에서 작성·상소하여 일왕이 최종 서명함으로써 직원이 한국에 파견되었다. 통감부 직원, 이사청 고등관, 경찰관, 체신관서 직원 등에 이르기까지 모두 일왕의 결재를 얻어야 했다. 그 결재원본은 어서명원본(御署名原本), 임면재가서(任免裁可書)에 편성되어 국립공문서관에 보존되어 있다.

넷째, 통감부 예산과 관련된 기록이다. 통감부 및 이사청 예산 경비는 임시사건 예비비에서 지출하는 것으로 나타나 있다.

[표 3-5]에서 볼 수 있듯이 한국 통감부 예산은 내각총리부에서 관장하였고, 문서 원본은 제6류 공문유취 제29편 메이지 38년에 편성되어 있으며, 제12권 재정 5, 회계 5, 임시보급 3철에 편철되어 있다는 것을 알 수 있다.

자료의 내용은 통감부 및 이사청이 필요로 하는 경비를 임시사건비에서 지출하되, 외무성 소관 기밀비에서 39,000엔, 대장성 소관 소금 전매 시행 준비비에서 61,000엔을 용도 변경하여 출연해 경비 10만 엔을 충당할 것을 내각총리가 결재하고 있다.[9] 임시사건 예비비에서 충당하기로 한 비용은 통감부 기밀비로 사용하였다. 같은 문서철에 있는 문서를 보면 1905년 12월 27일에 통감부 기밀비와 직원 급여령이 발효되었고,[10] 그 경비를 임시사건 예비비에서 지출하도록 하였다.[11]

특히 통감부 설치와 재정고문의 권한(「統監府の設置と財政顧問の権限」)에서는 한국 정부의 재정을 감독하기 위하여 협약을 체결하고, 재정고문을 임명하여 한국 정부의 재정에 관한 중대한 권한을 가지도록 한다고 규정하고 있다. 그리고 대한제국 왕에게 상주하기 전에 모든 재정에 관하여 재정고문의 동의를 얻을 것을 규정하고 있어, 종속성이 심화될 수밖에 없는 구조로 변화하였다.[12] 이 문건은 대장성 재무총합정책연구소 재정사실에서 작성한 것으로, 재무성-재정사자료-메이지·다이쇼 재정사 편찬자료-메가타가 문서(目賀田家文書) 제10호에 편성되어 있다.

다섯째, 1907년 제3차 한일협약이 체결된 이후에 통감부는 한국

9 국립공문서관 청구번호 本館-2A-011-00 類00993100. 1905. 12. 20.

10 관련 공문서는 통감부 및 이사청 직원급여령(칙령 제273호) 통감부 체신관서 직원관등급여령(칙령 제274호) 메이지 33년 칙령 제408호(칙령 제280호)이다. 내각의 제6류 공문유취·제29편·메이지38년·제5권·관직4·관제4·관등봉급 및 급여(내각)에 편성되어 있다. 1905. 12. 20.

11 관련 공문서는 「본방인(本邦人)으로 통감부 이사청 및 통감부 통신관서에 고용된 자에게는 특히 월봉 50엔 이하를 지급한다」이다. 이 문서는 제6류 공문유취·제29편·메이지 38년·제5권·관직4·관제4·관등봉급 및 급여(내각)에 편성되어 있다.

12 大藏省, 「統監府の設置と財政顧問の権限」, 1905. 12.

내정에 더욱 깊숙이 침투하게 되었다. 이것은 한국특허령, 의장령, 저작권령은 물론 중학교장의 임용 건, 한국인에게 일본인 법을 적용하는 등과 관련된 국립공문서관에 보존되어 있는 각종 칙령을 통해 알 수 있다.

[표 3-6] 일왕이 최종 결재한 각종 한국 관련 칙령

연도	건명	편성 계층	칙령 번호
1908년 (메이지 41)	한국특허령	어서명원본	칙령 제196호
	한국의장령	어서명원본	칙령 제197호
	한국상표령	어서명원본	칙령 제198호
	한국상호령	어서명원본	칙령 제199호
	한국저작권령	어서명원본	칙령 제200호
	통감부 특허국 관제	어서명원본	칙령 제202호
	통감부 사법청, 통감부 재판소 및 통감부 감옥의 직원 수당에 관한 건[13]	어서명원본	칙령 제250호
1910년 (메이지 43)	통감부 중학교장의 임용에 관한 건	어서명원본	칙령 제179호
	한국인에게 일본 법규를 적용하는 경우에 관한 건	어서명원본	칙령 제190호

위의 표에서 보는 바와 같이, 일본 내각과 일왕은 사법권을 비롯하여 한국의 특허권, 의장, 상표 등록, 저작권, 중학교장 임용 등에 대하여 규정하였다. 위의 문서들은 1907년 내각총리부-태정관 내각관계 어서명원본 메이지 41년철과 메이지 43년철에 편성되어 있다.

13 統監府司法庁, 統監府裁判所及統監府監獄ノ職員手当ニ関スル件·御署名原本·明治四十二年·勅令第二百五十号.

통감부는 이 칙령에 기반하여 대한제국 정부가 조회하도록 조치하였고 그것은 거의 그대로 시행하도록 강요당하였다. 이 어서명원본은 신구 헌법, 조서(詔書), 법률, 조약, 정령(政令) 등 일왕이 어새 서명한 공포 원본이다. 공문서관에서는 메이지, 다이쇼, 쇼와 등 왕별로 분류하여 관리하고 있다.

여섯째, 이 외에도 국립공문서관에 통감부와 관련된 기록물이 편성되어 있는 시리즈는 공문잡찬(公文雑纂)이다. 공문잡찬은 공문유취에 수록된 것 이외에 내각에서 접수한 문서를 1886년부터 각 성청별(省廳別), 연차별로 편철한 것이다. 공문잡찬에 통감부와 관련된 기록물들이 편철되어 있는데, 다음과 같다.

통감부 사무 제실제도 조사국 관사 내 취급,[14] 내각이 작성한 총무관·고등관·서기관·기수 등에 대한 상여 건, 문서 발송의 건,[15] 거류민단법 시행규칙 통감부령 발포 건, 한국 정부 빙용 건 등이 공문잡찬으로 분류되어 각 연도별로 편성되어 있다. 다음 표는 1906년에는 제39권이 통감부 관련 공문서 원본철이다. 이 문서는 공문잡찬(公文雑纂) 메이지 39년 제39권 통감부에 편성되어 있다.

이상에서 살펴본 바와 같이, 통감부의 관제·예산·인사 관련 사안

---

14 内閣, 「統監府事務霊南坂町一番地帝室制度調査局官舎内ニ於テ取扱ノ件」, 1905. 12. 27., 『公文雑纂·明治三十八年·第百三巻·逓信省~在軍籍者召集免除』.

15 内閣, 「統監府及通信管理局高等官賞与ノ件」, 1906. 3. 24.
内閣, 「元内務書記官兼統監府書記官久保田政周賞与ノ件」, 1906. 9. 19.
内閣, 「統監府技師村田素一郎賞与ノ件」, 1906. 11. 26.
内閣, 「統監府総務長官鶴原定吉外六十名賞与ノ件」, 1906. 12. 14.
内閣, 「統監府通信管理局長池田十三郎外二十三名賞与ノ件」, 1906. 12. 21. 등
(모두 公文雑纂·明治三十九年·第六巻·内閣六·内閣六(各官庁高等官賞与)에 편성됨).

은 모두 일본 내각의 결재를 거쳐 일왕이 최종적으로 결재하였고, 이에 따라 상위 레벨 결재 문서들은 모두 일본의 국립공문서관에 소장되어 있다는 것을 알 수 있다. 이 공문서들은 기본적으로 내각·총리부 → 태정관·내각관계 → 제6류 공문유취 → 제29편~제30편에 수록되어 있다. 그리고 각 편의 문서들은 관직, 관제, 임시비용 등으로 구분 편성되어 있다. 내각총리 상주서는 공문유취에, 내각 접수 문서는 공문잡찬에, 일왕의 최종 결재문서는 어서명원본(御署名原本)에, 추밀원·대장성·외무성 등 관련 기관 문서는 각각 소관 부서의 문서군에 편성되어 있다.

통감부가 생산한 하위 레벨 기록

결국 한국의 통감부와 대한제국이 생산한 통감부 관련 공문서철은 관제·예산·인사를 결정한 결재문서가 아니라 그 시행을 위한 문서로 볼 수 있다. 다만 시행을 위한 기안을 하기 때문에 상하 중층적 결재 구조라고 할 수 있다. 그 사례로서, 국가기록원에 소장되어 있는 통감부 관련 문서철을 검토하면 다음과 같다.

첫째, 이 시기 기록물 관리와 관련하여 자주 인용되는 통감부 예규철(統監府例規 明治三十九年~明治四十三年)에 대하여 살펴보자. 이 예규철에는 학부 비서과에서, 1905년 통감부 설치 시기부터 1910년 강제 병합되어 업무를 조선총독부로 이전하는 시기까지 생산한 공문서가 편철되어 있다. 문서철 표지 왼쪽 위에 '갑'이라고 쓰여 있어 당

시 영구문서로 관리되었음을 알 수 있다.[16]

이 공문서철에는 1번「고문 및 참여관 감독 규정」부터 26번「병합 조약의 결과, 한국과 열국 간의 조약 소멸에 따라 이를 대신할 제국·열국과의 조약 적용에 관한 건」이 편철되어 있다. 고문 참여관 감독 규정, 통감부 문서 취급 규정, 통감부 내훈 취급 규정, 한국 정부 초빙채용자 봉급 규정, 명령 및 중요처분 시행 시 통감의 승인 양식, 육군군인을 한국 정부에 초빙할 때 수속 절차 등과 관련된 내용이다.[17]

이 중 몇 가지 사례를 들어 보자. 먼저, 통(統) 제1호「고문 및 참여관 감독 규정」이다. 이는 1906년 3월 10일 통감부 총무장관 쓰루하라 사다키치(鶴原定吉)가 학정(学政) 참여관 시데하라 다이라(幣原坦)에게 발송한 공문으로, 주로 고문과 참여관이 한국 정부와 협상하는 경우, 제국관청 앞으로 오는 문서, 채용하거나 해고할 때 모두 통감

16 당시 보존기한은 영구문서, 20년, 5년, 1년 등으로 구분되어 있다. 이경용, 위의 논문 2002b.

17 통감부 예규에 편철되어 있는 기록물 건명은 대체로 다음과 같다.
① 고문 및 참여관 감독 규정, ② 동 규정에 의한 직원 고빙 승인 품청에 관한 건, ③ 통감부 문서 취급 규정, ④ 통감내훈 취무 심득, 총무장관 통첩 집무 심득, ⑤ 한국 정부 빙용자 봉급액 승인 메이지 39년 칙령 제306호에 준거할 만한 건, ⑥ 일본인의 한국 관리 임명에 관한 통감 동의 양식, ⑦ 명령 및 중요처분 시행에 관한 통감 승인 형식, ⑧ 秦任官 이상 일본인 임면 등은 내각총리대신으로부터 통감 동의 또는 승인에 관한 건, ⑨ 명령 및 중요처분 시행에 관한 통감 승인이유서 첨부 건, ⑩ 일본 황실 연중 정례의식 등 참하·참배 건, ⑪ 일본인 고빙직원 이동 통지 건, ⑫ 일본인을 한국 관리에 임명촉탁 빙용할 경우 취급 건, ⑬ 타 관청 직원 등을 통감부 직원으로 전임하여 한국 정부에 빙용하는 건에서 서로 맞지 않을 경우, ⑭ 빙용 관리 진급상 내규, ⑮ 일본인에 내리는 한국훈장 서훈 청구 건, ⑯ 육군군인 한국 정부 응빙 수속 건, ⑰ 일본인을 순사·간수 및 고원 이하로 채용하는 건, ⑱ 일본인 관리를 임용할 때 제출해야 하는 별표 양식 개정, ⑲ 1월 1일, 7월 1일 현재 소관 인원 조서에 차출하는 건, ⑳ 재관 빙용 일본 관리 임용 발령 건, ㉑ 일본인 채용 전 신분 조사 건, ㉒ 배부용 인쇄물은 통감부 문서사무취급 송부하고 직원 상근할 때 동 사무소에 업무편의에 관한 건, ㉓ 재관청 빙용 관리 봉급에 관한 건, ㉔ 메이지 43년 중 칙령 제39년에 관하여 집무하는 건, ㉕ 필요한 일체 회의 건, ㉖ 병합조약의 결과, 한국과 열국 간의 조약 소멸에 따라 이를 대신할 만한 제국·열국과의 조약 적용에 관한 건.

의 승인을 받도록 규정하고 있다. 또한 매년 6월 말과 12월 말에 정기적으로 보고하고 중요 사안은 수시로 보고하도록 지시하고 있다. 이로써 한국 정부의 행정사무 및 인사권을 통감이 장악하였음을 알 수 있다.

둘째, '통감부 문서 취급 규정'을 들 수 있다. 이 문서는 통 제3호로서, 1906년(광무 10) 9월 28일 제66호로 통감부 총무부 문서과장 사와다 우시마로(澤田牛麿)가 한국 정부 학부 촉탁 오모테 마고이치(俵孫一) 앞으로 보낸 공문서이다. 사와다 이름 아래에 통감부 총무부 문서과장인이 날인되어 있다. 이 문서를 보면, 한국 정부 학부에서 촉탁을 맡고 있는 오모테에게 「통감부 문서 취급 규정」을 보내고 있다. 각 부 과장이 문서를 관리하고 중요한 사안은 모두 통감에게 보고하고 지시를 받도록 규정해 놓았다. 한국 정부에 파견되거나 채용된 일본인 관리들이 통감부 기록 관리 규정을 숙지하여, 통감이 한국 통치에 대한 전권을 행사하도록 한 후속조치라고 볼 수 있다.

셋째, 한국 정부에 빙용된 일본인들에 대한 통감의 훈시 기록으로서 통발 제2300호 '통감내훈 취무 심득(心得, 주의사항), 총무장관 통첩 집무 심득'을 들 수 있다. 이 문서는 일본인 관리 중 일부가 한국인 관리들을 경시하거나 멸시하여 사회적 물의를 빚고 있었기에 1906년 11월 14일 통감이 직접 통감부, 통감부 소속 관청, 한국주차헌병대, 한국 정부 빙용 각 고문들에게 보낸 공문서이다. 한국에 있는 일본인 관리 전원에게 보내는 훈시로서, 이른바 '한국 개발과 제국 경영'을 위하여 행동을 자제하는 등 지켜야 할 유의사항에 대한 것이다.

이상의 문서와 함께 편철되어 있는 다른 공문서들도 통감부 관제·예산·인사를 결정하는 결재문서가 아니라, 이미 일본 정부에서 결정된 정책을 시행하기 위해 구체적으로 작성한 문서들이 대다수이다.

대한제국이 생산한 통감부 관련 기록

그러면 대한제국이 생산한 통감부 관련 기록은 어떤 성격을 가지고 있는가. 통감부에서는 정책을 시행하기 위하여 대한제국의 참사관 박제순에게 서한을 보냈는데, 이 문서철은 서울대학교 규장각에 보존되어 있다. 규장각에 소장되어 있는 문서는 크게 '통감부래안(統監府来案)'철과 '통감부래지안(統監府来志案)'철이 대표적이다.

통감부래안철은 1906년(광무 10)에서 1910년(융희 4) 사이 통감부에서 대한제국 의정부 외사국으로 보낸 공문 및 그 부속 문서를 편철해 놓은 것으로, 대한제국과 통감부 각 해당 부국에 보내기 위해 작성한 문서들이다.[18] 통감부 총무장관인과 통감인이 찍혀 있다.

그리고 통감부래지안철은 1906년 2월부터 1910년 8월까지 대한제국 의정부 외사국에서 통감부에서 받은 문서를 조회하고 다시 통감부로 보내기 위하여 참사대신이 결재를 요청하여 받은 것을 모은

---

18 목차-第1冊: 1906年 1~6月, 第2冊: 1906年 7~9月, 第3冊: 1906年 10~12月, 第4冊: 1907年 1~4月, 第5冊: 1907年 5~8月, 第6冊: 1907年 9~12月, 第7冊: 1908年 1~4月, 第8冊: 1908年 5~12月, 第9冊: 1909年, 第10冊: 1910年 1~8月, 第11冊(司法件): 1909年 11月~1910年 8月(서울대학교 규장각한국학연구원 소장).

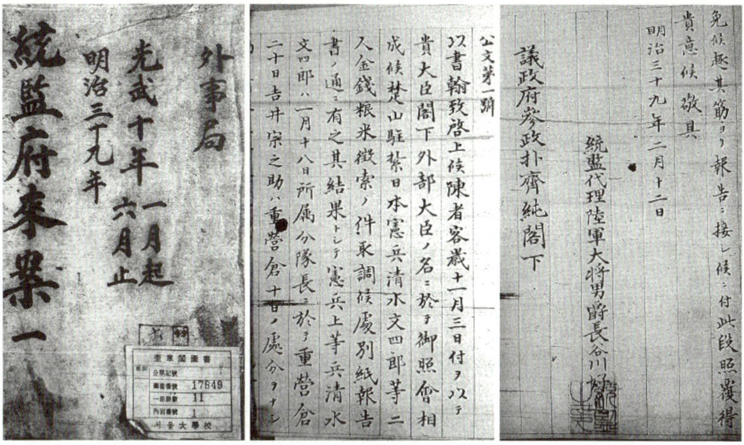

〈그림 3-6〉 통감부래안철 표지와 공문 제1호 「한국에 통감부와 이사청을 설치하는 건」
출전: 統監府来案一表紙 公文 第一号(서울대학교 규장각한국학연구원 소장)

문서철이다.[19] 두 문서 모두 사부(史部), 정법류(政法類), 관서문안(官署文案) 기타로 분류되어 있다(〈그림 3-6〉 참조).

〈그림 3-6〉의 문서철은 통감부 외사국이 작성한 문서를 편철한 것이다. 서한 형식을 띠고 있는 이 문서는 통감대리 한국주차군사령관 육군대장 남작 하세가와 요시미치(長谷川好道)가 대한제국 의정부

19 목차-英國의 遂安金鑛 採掘에 대한 住民들의 反撥, 各港監理署의 외국인에 관한 사무의 인계, 日本 海軍의 함경도 두만강 以南 지역의 측량, 鎭南浦土地의 매각, 移民 保護法 및 鑛業法의 반포, 甲山에서의 日人의 森林斫伐, 군용철도 부지를 빙자한 民田侵奪, 인천·군산·진남포·목포·성진 등 各港口의 各國居留地地租納付表 및 競賣地區原價表, 不動産調査官의 파견, 부산 絶影島의 使用權認許, 安眠島漁鹽業特許, 湖南鐵道布設, 진해만·영흥만을 軍港으로 사용, 三井會社의 官蔘賣買契約, 各國條約目錄(23件), 未墾地利用法 제정, 捕鯨業管理法發布, 酒稅·烟草稅의 징수 계획, 외국어 교사의 초빙, 清津開放勅令發布, 신문에의 기밀 누설 금지, 清의 招商局에서의 借款 결산, 죄수의 사형 집행 등에 대한 公文: 특히 第12册(司法件)에는 폭도나 내란범의 명목으로 체포된 義兵(대개 1907년, 1908년의 의병)들의 身上에 관한 사항과 활동 경위가 상세히 적혀 있다. 長薰學校之印, 長薰學校校長章, 統監府監査府之印, 統監府參與官. 四部는 史部, 政法類, 官署文案 其他에 분류되어 있다.

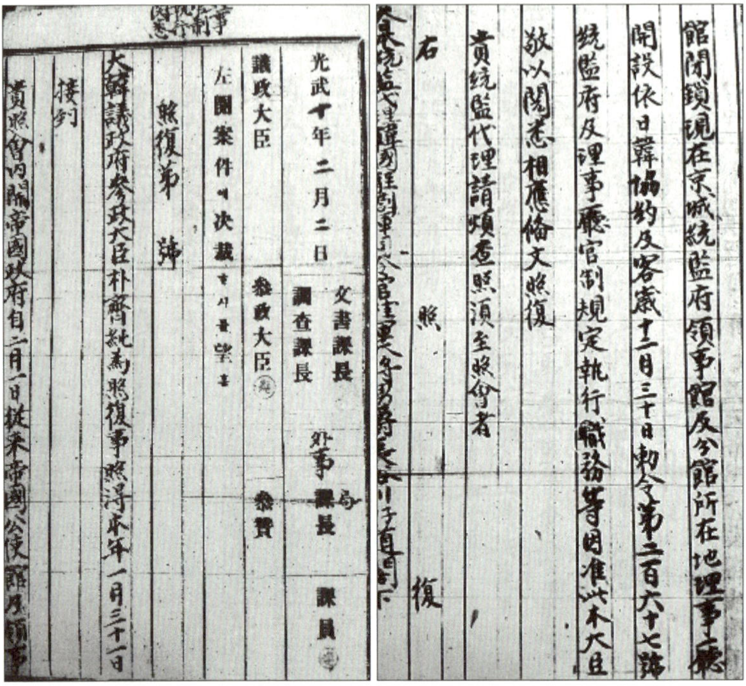

〈그림 3-7〉 통감부래지안철 제1호「한국에 통감부와 이사청을 설치하는 건」
출전: 統監府来志案 第一号(서울대학교 규장각한국학연구원 소장)

참정대신 박제순에게 보낸 문서로, 1906년 1월 31일 작성한 것이다. '광무 10년 1월 31일 제4호로 접수'하였다고 접수 도장에 날짜와 접수 번호가 기재되어 있다. 그 내용은 제국 일본 공사관과 영사관을 폐지하고, 그 자리에 한국 통감부와 이사청을 설치한다는 것이다. 이 공문서를 토대로 의정부에서는 시행안(조복안)을 기안하였다. 이것을 모아 놓은 것이 '통감부래지안(統監府来志案)'철이다(〈그림 3-7〉 참조).

〈그림 3-7〉의 문서는 통감부래지안철에 수록되어 있는 첫 번째 내

용으로, 의정부가 생산한 공문서철이다. 의정부 참정대신 박제순이 '대일본제국 육군대장 하세가와가 보낸 제국 공사관 및 영사관을 폐지하고 이 장소에 통감부 및 이사청을 설치하는 것'에 대하여 결재하기를 바라는 문서이다. 이 문서는 통감부가 조회하라고 보낸 것에 대한 답신철이라 하여 조복공문서라고 한다. 통감부와 이사청 설치에 대하여 승인을 요청하는 것이 아니라 통고하였다는 것을 알 수 있다.

일본 내각에서 결정된 사안을 통감부가 받아 서한을 작성하여, 대한제국 참정대신에게 보내고, 의정부에서는 내각에 이러한 사실을 기안하여 결재해 달라고 요청하는 절차를 취하고 있었다는 것을 알 수 있다. 이 문서에는 참정대신과 외사국 외사과원까지만 도장이 찍혀 있는 것으로 보아 의정대신이 결재하지는 않았다. 현재 규장각에서는 규(奎)17850으로 관리하고 있다.

이상에서 살펴본 바와 같이 국가기록원에는 통감부가 생산한 통감부 예규철 등이, 규장각에는 통감부가 생산한 통감부래안철과, 대한제국 의정부가 생산한 통감부래지안철이 있다. 이것들은 모두 통감부를 운용하기 위한 문서철로서, 정책을 시행하는 과정에서 생산된 하위 레벨의 공문서임을 알 수 있다.

통감부의 인프라 구축 결재의 중층성과 종속성

이와 같이 한국 통감부를 움직이는 관제, 직원 인사, 비용 출자 등에 대한 결재문 원본은 일본 내각의 공문유취, 어서명원본 등에 편성되어 있으며, 국립공문서관에 보존되어 있다. 이 외에도 일본은 중국 등 아시아로 세력을 확대하고자 한국을 군수 거점으로 만들기 위해 철도, 통신망 등 도시 인프라를 구축하였다. 이와 관련한 문서는 내각의 공문유취에 편성되어 있다.

먼저, 그 사례로서 도시 인프라 중에서 근대적 시설로 가장 중요한 통신 설비를 들 수 있다.[20] 초기에 대한제국 정부에서 통신선 건설을 추진하고 있었으나, 일본이 러일전쟁을 수행하기 위해 전략적으로 구축하기도 하였다. 한국의 통신망은 전쟁기에는 일본 육군성이 관할하였고, 전쟁이 끝난 후에는 한국 통감부로 업무가 이관되었다. 1906년 2월 13일, '통감부 통신관서 관제를 개정함(統監府通信官署官制中ヲ改正ス)'이라는 문서를 그 사례로 들 수 있다(〈그림 3-8〉 참조).

〈그림 3-8〉의 자료는 칙령 제22호로, 내각 법무국에서 기안하여 각 성 장관의 검토 협조를 받아 내각총리가 결재한 문서이다. 공문유취 제30편·메이지 39년·제5권·관직4·관제4·농상무성·청부(庁府)에 편성되어 있다.[21] 육군대신이 소관하던 한국 군용 전신선을 1905년 내에 통감 관리로 이관할 것과, 직원을 증원할 필요성에 대해 칙령안이 통과되도록 긴급히 각의를 청하는 내용이다.

또한 5월 14일 자 개정안은 1906년부터 통감부 통신관서에서 한국 국고금 출납·보관을 취급하는 일에 대해 한국 정부와 사전 협의

---

20 통신망 설치를 통한 근대적인 정보 유통은 자본주의를 활성화하기 위한 필수요소라고 할 수 있는데, 한국의 통신망은 일본이 전쟁에서 승리하기 위해 전략적으로 구축되었기 때문에 통례적인 무역과 경제구조를 원활하게 하기 위한 통신 설비와는 일정한 차별성을 가진다고 할 수 있다. 여기에 대해서는 보다 구체적으로 검토할 필요가 있다.

21 국립공문서관 청구번호 본관-2A-011-00·類01007100(明治39年 2月 15日).

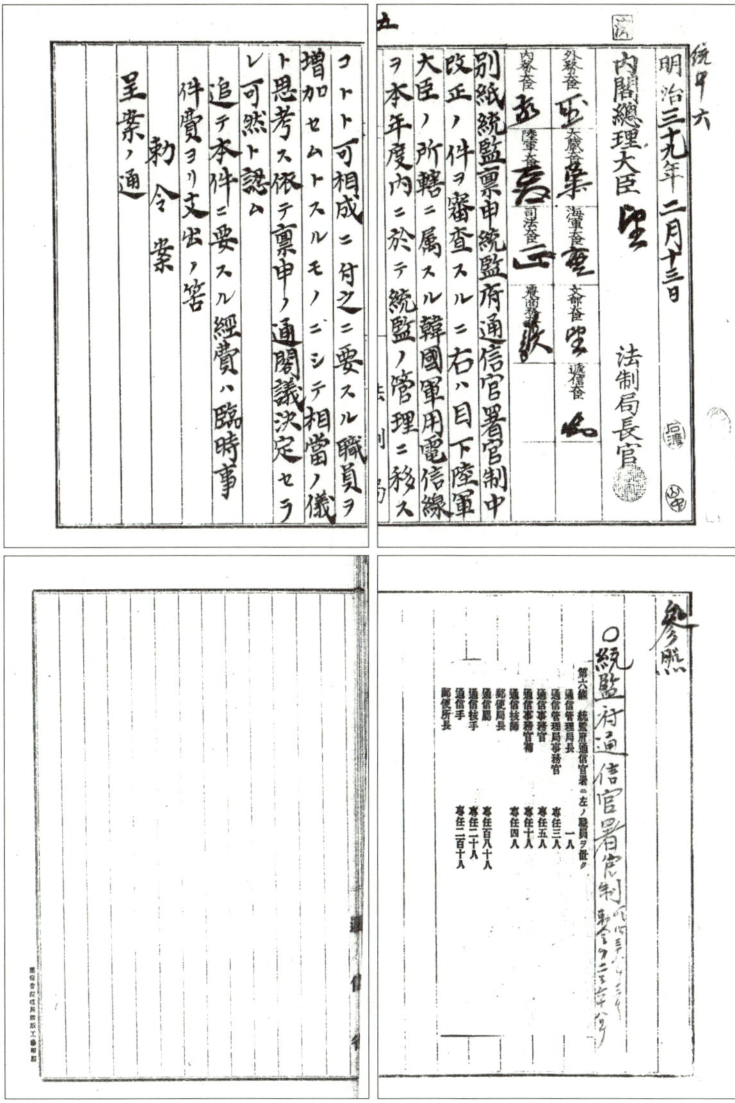

明治三十九年二月十三日
内閣總理大臣
法制局長官
別紙統監稟申統監府通信官署官制中改正ノ件ヲ審査スルニ右ハ目下陸軍大臣ノ所轄ニ屬スル韓國軍用電信線ヲ本年度内ニ於テ統監ノ管理ニ移スコトト可相成ニ付之ニ要スル職員ヲ増加セムトスルモノニシテ相當ノ儀ト思考ス依テ稟申ノ通閣議決定セラレ可然ト認ム
追テ本件ニ要スル經費ハ臨時事件費ヨリ支出ノ筈
勅令案
呈案ノ通

〈그림 3-8〉 한국 군용 통신선 관리를 육군성에서 통감부로 이관하는 칙령안

출전: 統監府通信官署官制中ヲ改正ス, 公文類聚(아시아역사자료센터 디지털 자료, 원문은 국립공문서관 소장)

를 마쳤고, 소요경비 예산 공포에 대해서는 통감부 통신관서 관제 중 별지 칙령안대로 개정 공포하기를 긴급하게 요청한 기안문이다.

그리고 사안에 따라서, 일본 내각과 육군성이 올린 기안문을 일본 내각에서 결재한 뒤, 그 시행을 위해 일본 외무성이 대한제국에 의뢰하기도 하였다. 외무성이 작성한 「전주-군산 및 전주-강진 간 일군용 전선 신설 협조 의뢰 건」이 그것이다.

둘째, 한국의 철도 관리 소관 부서를 일본 육군성에서 통감부로 이전한다는 공문서를 들 수 있다. 1906년 6월 4일 '한국 경성-신의주 간 및 마산-삼랑진 간 철도를 통감부 소관으로 한다(韓国京城新義州間及馬山三娘津間鉄道ヲ統監府ノ所管トナス)'라는 제목의 문서는 육군성이 경부선과 마산-삼랑진선을 통감부 소관으로 이관할 것을 각의에 요청한 것에 대해 내각이 작성한 문서이다. 이 공문서 원본은 일본 내각의 공문유취 제30편·메이지 39년·제3권·관직 2·관제 2·대장성·육군성에 분류 편성되어 있다.[22]

[표 3-7] 통감부 소관 철도 업무에 대한 기록물 편성 구조

계층 구분	내역
그룹명	내각·총리부
시리즈명/서브 시리즈명	태정관·내각관계/제6류 공문유취 제30편·메이지 39년
기록물철	제3권·관직 2·관제 2·대장성·육군성
건명	한국 경성-신의주 간 및 마산-삼랑진 간 철도를 통감부 소관으로 함(작성 일자 1906. 6. 4.)

22 국립공문서관 청구번호 본관-2A-011-00·類01005100.

이 자료를 통해 육군성이 러일전쟁 시기 군사상 필요에 의해 한국 철도를 소관하고 있었고, 전쟁 종료 후 한국의 철도 업무를 통감부로 이관했다는 것을 알 수 있다. 1904년부터 1905년 러일전쟁 중에 군사상 필요에 따라 한국 내 경성과 신의주 간, 마산과 삼랑진 간 철도를 부설하였다는 내용이다. 그런데 러일전쟁이 종료되면서 군사적 목적의 철도 사용 빈도는 점차 감소하는 한편, 일반 수송 업무가 많아졌다. 이 때문에 철도 업무를 군부 소관에서 통감부 소관으로 바꾸고 철도 전체를 장악하기 위하여, 일본 내각과 메이지 일왕은 '경영'이라는 이름으로 각의에 청의하였다. 이에 일본 내각은 한국의 경부철도를 국유로 하고, 7월 1일 자로 통감부 소관으로 할 것을 청의하였다. 결국 이러한 청의는 받아들여져 경부철도는 국유화되었고 통감부 소관으로 바뀌었다.

이 소관 변경 작업은 2개월 전 공포한 일본의 철도국유화법과 밀접하게 연관되어 있다. 이 법안은 러일전쟁 후 '일본과 조선, 중국 대륙에 일관 운송 체제를 구축하고 경공업에서 중공업으로 산업 구조를 전환시키기 위한 것'으로 상정되었다. 제1차 사이온지(西園寺) 내각은 1906년 3월 30일 '철도국유법을 정함(鉄道国有法ヲ定ム)'을 법률 제17호로 공포하였다. 이 각의서는 철도국유법·어서명원본·메이지 39년(鉄道国有法·御署名原本·明治三十九年, 御06463)에 편성되어 있다.

이렇게 대한제국의 가장 중요한 기간산업 정책을 일본 내각이 중국 대륙까지 잇는 일관 운송 체제를 구축하기 위해 직접 결정해 버린 것이다. 앞의 문서는 대한제국의 주요 정책이 대륙 침략 전쟁과 밀접하게 연동되어 전개되었다는 것을 알 수 있는 근거이다. 당시에는 이렇게 일본 내각에서 결정한 사안을 다시 통감부가 대한제국에 통보하고 시행하는 구조였다. 이러한 점에서 이 시기 한국 기록 관리는 일본 기록 관리 시스템과 연관하여 파악할 수밖에 없으며, 이러한 점에서 중층적이고 종속적인 구조라고 볼 수 있다.

셋째, 일본 정부는 러일전쟁에서 승리하자 한국에 군사요새지대를 정비하기 시작하였다. 한국주차군에 의해 군사요새기지를 설치하였는데, 이것은 육군성에서 관리하던 군사시설이 통감부 설치 이래 통감부로 업무가 이관되면서 본격적으로 추진되었다.

사례로 제시할 문서는 통감부 총무장관 쓰루하라 사다키치(鶴原定吉)가 참정대신 박제순에게 보낸 것으로서, 통감부래안 일(統監府来案一)철에 편철되어 있다. 8월 14일 한국 진해만과 영흥만에 한국주차군 요새지대 내 출입취체규칙령을 정하여 8월 15일부터 시행한다는 것을 통첩하는 내용이다. 다음 문서는 그다음 날 바로 통감이 참정대신 박제순에게 보낸 통첩문이다(〈그림 3-9〉 참조).

〈그림 3-9〉의 문서는 8월 16일 통감 이토가 참정대신 박제순에게 보낸 통첩안으로서, 서한 형식으로 되어 있다. 러일전쟁 시기 일본군 요새지대로 쓰던 진해만과 영흥만 일대를 제국전쟁의 군사요새지대로 설정한다고 통첩한 것이다. 이 기록은 통첩안이기 때문에 대한제국이 보존하고 있던 것이고, 현재는 규장각에서 소장하고 있다.

이 사안은 육군성에서 작성한「진해만 요새 병기연보의 건(鎮海湾要塞兵器年報の件)」,「영흥만 요새 병기연보의 건(永興湾要塞兵器年報の件)」과 관련되어 있다.「진해만 요새 병기연보의 건」은 군사기밀수(軍事機密受) 제127호 한병갑(韓兵甲) 제34호 공문으로, 1907년 4월 20일 자

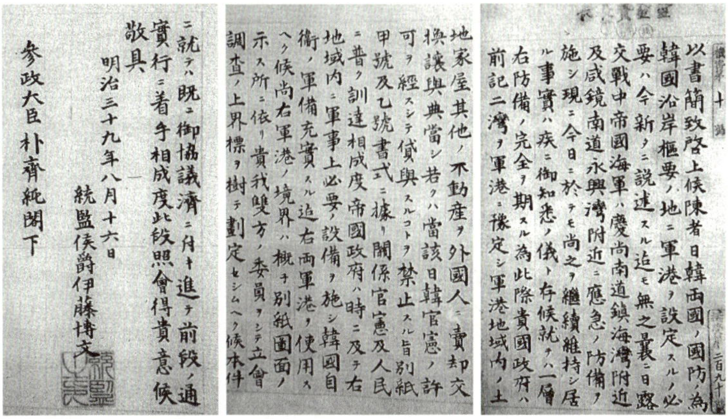

以書簡致啓上候陳者日韓両國ノ國防ノ為韓國沿岸樞要ノ地ニ軍港ヲ設定スルノ必要ハ今新ノニ說述スル迄モ無之曩ニ日露交戰中帝國海軍ハ慶尚南道鎮海灣附近及咸鏡南道永興灣附近ニ應急ノ防備ヲ施シ現ニ今日ニ於テモ尚之ヲ繼續維持シ居ル事實ハ疾ニ御知悉ノ儀ト存候就テハ一層右防備ノ完全ヲ期スル為此際貴國政府ハ前記二灣ヲ軍港ニ豫定シ軍港地域内ノ土地家屋其他ノ不動産ヲ外國人ニ賣却交換讓與典當シ若クハ當該日韓官憲ノ許可ヲ經スシテ貸與スルコトヲ禁止スル旨別紙甲號及乙號書式ニ據リ關係官憲及人民ニ普ク訓達相成度帝國政府ハ時ニ及テ右地域内ニ軍事上必要ノ設備ヲ施シ韓國自衛ノ軍備充實スル迄右両軍港ヲ使用スヘク候尚右軍港ノ境界ハ概テ別紙圖面ノ示ス所ニ依リ貴我雙方ノ委員ヲシテ立會調査ノ上界標ヲ樹テ劃定セシムヘク候本件ニ就テハ既ニ御協議濟ニ付進テ前段ノ通實行ニ着手相成度此段照會得貴意候

敬具

明治三十九年八月十六日

統監侯爵伊藤博文

參政大臣朴齊純閣下

〈그림 3-9〉 한국주차군 요새지대 설치 통첩안
출전: 統監府来案一(서울대학교 규장각한국학연구원 소장)

로 보낸 것이다. 4월 15일 한국주차군사령관 남작 하세가와 요시미치(長谷川好道)는 육군대신 데라우치 마사다케(寺内正毅)에게 공문을 보내, 병기취급규칙 제12조에 따라 군사 병기를 진해만 요새 사령관이 제출했다는 내용을 보고하였다.

이 기록은 육군성 대일기(陸軍省大日記)·군사기밀 대일기(軍事機密大日記)에 편성되어, 메이지 40년 '군사기밀 대일기 2/3 메이지 40년 1월~6월' 문서철에 편성되어 있다.[23] 대표적인 사례를 표로 정리하면 다음 [표 3-8]과 같다.

이 표와 같이, 한국의 통신 관제는 육군성이 의뢰하여 내각 법무국에서 일왕에게 상신하는 공문서로서, 육군성 대일기류에 편성되

23 防衛省防衛研究所図書館 소장 청구번호 C02030321800.

[표 3-8] 한국의 통신관제에 대한 기록물 편성 구조

작성일	건명	주무관서	상위 라인	편성 계층	보존 장소
1906. 2. 13.	통감부 통신관서 관제를 개정함	육군성	내각 법무국	육군성 대일기류	방위성
1906. 3. 30.	철도국유법을 정함(鉄道国有法ヲ定ム) 법률 제17호	제1차 사이온지(西園寺) 내각	메이지 일왕	어서명원본 메이지 39년	국립 공문 서관
1906. 6. 4.	한국 경성-신의주 간 및 마산-삼랑진 간 철도를 통감부 소관으로 한다	육군성	내각	공문유취 제30편, 메이지 39년 제3권, 관직 2, 관제 2, 대장성 육군성	국립 공문 서관
1906. 8. 14.	한국 진해만과 영흥만에 한국주차군요새지대 내 출입취체규칙령을 정하여 8월 15일부터 시행	한국주차군사령관 하세가와 요시미치(長谷川好道)	육군대신 데라우치 마사다케(寺内正毅)	육군성 대일기 시리즈 군사기밀 대일기	방위성
1906. 8. 16.	한국 경성-신의주 간 및 마산-삼랑진 간 철도를 통감부 소관으로 함	통감부 총무장관 쓰루하라 사다키치(鶴原定吉)	참정대신 박제순	통감부래안 일(統監府来案一)철	규장각

어 현재 방위성에 보존되어 있다. 그리고 철도국유법은 제1차 사이온지 내각의 상신으로, 메이지 일왕이 최종 결재하여 어서명원본 메이지 39년에 편성되어 있으며 국립공문서관에 보존되어 있다.

러일전쟁 이후 한국 경성-신의주 간 및 마산-삼랑진 간 철도를 통감부 소관으로 전환하였는데, 이 공문서는 육군성과 내각총리대신이 관할하였기에 공문유취에 편성되어 국립공문서관에 보존되어 있다. 이 공문을 토대로 통감부 총무장관 쓰루하라가 참정대신 박제순에게 통보한 서한은 규장각에 보존되어 있다.

그리고 다음 [표 3-9]와 같이 통감부 철도관리국 관제는 모두 메이지 일왕이 최종 결재한 어서명원본에 편성되어 있다.

이처럼 메이지 일왕은 한국에 통감부를 설치하는 것과, 통감부에

[표 3-9] 철도 관련 일본 내각과 일왕이 작성한 공문서 편성 구조

작성일	법령	건명	최종 결재	편성 계층
1905. 11. 22.	칙령 제240호	한국에 통감부와 이사청을 설치하는 건	무쓰히토(睦仁) 일왕	어서명원본
1906	칙령 제176호	① 통감부 철도관리국 관제 ② 통감부 철도관리국 직원관 등 급여령 ③ 통감부 철도관리국 직원 특별임용령 ④ 통감부 철도관리국 직원관 등의 초서 및 추서에 관한 건을 정함	무쓰히토 일왕	공문유취 어서명원본
1906. 8. 13.	칙령 제227호	임시군용철도감부 소속의 직원을 통감부 철도관리국 직원으로 인계 임용할 경우에 봉급 지급에 관한 건	무쓰히토 일왕	어서명원본
1906. 9. 1.	칙령 제192호	통감부 철도관리국에 임시철도부설부를 두는 건	무쓰히토 일왕	어서명원본

철도관리국 관제를 두는 것, 직원의 급여령, 특별임용령 등을 모두 칙령으로 선포하였다. 제국의회의 간섭을 받지 않아도 되기 때문이었다.[24]

통감부 기록에 대한 새로운 시선

이상에서 살펴본 바와 같이, 대한제국이 완전 식민지가 되기 이전에 이미 통감부와 이사청 설치를 통해 일본제국 정부와 대한제국 정

24 한국 병합 이후에도 군용철도 부설은 계속된다. 창원-진해 간 군용철도는 1911년 3월 2일 자 관방기밀 제97호의 2로 기안된 군용 철도 계획에 따라 추진되었다. 1921년 2월 23일, 「軍港境域内鉄道敷設の件」(鎮要 기밀 제44호의 3). 이 문건은 진해 요항부 사령관 야마지 가즈요시(山路一善)가 해군차관 이데 겐지(井出謙治)에게 보낸 공문서로서, 일본 해군성 문서의 참고문서로 첨부되어 있다. 그 내용은 1921년 진해-창원선 확장공사에 관한 것인데, 본문 중에 1911년 군용철도 계획에 따라 추진된 것을 알 수 있다.

부 사이에는 중층적 결재 구조가 만들어지게 되었다. 그리고 한국에 통감부를 설치하고 운영하기 위해 필요한 정책, 관제, 예산, 인사 결정권은 모두 일본 내각과 일왕에게 있었다. 그러므로 한국 통감부와 관련된 소관 부서는 일본 내각 법무국, 추밀원, 대장성, 외무성, 회계검사원 등이었다. 이 부서들에서 상위 레벨에 해당하는 통감부 운영상 필요한 법령과 규칙 등을 제정하였고, 각 사안에 대하여 일본 내각이 상주하고 최종적으로 일왕이 결재하는 시스템이었다. 이처럼 상위 레벨의 결재원본은 모두 일본에서 작성하였다.

일본 정부는 러일전쟁에서 승리한 후 한국은 물론 중국 대륙까지 잇는 일관 운송 체제를 만들고자 하였기에 철도 국유화와 통신망 국유화를 추구하였다. 이 과정에서 육군대신이 소관하던 통신선과 군용철도 관리 업무를 한국 통감부로 이관하였다. 따라서 한국 통감부를 설치하고 운영하기 위한 상위 레벨의 결재원본은 모두 일본 내각, 육군성, 외무성 등에 보존되어 있다.

그리고 주목해서 보아야 할 것은 완전 식민지가 되기 이전에 이미 일본 정부가 한국 행정부가 추진하는 업무에 관한 기록을 고문관이 감시하는 시스템을 만들고 장악함으로써, 자신들의 목적을 달성하기 위해 필요한 도시 인프라 설치와 군사적 통제를 가능하게 하였다는 점이다.

일본 정부에서 행한 상위 레벨의 공문서 결재 절차는 담당 업무와 담당 부서에 따라 각각 다르겠지만 주요한 결재 루트는 다음과 같다. 첫째, 일본 육군 병참부에서 작성하여 각 주무과의 협조를 얻어 육군대신이 결재하는 구조이다. 둘째, 통감부와 이사청을 한국에 설치하는 사안은 일본 내각 법무국 기안 → 각 성 장관 검토·협조 → 내각총리 결재 상서(이상 공문유취, 공문잡찬 등에 보존) → 일왕 최종 결재(어서명원본에 보존) 순서로 진행되었다. 정책 과정과 관련된 주요 기관은 추밀원, 대장성, 회계검사원, 외무성 등이다. 그러므로 결재문서 원본은 일본의 국립공문서관, 방위성 방위연구소, 외무성 외교사료관 등에 각각 유별부목 편성 구조에 따라 보존되어 있다. 다만 GHQ가 압수해 갔다가 반환한 공문서나 최근까지 각 성이 보존하다가 국립공문서관으로 이관한 문서는 별도로 편성되어 있다.

한편 하위 레벨 기록으로서, 한국에 주재한 영사관과 통감부가 작성한 기록, 대한제국이 통감부로부터 받은 기록은 일본 내각에서 결정된 정책을 수행하기 위한 시행문이 대부분이다. 이 공문서는 대한제국 정부기록류 각사등록과 통감부래지안철, 통감부래안철 등에 편철되어 관리되었다. 이 기록들은 현재 한국의 국가기록원과 서울대학교 규장각한국학연구원 등에 보존되어 있다.

따라서 1894년 갑오개혁에 시작된 종속적 행정 결재 시스템은 러일전쟁기를 거쳐 통감부가 설치되면서 더욱 깊은 종속 구조 속으로 빠져들었다. 그러므로 이 시기 한국의 기록 관리 제도는 일국사적 관점에서만 고찰해서는 안 되며, 한일 간 수직적 연관 구조하에 중층적이고 종속적인 시스템 속에서 파악해야 한다.

제4장

의병전쟁 진압을 위한 중층적 결재 구조

의병 진압의 결재 구조는 무엇인가. 그것은 대한제국 정부를 점령한 통감부, 한국주차군사령부, 헌병의 이른바 '폭도' 진압과 통감에게 권한을 부여한 일본 내각 및 일왕을 포함한 결재 라인을 말한다. 결국 의병은 자신들을 '폭도'라고 부르는 대한제국 정부, 일본의 주차군사령부, 헌병대와 전선을 형성하고 있었지만, 그 뒤에는 한국은 물론 아시아를 지배하기 위한 일본 내각과 일왕의 정책 결정이 있었다는 점에 주목해야 할 것이다. 일본 내각과 메이지 일왕이 정책적으로 '폭도', 즉 의병을 진압했다는 것이 그들의 공문서 체계 속에 나타난다는 것은 공식적으로 일본 정부의 책임이 더 무거워진다는 점에서 중대한 문제이다.

러일전쟁에서 승리한 일본 정부는 한일의정서를 맺어, '유사시'에 한국인들에게 총을 발포할 수 있는 법적 근거를 마련하였다. 청일전쟁기에 동학농민군을 진압한 일본군은 러일전쟁 이후 행정적·군사적 체제를 더욱 정비하여 의병들을 진압하였다. 한국 국민은 불행하게도 자국 정부의 보호를 받을 수 없는 처지로 전락하였다.

이러한 상황에서도 일본에 완전히 주권을 빼앗기기 직전까지 많은 이름 없는 의병들이 들불처럼 일어나 나라를 지키고자 목숨을 바쳤다. 이 의병들을 진압하기 위해, 일본 내각은 어떤 지배 구조를 만들었으며, 의병을 진압하라고 최종 결재를 한 최고 책임자는 누구인가.

그동안 의병에 대한 연구는 독립운동 연구의 하나로서 을미의병, 을사의병, 정미의병으로 구분하거나 전기의병, 후기의병 등으로 분류하여 상당히 많이 진척되었다.[1] 이에 따라 각 시기, 각 지역의 의

---

1 의병의 성격에 따른 시기 구분에 대한 문제, 각 지역별 의병의 특색에 대한 문제, 사상적 기반에 대한 문제, 고종의 역할 문제 등의 분야에서 연구가 진척되었다. 대체적인 것을 들면 다음과 같다. 신석호, 「한말의병(韓末義兵)의 개황(槪況)」, 『사총』 1호, 1955; 김의환, 『의병운동사』, 박영사, 1974; 金鎬城, 「韓末義兵運動研究(I): 政治社會運動으로서의 義兵運動」, 『論文集』 18호, 1985; 김호성, 「政治社會運動으로서의 韓末義兵運動研究」, 한양대학교 박사학위논문, 1986; 洪淳權, 「을사조약 이후 호남지역 의병운동의 발전과 의병장들의 성격」, 『韓國學報』 15권 4호, 1989; 조동걸, 『한말의병전쟁』, 한국독립운동사연구소, 1989; 이구용, 「한말 의병항쟁에 대한 고찰」, 『국사관논총』 23, 1991; 金祥起, 『韓末義兵研究』, 一潮閣, 1997; 洪淳權, 「韓末 義兵運動의 사상적 기반과 정치·경제적 지향: 1905년 乙巳條約 이후 湖南地域의 의병운동을 중심으로」, 『考古歷史學誌』 7호, 1991; 홍순권, 『한말 호남지역 의병운동사 연구』, 서울대출판부, 1994; 柳漢喆, 「柳麟錫의 義兵 根據地論」, 독립기념관 한국독립운동사연구소, 1994; 박수형, 「韓末 義兵戰爭의 性格 變化」, 慶星大學校 敎育大學院 석사학위논문, 1997; 김용삼, 「韓末 乙未義兵에 관한 考察: 嶺南 地域의 義兵活動을 중심으로」, 慶星大學校 敎育大學院 석사학위논문, 1998; 이상찬, 「1896년 의병운동 통설에 대한 비판적 검토」, 『역사비평』 45호, 역사문제연구소, 1998; 강만길, 『고쳐 쓴 한국근대사』, 창작과비평사, 2001; 김상기, 「전기의병의 일본군에 대한 항전」, 『한국근현대사연구』 20, 2002; 김순덕, 「경기지방 의병운동 연구(1904~1911)」, 한양대학교 박사학위논문, 2002; 홍영기, 『대한제국기의 호남의병연구』, 일조각, 2004; 오영섭, 「한말의병운동의 발발과 전개에 미친 고종황제의 역할」, 『동방학지』 128, 2004; 서태원, 「대한제국기 원주진위대 연구」, 『역사와 담론』, 2004; 변태섭, 『한국사통론』, 삼영사, 2007; 홍순권, 「한말 일본군의 의병 학살」, 『제노사이드연구』, 2008; 金祥起, 「한말 일제의 침략과 義兵 虐殺」, 『역사와 담론』, 2009; 홍순권, 「한말 경남지역 의병운동과 일본군의 의병 학살」, 『군사연구』 131호, 2011; 홍순권, 「한말 일본군의 의병 진압과 의병 전술의 변화 과정」, 『한국독립운동사연구』 45호, 2013; 김상기, 「한말 의병투쟁과 일본군의 학살」, 『근현대사 항일민족운동의 역사적 경험과 일본의 우경화』, 한국학중앙연구원, 2004; 심철기, 『원주지역 전기의병의 학문적 배경과 참여세력」, 『韓國思想史學』 38호, 2011; 심철기, 「한말 원주 의병의 발전과정과 운동 방략」, 연세대학교

병에 대한 실태는 어느 정도 파악되어 있는데,[2] 주로 일본의 참모본부와 일본 외무성이 펴낸 공문서 자료집, '폭도'로 재판받은 판결문, 의병 관련 일기나 서한 등을 활용하여 사실을 재구성하고 있다.

그런데 의병 진압과 직접적으로 관련된 기관은 주로 통감부와 한국주차군사령부지만, 실제로 이 기관을 만들고 움직이게 한 것은 일본 내각과 메이지 일왕의 결재였다. 지금까지 연구에서는 상위 레벨의 일본 내각에 대한 행정 결재 구조에 대하여 그다지 주목하지 않았다. 일본군 참모본부와 외무성에서 발간한 외교 사료를 중심으로 연구가 진행되어 왔고, 대한제국 내의 국내적인 상황에 주안점을 두어 연구해 왔기 때문이다. 그러나 이미 일본 정부가 한국 정부를 '보호국화'하여 일본군 참모본부와 외무성을 컨트롤하는 시스템이었기 때문에 이 시기에 대한 연구를 일국사적 차원에서 진행하는 것은 한계가 있다. 즉 통감부 위에 일본 내각과 행정 라인의 최고 결정자인 일왕이 있었다는 점을 주목해야 할 것이다.

이 장에서는 일본 내각의 상위 레벨 결재 구조를 분석하고자 한다. 상위 레벨 결재 구조는 일본 내각과 메이지 일왕이 실제로 거친 결재 과정을 말한다. 하위 레벨 결재 구조는 한국에서 취해진 통감부와 한국주차군사령부 등의 제 결재 과정을 말한다. 한국에서 발생

박사학위논문, 2014; 심철기, 「1907년 원주의병의 쇠퇴와 새로운 항일투쟁의 전개」, 『역사와 교육』 22호, 2016; 심철기, 「1907년 의병전쟁 참여세력의 존재양상과 일제의 대응: 경기·강원·충청 재판기록을 중심으로」, 『한국민족운동사연구』 90호, 2017; 김헌주, 「후기의병의 사회적 성격에 관한 연구」, 고려대학교 박사학위논문, 2018 등.

2 홍순권, 「한말 호남의병, 경상도의병: 심철기, 한말 원주 의병의 발전과정과 운동방략」, 연세대학교 박사학위논문, 2014. 추가.

한 일이지만 일본 내각에서 결정하여 정책이 추진되는 종속적 구조라고 할 수 있다.

이러한 관점에서 일본 내각과 일왕이라는 상위 레벨의 결정은 어떻게 한국 정부 내로 깊숙이 침투하였으며, 어떠한 결재 구조를 거쳐 의병을 진압하였는지, '사형을 시켜도 된다'는 법적 조치의 최종 결재자는 누구였는지를 분명히 밝히고자 한다. 이를 통해 의병을 살상한 데 대한 궁극적인 책임을 누가 져야 하는지 책임 소재를 분명히 할 수 있을 것이다.

일본 제국화 전략과 의병 진압 체제 구축

의병들이 싸움에 나선 것은 주지하듯이 강대국 간의 제국주의 전쟁 과정에서 한국이 주권을 탈취당하였기 때문이다. 이 시기 일본 정부의 당면 목표는 한국과 간도를 식민지화하는 것이었다. 이 때문에 대한제국 정부를 고문정치와 통감정치로 컨트롤하는 동시에 자신들에게 저항하는 의병을 '치워 버리기 위해' 사형을 시켜도 된다는 단호한 조치를 내놓았다. 이 조치는 단발적인 것이 아니라, 한국을 종속화하기 위해 영국, 미국과 결탁한 국제적인 조치와, 일본 본토 내의 행정적 조치를 포함하는 조직적인 것이었다.

의병들과의 전투가 실제적으로 발생하기 이전에 일본 정부는 가장 먼저 러시아와 한국에 대해 국제적인 조치를 취하였다. 1904년 2월 23일, 러일전쟁을 선포하고, 한국과는 '한일의정서'를 체결하였다.

청일전쟁의 경험에 비추어 볼 때, 한국의 주권이 강제로 일본 정부에 넘어갈 경우 민중들이 궐기할 것이 자명하였기 때문에 일본 당국은 여러 가지 조치를 취하였다.

먼저 의정서 제4조에 "제3국이 침해하거나 또는 내란이 일어나 대한제국 황실의 안녕 또는 영토 보전에 위험이 있을 경우" "임기(任期: 정해진 일정 기간)로 필요한 조치"를 할 수 있고, "군사상 필요한 지점을 임기로 수용"할 수 있다고 규정하였다.[3]

그리고 같은 해 3월 10일 송병(送丙) 제101호 '한국주차군사령부 및 예속 부대 편성 요령'을 발효하여 한국주차군 편성을 완결하였다. 동시에 '한국주차군사령관에 내리는 훈령'을 발하여,[4] 주차군으로 하여금 첫째, 제국 공사관·영사관 및 거류민의 보호, 둘째, 경성(당시 한성을 지칭)의 치안 유지, 셋째, 작전군 후방의 제 설비를 보호하도록 하였다. 이처럼 주차군이 공사관·영사관·거류민 보호를 내세우며, 한국 정부의 안녕을 지킨다는 빌미로 의병들을 총살할 수 있는 의정서와 훈령을 만들었던 것이다. 궁극적으로 일본의 '생명선'으로 한국이 필요했던 것이다.

〈그림 4-1〉에서 보는 바와 같이 한국주차군사령부는 병참감부·철도감부·헌병대·통신대·병원·원산수비대·후비보병으로 편재하고 업무를 분장하였다. 이후 9월 7일 한국주차군사령부를 다시 편성하였

---

3 「한일의정서」 제3조. 자세한 것은 다음을 참조. 신주백, 「호남의병에 대한 일본 군·헌병·경찰의 탄압작전」, 『역사교육』 87, 역사교육연구회, 2003; 홍순권, 「한말 일본군의 의병 진압과 의병 전술의 변화 과정」, 『한국독립운동사연구』 45, 한국독립운동사연구회, 2013.

4 『滿密大日記』, 1904. 3. 10.

- **한국주차군사령부**
  - **병참감부**
    - 병참사령부 15개
    - 후비보병 제47연대 제1대대
    - 후비보병 제14연대
    - 후비보병 제24연대(1중대와 1소대 결)
    - 후비보병 제1대대 제2중대(1소대 결)
    - 후비보병 제48연대 제3중대
    - 후비보병 제12사단 제2보조 수졸대(輸卒隊)의 일부
  - **철도감부**
    - 철도대대(1중대 결)
  - **헌병대**
  - **통신대**
  - **병원**
  - **원산수비대**
    - 보병 제37연대 제3대대
  - **후비보병**
    - 제40연대 제1대대(2중대 결)
    - 제24연대 제8중대의 1소대(목포파견대)
    - 제48연대 제4중대
    - 제24연대 제1대대(1중대 결)
      - 경부철도노선수비대
    - 제45연대 제1대대
      - 대구파견대
      - 부산파견대

〈그림 4-1〉 일본 정부의 한국주차군 편성(1904년 7월 현재)
출전: 『韓國駐箚軍陣中紀要』, 1904년 7월 현재(방위성 방위연구소 소장)

고, 20일에 내린 '훈령'에 주차군의 주둔 목적을 첫째, 한국의 영토 방위, 둘째, 한국 '역내에서 질서·안녕' 유지, 셋째, 제국 공관 및 거

류민의 보호라고 명기하였다.[5] 한국 정부가 있음에도 불구하고, 한국의 '영토 방위'나 '질서·안녕 유지'에 무게 중심을 두었다는 점에 특징이 있다.

이와 같이 의병의 발생은 러일전쟁 이후 한국을 둘러싼 국제적인 정세에서 비롯된 것이며, 일본의 한국 '보호국화' 성공에 따른 주권 박탈에서 비롯된 것이라고 할 수 있다. 일본 정부는 청일전쟁 승리로 타이완을 식민지로 만들고, 러일전쟁 승리로 러시아와 프랑스를 따돌리고 한국과 사할린까지 지배권을 확장한 것이다. 또한 1905년 한일의정서 체결로 군사기지를 공식적으로 점유하였고, 같은 해 제1차 한일협약으로 한국 정부에서 고문정치를 실시하게 되었다.

고문을 파견하기 위해 일본 내각에서는 각종 공문을 만들어 메이지 일왕에게 재가를 요청하고 최종 결재를 받았다. 메가타 다네타로 등 한국 정부로 파견한 고문은 모두 일본 내각과 일왕의 결재에 따라 한국 정부에 침투하여 공무를 추진하였다. 이와 관련되어 내각에서 작성한 공문서와 기록물 계층은 다음과 같다.

[표 4-1] 한국 정부 재정고문에 관한 일본 내각의 공문서

작성	건명	작성일	기록물 계층
내각	대장성 주세국장 메가타 다네타로에게 한국 정부의 초빙에 응해 봉급을 주는 건 및 동관에 대하여 메이지 37년 칙령 제195호 제2항을 적용하는 건	메이지 37년	내각·총리부-태정관·내각관계-제1류 공문잡찬-메이지 37년
내각	대장성 주세국장 메가타 다네타로가 한국 정부와의 재정고문 빙용 계약에 조인하는 것을 인정하는 건	메이지 37년 10월 15일	내각·총리부-태정관·내각관계-제1류 공문잡찬-메이지 37년

5 「한국주둔군사령관에 훈령의 건」, 『滿密大日記』, 1904년 10, 11, 12월.

이처럼 메가타는 일본 대장성 주세국장으로서, 1904년 10월 15일 내각의 결정에 따라 관직은 그대로 두고 한국으로 파견되었으며, 재직관리로 외국에 빙용될 경우, 임시로 빙용되었을 경우에는 일본 정부에서 관직은 중지하고 여비를 받았고, 봉급은 한국 정부에서 받았다.[6] 이 문서는 "외국 정부에 빙용되는 관리에 관한 건을 재가하고 이에 공포한다."라고 써서 메이지 일왕이 서명하고 어새를 찍었다. 메이지 37년 8월 27일 칙령 제195호. 내각총리대신 가쓰라 타로가 상신하였다. 이 문서의 계층은 내각·총리부, 태정관·내각관계, 어서명원본(메이지)에 편성되어 있다. 당시 일본 공무원들은 본국에 적을 두고 출장을 가는 형태가 많았다.

이러한 가운데 일본의 발 빠른 외교 대처는 이웃나라인 한국의 운명을 결정짓는 주요한 기제가 되었다. 일본 정부는 러일전쟁 승리로 얻은 '을사늑약' 내용을 성공적으로 추진하기 위해, 영국, 미국 등 주요 열강과 7월 가쓰라-태프트 조약, 8월 제2차 영일동맹을 맺었다. 9월에는 미국의 중재로 포츠머스 조약을 맺어 국제사회에서 한국에 대한 독점적 지배를 인정받았으며, 랴오둥반도, 사할린을 러시아로부터 양도받는 데 성공하였다.[7] 그것은 미국의 필리핀 지배를 인정하고, 영국과 공수동맹을 체결하는 것에 대한 대가로 얻은 외교 술책이었다.

---

6 內閣,「外国政府に聘用セラレタル管理ニ関スル件」, 明治33年 勅令 第159号, 1900. 8. 27.

7 일본이 러시아로부터 받아 낸 것은 다음과 같다. 첫째, 일본이 한국에 대하여 자유처분권을 갖는다는 것을 러시아가 승낙하고, 둘째, 일정 기한 내에 러시아군이 만주에서 철수하며, 셋째, 랴오둥반도의 조차권 및 하얼빈-뤼순 간 철도를 일본에게 양도하고, 넷째, 남사할린을 양도하는 것 등이다.

이러한 국제 정세의 변화로, 같은 해 11월 제2차 한일협약, 즉 을사조약이 체결되어 한국은 외교권을 박탈당하였다. 한국 정부의 시스템은 이미 동맥경화에 걸렸다. 모든 행정문서는 일본인 통감을 거쳐 결정되었다. 이렇게 되자 나라를 지키고자 한 의병들이 전국 각지에서 궐기하였다. 의병들은 기본적으로 외세에 저항하였고, 동학농민전쟁기에 해결하지 못한 국내 문제도 돌파하려고 하였다. 이때 궐기한 '을사의병'들은 한국 진위대와 일본군 등을 상대로 전쟁을 시작하였다.[8] 민종식, 최익현, 신돌석 등의 의병장과 '이름 없는 의병'들은 전국 각지에서 일본군을 향해 목숨을 걸고 저항하며 다시 거병하였다.[9]

이러한 한국인의 저항을 보고받은 일본 내각에서는 고문정치로는 전통적인 고종 세력과 민중들의 저항을 이겨 낼 수 없다고 판단하였다.[10] 이에 대해 일본은 한국주차군사령부에 더하여 컨트롤타워로 통감부를 설치해 통감군사정치로 돌파하려고 하였다. 1905년 5월 메이지 일왕은 「한국에 통감부와 이사청을 설치하는 건」을 최종 결재하고, 초대 통감으로 내각 수상이었던 이토 히로부미를 직접 파견할 것을 결정하였다.

통감은 한국주차군사령관을 통솔할 수 있는 권한을 부여받았다.

---

8 홍순권, 「한말 의병운동의 사상적 기반과 정치·경제적 지향: 1905년 을사조약 이후 호남지역의 의병운동을 중심으로」, 『고고역사학지』 7호, 1991; 김호성, 앞의 논문, 1986; 박수형, 위의 논문, 1997; 심철기, 앞의 논문, 2014 등 참조.

9 의병의 계급적인 저항에 대해서는 별도의 논의가 필요하다.

10 또한 민간 부문에서는 1906년에 서전서숙을 만들고, 대한자강회가 교육과 산업 정책을 추진하였다.

하지만 문관 출신인 이토가 군 통수권을 갖는 데 대해 육군 무관들이 심하게 반발하였다. 이 때문에 한동안 한국주차군사령관 하세가와 요시미치가 임시로 한국 통감을 맡게 되었다.

이토는 메이지유신의 실질적인 무장 세력이었던 조슈벌(長州閥) 출신으로, 유학을 통해 국제 정세를 배웠으며, 내각 수상을 여러 차례 역임하고, 귀족원을 휘어잡고 있던 베테랑 정치인이었다. 결국 그는 행정 라인을 장악하였고, 하세가와는 한국인 '폭도'를 진압하는 군사 시스템을 구축하였다.

통감은 한국 정부의 시책에 대하여 기록 관리 시스템을 장악하여 통제하였다.[11] 통감이 고종에게 올라가는 문서를 모두 확인한 후 올리기 때문에 아무리 좋은 정책이라 해도 일본의 입맛에 맞지 않는 것은 시행하기 힘들었다. 통감부와 한국주차군사령부는 의병을 진압하고, 일본 내각에서는 이른바 '폭도' 진압 정책을 세우고, 한국 사건비로 항목을 만들어 대장성 예산으로 충당하는 체제를 만들었다.

이런 상황에서 고종과 한국인들은 쓰러져 가는 나라를 구하기 위해 마지막 안간힘을 썼다. 빚에 허덕이던 한국 정부를 살리기 위해 1907년 전국적으로 국채보상운동을 벌였으나 실패하였고, 헤이그에 밀사를 파견해 한국의 상황을 세계에 알리려던 계획도 일본의 간섭으로 불발되면서 고종은 강제로 퇴위당할 위기에 봉착하고 말았다.[12]

---

11 대한제국 시기 통감부의 기록 관리 제도 장악에 대해서는 다음을 참조. 이영학, 「통감부의 기록장악과 조선침략」, 『기록학연구』 41, 한국기록학회, 2014, pp. 213-260; 이경용, 「한말 기록관리제도: 공문서관리 규정을 중심으로」, 『기록학연구』 6, 한국기록학회, 2002a, pp. 161-224; 김건우, 『근대 공문서의 탄생』, 소와당, 2008.

12 1907년 7월 18일 고종은 황태자에게 국사를 대리시킨다는 조칙을 반포하였다. 『대한매일신

일본 정부는 1907년 7월 24일 한일신협약(일명 정미7조약)을 체결하였다. 대한제국 황제 고종을 강제로 퇴위시키고 순종을 즉위시켰으며, 한국 군대 또한 해산시켰다. 대한제국은 더욱 종속화의 길을 걸었다. 이 협약으로 행정권은 박탈당하였으며, 국제적인 빚으로 국정을 운영하는 이른바 '차관정치'가 시작되었다. 말이 차관정치지, 통감에 의해 한국 정부가 농락당하는 처지로 전락하였다. 이러한 상황에서 통감이 한국군을 해산한 것이 의병들의 저항을 더욱 촉발시키는 계기가 되었다. 이에 한국군은 의병으로 전화하였고, 지방에 있던 군인들도 무기를 반납하지 않고 일본군과 맞서 싸우게 되었다. 군비도 제대로 갖추지 못하였지만, 정미의병들은 목숨을 걸고 전쟁을 선포하였다.[13]

1907년 3월부터 이강년은 민긍호, 조동교, 정대무, 오경묵 등의 부대와 함께 제천에 머물면서 연합하여 의병전쟁을 벌였다. 그는 원주 진위대의 무기를 얻은 윤기영과 함께 7월 7일에 제천 전투에서 승리하였고 7월 11일에 주천에서 의병대장이 되었다.[14] 그리고 같은 해 9월 29일 군대 해산에 불만을 품고 백남규가 경북 안동에서 봉기하였다.

이렇게 의병들의 싸움은 더욱 조직화되어 갔다. 하지만 일본 내각

보』, 「황태자 대리하신 사실」, 1907년 7월 20일.

13 대한협회, 신민회 헤이그 특사(이상설, 이위종, 이준).

14 7월 15일 충주성을 공격하고, 7월 30일 문경읍을 장악하였으며, 영춘, 영월, 싸리재, 죽령에서 전투를 벌였다. 51세 되던 해인 1908년 이강년은 6월 4일(양력 7월 2일)에 작성산 전투에서 피체되어 9월 19일(양력 10월 13일) 서대문 형무소에서 순국하였다. 자세한 것은 구완회, 『영원한 의병장 운강 이강년』, 지식산업사, 2015 참조.

과 군부에서도 의병 진압을 위해 더욱 체계적인 조직을 가동하였다. 그들은 한국인 통역과 우편배달부를 정기 혹은 임시로 채용하여 의병들의 정보를 취하였으며, 군대에는 밀정을 두고 의병들의 동태를 파악하였다.[15] 이렇게 되자 많은 거사가 실패로 돌아가고 만다. 실제로 1908년에는 의병들이 서울로 진격하여 연합작전을 벌이고자 하였으나, 일본군에게 사전 발각되어 실패하였다.

대한제국 정부는 1908년 5월 이전까지 선유위원(宣諭委員)을 파견하여 의병들의 귀순을 장려하는 방식으로 의병투쟁을 무력화시키려고 하였다. 그러나 실제로는 일본 정부와 한국 의병 간의 전면전으로 변화해 갔다. 일본 정부는 한국 의병과의 전쟁을 '한국 폭도 토벌 사건'이라 명하고, 호남 지방을 '폭도의 땅'이라 하여 1909년 8월 25일부터 10월 21일까지 '남한 대토벌 작전'을 추진하였다.[16] 의병들의 거사는 사전에 발각되는 경우가 많았는데, 그 원인 중의 하나가 통감부 경찰과, 보안과, 일본 군대의 밀정들이 활동하고 있었기 때문이다. 다음 절에서 살펴보겠지만, 이들을 고용한 것은 바로 일본 내각이었고 최종 결재한 것은 메이지 일왕이다.

1909년 9월 4일 일본과 청국 간에 간도협약이 맺어지고, 안중근이 하얼빈에서 통감 이토를 저격하자 의병전쟁은 절정으로 치달았다. 하지만 일본은 그해 7월 12일 '대한제국 사법 및 감옥사무 위탁

15 이 장의 '의병을 진압한 한국인들에 대한 포상' 절 참조.
16 '남한대토벌'에 대한 자세한 것은 다음을 참조. 홍순권, 「1909년 가을의 이른바 '남한대토벌 작전'에 대하여」, 『고고역사학지』 9호, 1993; 홍순권, 「의병학살의 참상과 '남한대토벌'」, 『역사비평』 45호, 1998; 김헌주, 앞의 논문, 2018 등 참조.

에 관한 각서(기유각서)'를 체결하여 사법권을 박탈하였고, 1910년에 경찰권마저 박탈하였다. 그리고 그해 8월 29일에 메이지 일왕이 한국의 강제 병합을 결정하는 문서에 최종적으로 옥쇄를 찍음으로써 한국의 국권을 강탈하였다. 한국 강제 병합에 대하여 대한제국 왕이 직접 옥쇄를 찍었는지 안 찍었는지는 논란이 있지만, 이처럼 일본 국내법으로 처리되고 말았다. 이에 따라 대한제국은 식민지가 되어 조선으로 바뀌었고, 총독군사정치가 시작되었다.

일본 내각의 결재 구조로 본 의병 진압

그러면 의병진압의 결재 문서는 어떠한 루트를 통해 성안이 되었을까. 그것은 통감부와 이사청 설치, 한국주차군사령부, 헌병 및 경찰관 설치 등에 관한 관제와 밀접한 연관이 있다. 즉, 일본 내각에서는 한국을 '보호국화'한다는 명목으로 각종 관제를 만들고 예산을 편성하고, 인사를 단행하여 상부 구조의 틀을 짰다. 그리고 거기에 저항하는 자들을 모두 '폭도'라 지칭하여 죽이고 진압하는 방책을 수립하였던 것이다.

의병 진압은 통감부와 한국주차군사령부가 주도하였으나, 정책을 결정하고 예산을 편성하고 인사를 단행한 것은 통감부가 아니라 일본 내각과 일왕이었다. 그러므로 일본 내각과 일왕이 작성한 문서는 '공문유취'나 '공문잡찬', '어서명원본' 등에 편성되었으며, 현재 일본 국립공문서관에서 보존하고 있다.

지금까지 연구를 통해 통감부와 한국주차군사령부, 헌병이 한국의 의병들을 진압한 것에 대하여는 구체적으로 잘 알려져 있다. 그러나 의병을 진압하라고 명령한 일본 내각과 일왕 등 상위 레벨의 결재 구조에 대해서는 주목하지 않았다. 이것은 칙령과 관제, 예산, 인사로 나누어 상위 레벨에서 진행된 결재 구조를 보면 잘 알 수 있다.

먼저 군사적으로 한국 정부를 위협하고 의병을 진압하기 위하여 일본은 1904년 3월 10일 한국주차군사령부 및 예속 부대를 설치하였다. 물론 이 부대는 만주와 중국을 견제하기 위한 부대이다. 이에 대하여 앞에서 살펴보았듯이, 한국 정부의 행정 라인을 효율적으로 지배하기 위하여 1905년 11월 22일「한국에 통감부와 이사청을 설치하는 건」을 메이지 일왕이 칙령으로 공포하였다.[17] 이에 대한 관제는 모두 일본 내각에서 각 성 대신들이 결재하고, 내각총리가 일왕에게 상주하여 칙령으로 결재를 받아 설치하였다. 동년 12월 20일에는 통감부 및 이사청 관제를 칙령 제267호로 발효하였다.[18] 이 공문서는 내각총리부, 태정관 어서명원본 메이지에 편성되어 있다.

그리고 통감부 및 이사청 관제(統監府及理事庁官制) 제4조에 "한국 통감은 한국에 주차하는 군대(한국수비군)의 사령관에 대한 지휘권을 가진다."고 되어 있다. 이토 통감은 점령지이기는 하지만 '일본제국헌법'하에서 군의 통수권을 가진 유일한 문관이 되었던 것이다. 위의

17 내각,「한국에 통감부와 이사청을 설치하는 건」, 1905년 11월 22일.「韓国ニ統監府及理事庁ヲ置クノ件」, 御署名原本·明治三十八年·勅令第二百四十号.

18 「統監府及理事庁官制」, 御署名原本·明治三十八年·勅令第二百六十七号.

칙령은 가쓰라 타로 내각총리와 데라우치 마사다케 육군대신이 주무대신이다.

하지만 메이지 정부의 권력을 가지고 있었던 조슈벌 출신의 육군들은 문관이었던 이토 통감에게 군 통수권을 맡기는 것을 탐탁지 않게 생각하였다. 이 때문에 메이지 일왕은 1906년 1월 14일에 참모총장 오야마 이와오, 육군대신 데라우치 마사다케에게 친히 '칙어'를 내려 이토의 권한을 인정하도록 다짐을 받았다.[19] 하지만 2월 3일에도 하세가와 한국주차군사령관을 통감 임시대리로 한다는 칙령을 내린 것을 볼 때, 여전히 문관 통감의 군 통수권에 대한 육군의 반감과 갈등이 쉬 가시지 않았다는 것을 알 수 있다. 1906년 11월 17일에도 하세가와에게 통감을 임시대리로 하도록 하고 있으며, 이토 이후 문관이 통감이나 총독에 취임하는 일은 없었다.

이처럼 한국 정부를 간섭하기 위한 통감부와 한국주차군사령부 설치는 모두 내각총리 라인을 거쳐 일왕이 최종 결재한 것이다. 통감부에 경무부를 두고 경찰과와 보안과에 의병 진압을 위한 사무를 분장하였으며, 한국주차군사령부에도 보병과 밀정을 두어 '폭도'를 진압하는 사무를 분장하였다.

그리고 두 기관의 인사를 결정하는 것은 모두 일본 내각이고, 최종 결재는 메이지 일왕이 하였다. 두 기관은 일본 내각에서 결정된 내용을 시행하는 기관이었다. 그러므로 통감부 기록 중에 한국에 남아 있는 것은 거의 실행과 관련된 기록이다.

---

19 瀧井一博,『伊藤博文』, 中央公論新社, 2010, pp. 296-297.

그러면 의병을 진압하라는 명령은 어떠한 결재 과정을 거쳤으며, 의병 진압과 관련된 사안은 최종적으로 누가 결재하였을까. 한국 통감은 1905년 통감부 관제의 규정에 따라 일왕 직속으로 한국 정부를 간섭하고 '폭도'를 진압할 수 있는 권한을 가지게 되었다. 지금까지 연구에서는 한국헌병과 한국주차군사령부가 작성한 토벌 자료를 중점적으로 검토하였다. 그런데 위의 두 기관도 상위 기관의 명령하에 움직이는 시행 부대라고 할 수 있다. 그러므로 보다 상위 레벨의 결재 구조와 최종 결재자에 대하여 검토할 필요가 있다.

당시 러일전쟁 이후 일본은 러시아가 가지고 있던 청국의 동북부 지역에 대한 점유권과 우위권을 가지고 있었고, 한국을 이른바 '보호국화'하여 한국에 거점을 마련하고 간도 지역까지 지배하고자 하였다. 이 때문에 전신선과 철도 설치 등은 의병들의 주요 타격 목표가 되었으며, 일본 내각에서는 한국 의병을 군법으로 다스리기 위한 체제를 구축하고자 하였다. 이 과정에 대하여 살펴보면 다음과 같다.

1905년 이후 의병전쟁을 구분할 때 을미의병, 을사의병, 정미의병으로 구분하는데, 이것을 일본 내각의 대응이라는 측면에서 보면, 을사의병 진압(1906~1907), 정미의병 진압(1907~1909), 남한 대토벌 시기(1909~1910)로 구분할 수 있다.

먼저 을사의병 진압 시기에 일본 내각은 어떠한 문서를 작성하고 결재하였을까. 정책 기반을 만드는 기관 설치와 주요 정책을 결정한 문서를 살펴보면 다음과 같다.

첫째, 일본 내각은 한국에 통감부와 이사청을 설치하여 한국주차군사령부와 함께 통감군사정치 기반을 확보하였다.

〈그림 4-2〉 한국주차군사령부
출전: 신기수 편, 『영상이 말하는 '일한병합'사 1875-1945』, 노동경제사, 1987.

또한 이토 통감이 착임하기 전 1906년(메이지 39) 2월 3일 한국주차군사령관 남작 하세가와 요시미치를 임시대리로 정하였다.[20] 이 공문서는 내각·총리부-태정관·내각관계 제1류 공문잡찬·메이지 39년·제39권·통감부에 편성되어 있다.

같은 해 5월 2일 내각은 일본에서 육군성이 관리하고 있던 철도 업무를 한국에서 통감부 소관으로 정하는 건을 결재하였다.[21]

[표 4-2] 내각의 인프라 구축 기록과 계층

번호	작성기관	건명	작성일	계층
1	내각	통감 착임까지 한국주차군 사령관 남작 하세가와 요시미치(長谷川好道)를 임시대리로 임명하는 건	1906. 2. 3.	내각·총리부-태정관·내각관계 제1류-공문잡찬·메이지 39년·제39권·통감부
2	내각	한국에서 철도를 통감부의 소관으로 함	1906. 5. 2.	내각·총리부-태정관·내각관계 제6류-공문유취 제30편·메이지 39년·제5권·관직 4·관제 4·농상무성~청부(庁府)

20 內閣, 「統監着任迄韓国駐剳軍司令官男爵長谷川好道ヲシテ臨時代理セシムルノ件」, 1906. 2. 3.
21 內閣, 「韓国ニ於ケル鉄道ヲ統監府ノ所管トス」, 1906. 5. 2.

이 공문서는 내각·총리부-태정관·내각관계 제6류-공문유취 제30편·메이지 39년·제5권·관직 4·관제 4·농상무성~청부(廳府)에 편성되어 있다.

셋째, 의병 진압과 관련한 가장 중요한 문서는 통감이 상주한 문서를 5월 27일 일본 내각에서 메이지 일왕에게 보고한 공문서이다. 사이온지 내각총리대신은 「한국에서 폭도 진압을 위해 병력을 사용하는 건(韓国ニ於ケル暴徒鎮圧ノ為兵力ヲ使用ス)」을 메이지 일왕에게 보고하고 있다.[22]

> 목하 한국 충남에 '폭도'가 일어나 홍주성을 함락하니, 이에 완강히 저항하였으나 소수의 헌병 및 경찰관으로는 진압하기 어려워 통감부 및 이사청 관제 제4조에 따라 오늘부터 한국주차군사령관에게 병력을 사용할 것을 명하였으니 이에 삼가 보고드립니다.

이처럼 통감은 통감부 및 이사청 관제 제4조에 따라 한국주차군사령관에게 병력을 사용하라고 명령했으나, 통감은 다시 내각총리에게 보고하고, 총리는 다시 일왕에게 보고하였다는 것을 알 수 있다. 메이지 일왕은 헌법기관으로서 일본 내각보다 상위 레벨에 위치해 있다.

다음 〈그림 4-3〉은 통감이 '한국 폭도 진압에 병력을 사용'한 것을 내각총리를 통해 일왕에게 보고하는 공문서 원본이다.

---

22 內閣, 「韓国ニ於ケル暴徒鎮圧ノ為兵力ヲ使用ス」, 1906. 5. 27.

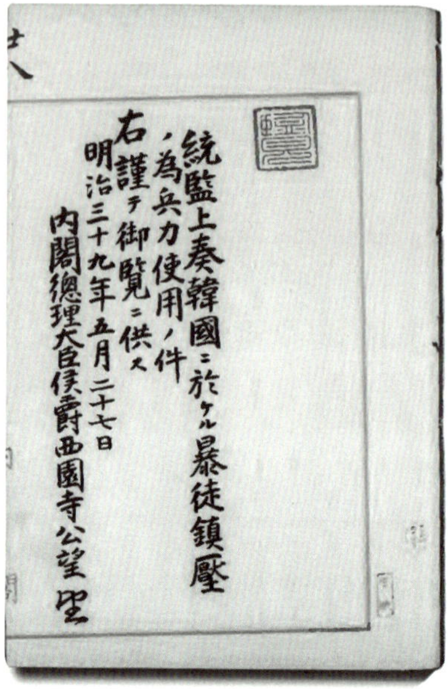

〈그림 4-3〉 '폭도' 진압에 병력을 사용한 것을 보고하는 공문

위의 문서는 내각총리 사이온지가 통감이 '한국에서 폭도 진압에 병력을 사용했다'고 상주한 것을 일왕에게 보고한 공문으로, 통감이 일왕과 내각이 정한 권한으로 병력을 사용하여 의병을 진압했다는 내용이다. 군대에게 발포 명령을 한 것은 한국 통감이지만, 일왕이 준 권한을 행사하였다는 것을 알 수 있다. 한국 통감이 의병 진압에 대한 사실을 결재 라인을 통해 일본 내각총리와 메이지 일왕에게 공문으로 보고하였던 것이다.

그러므로 이 문서는 통감부가 아니라 일본 내각의 공문유취 제30편·메이지 39년·제5권·관직 4·관제 4·농상무성~청부현 문서철에 편성되어 있다. 이 기록물철에는 일본 국내는 물론 오키나와, 홋카이도에 조사를 위한 임시직원을 파견하는 건이 포함되어 있다. 같은 책에 편철되어 있는 한국에 대한 지배 정책과 관련한 기록물을 살펴보자. 이 문서는 통감이 상주하여 일본 내각총리가 작성한 문서로서, ICA의 계층으로 구분하고 한국과 관련된 항목만 제시하면 다음과 같다.

[표 4-3] 일본 내각이 작성한 상위 레벨의 통감부 관련 공문서

계층	내역
그룹명	내각·총리부
시리즈명/ 서브 시리즈명	태정관·내각관계 제6류 공문유취(公文類聚) 제30편·메이지 39년
철명	제5권·관직 4·관제 4·농상무성~청부현(庁府県)
건명	한국에서 폭도 진압을 위해 병력을 사용함 한국에서 철도를 통감부의 소관으로 함 철도작업국 관제를 개정함 통감부 통신관서 관제를 개정함 통감부 권업모범장 관제를 정함 통감부 통신관서 관제를 개정함 통감부 및 그 소속관서 직원을 한국으로부터 청국 및 러시아령 시베리아로 파견하는 경우에는 특히 상주 수속하고 통감에게 바로 이를 명하게 함 내국 관헌이 관장하는 사항에 대해 통감의 직권에 관한 건을 정함 통감부 철도관리국 관제 통감부 철도관리국 직원관등 급여령 통감부 철도관리국 직원 특별임용령 통감부 철도관리국 직원관등의 초서(初叙) 및 승서(陞叙)에 관한 건을 정함 통감부 철도관리국 고원(雇員) 사용의 건을 정함 경의철도 마산-삼랑진 간 철도를 통감부 철도관리국에서 인계함 통감부 철도관리국에 임시 철도건설부를 둠 이사청의 위치 및 관할구역을 개정함

[표 4-3]은 일본 내각이 통감부에게 해야 할 일을 공포한 상위 레벨의 정책 문서철이다. 여기서 주목해야 할 것은 철도 관리와 '폭도' 진압이 함께 추진되었다는 점이다. 철도는 육군성에서 통감부로 철도 소관을 바꾸어 관리하도록 하고, 내국 관헌이 관장하던 업무를 통감이 직권으로 할 수 있도록 명령 계통을 바꾸었다. 경부선과 경의선은 물론 마산-삼랑진 간 철도도 통감부 철도관리국에서 인계받아 처리하도록 하였다. 통감이 군 통수권을 가지고 있었기 때문에 철도 선로를 파괴한 한국인을 '폭도'라 하여 진압하라고 명령할 수 있었다.

일본이 노린 것은 한국만이 아니었다. 그들은 제국주의 전쟁에서 관동도독부와 간도를 손에 넣기 위해 한국 통감부와 주차군을 활용하였다. 그래서 1906년 7월 31일 관동도독부 육군부 조례와 한국주차군사령부 조례를 정하였다. 내각은 「관동도독부 육군부 조례, 한국주차군사령부 조례를 정함(関東都督府陸軍部条例, 韓国駐箚軍司令部条例ヲ定ム)」을 작성하였다. 그 내용은 통감부가 설치되었기 때문에 군사행정 및 사법에 관한 직역을 새로 규정하는 것이었다. 한국주차군사령부는 전시 편제를 해지하고, 상설적으로 통솔 계통을 규율하고 주차부대에 대하여 평시에도 교육·위생·경리를 지휘·감독하도록 정하였다.[23] 기록물 계층은 같은 내각·총리부이며, 공문유취 제30편·메이지 39년-제3권·관직 2·관제 2·대장성·육군성이다.[24]

---

23 内閣,「関東都督府陸軍部条例, 韓国駐箚軍司令部条例ヲ定ム」, 1906. 7. 31.

24 制定理由 1. 関東都督府陸軍部条例の制定は関東都督府官制制定の結果に外ならす, 2. 韓国駐箚軍司令部条例の制定は統監府設置の結果韓国に於ける軍事行政及司法に関する職域判

정미의병은 일본헌병, 한국주차군과 맞서 전면전을 벌였다. 이에 일본 내각에서는 의병을 더욱 효율적으로 진압하기 위하여, 칙령으로 「한국에 주차하는 헌병에 관한 건을 정함(韓国ニ駐剳スル憲兵ニ関スル件ヲ定ム)」을 제정·공포하였다. 헌병이 한국주차군사령관의 지휘를 받아 군사 경찰로서 한국의 의병을 진압하도록 한 것이다.

이 칙령을 제정하는 이유는 다음과 같다. "한국에 주차하는 헌병대는 헌병조례규정과 같이 육군대신이 관장하고 또 헌병사령관의 통괄하에 있음에도 그 임무는 통감의 지휘하에 둔다. 주로 한국의 치안 유지에 관여하는 경찰을 장악할 수 있음과 함께 한국주차군사령관의 지휘를 받아 군 작전 차원의 경찰 업무를 수행하는 것이다. 현하 한국의 상태에서 그렇게 해야 함을 인정하기 때문이다." 이 칙령의 주무기관은 대장성, 육군성, 해군성이다. 그러므로 기록물 계층은 내각 총리부 태정관 내각관계 제6류 공문유취 제31편·메이지 40년·제3권·관직 2·관제 2(대장성·육군성·해군성)이다.

한국에 헌병을 설치하는 공문서에 따라 〈그림 4-4〉와 〈그림 4-5〉에서 보는 바와 같이, 항일 의병 활동이 발생한 지역을 중심으로 일본 헌병 경찰이 배치되었다. 헌병들은 한국주차군사령부 관할로 군사 헌병이 되어, 토지 수탈에 반대하거나 철도를 훼손한 사람들을 많은 이들이 보는 앞에서 사형시켰다. 더욱이 일본군은 자신들에게 저항하면 어떻게 되는지 본때를 보여 주기 위하여 마을 사람들을 집

明し諸事其の緒に着くに至りたるを以て韓国駐箚軍司令部は此の際戦時編制を解き之を常設と為し統属系統を律し駐箚部隊に対して平時より作戦は素より教育衛生経理共之を指揮監督せしめんとするに在り.

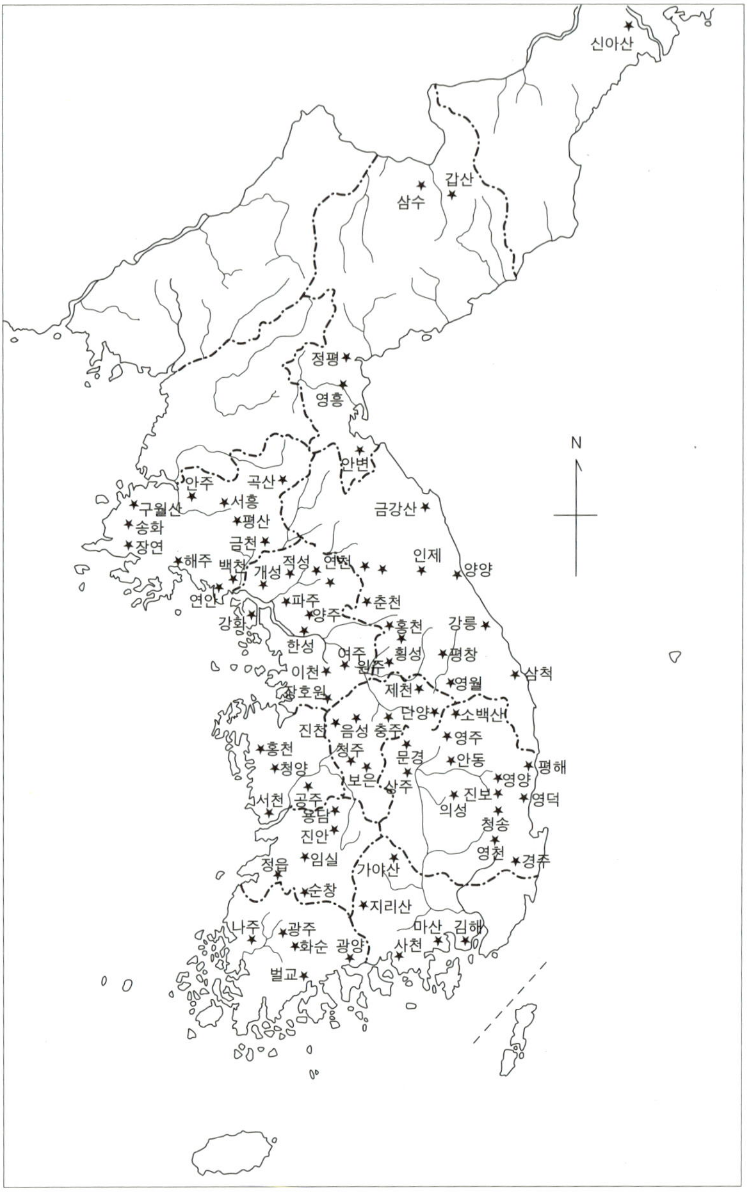

〈그림 4-4〉 항일 의병 활동 전도(★는 의병 봉기지)

출전: 辛基秀,『映像が語る「日韓併合」史(1875年~1945年)』, 労働経済社, 1987, p. 53.

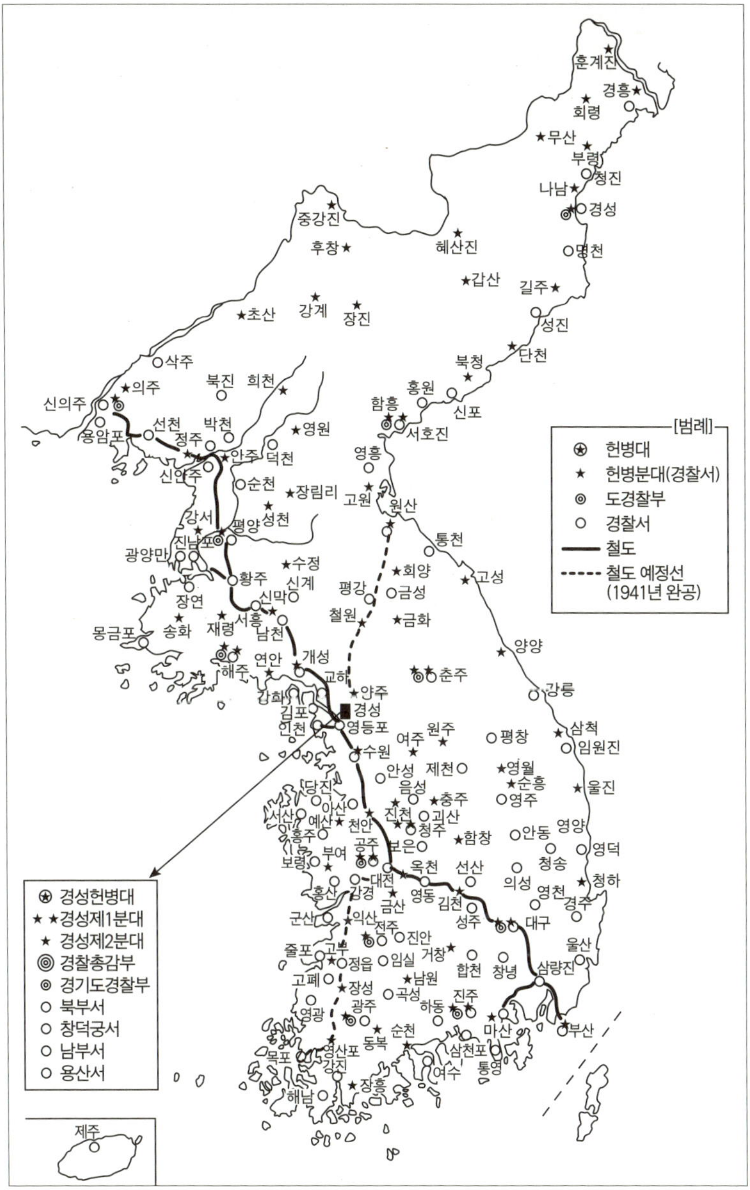

〈그림 4-5〉 일본 헌병 경찰의 배치(1910년)

출전: 辛基秀, 『映像が語る「日韓併合」史(1875年~1945年)』, 労働経済社, 1987, p. 115.

합시켜 그 앞에서 의병들을 처형하는 만행을 저질렀다.

〈그림 4-7〉은 하세가와가 임시통감대리로서 사이온지 내각총리에게 '폭도 수괴' 민종식을 체포하고 취조한 내용을 보고한 공문서의 원본이다. 임시통감대리 한국주차군사령관 남작 하세가와 요시미치는 1906년 11월 30일 통발준 2474호로 사이온지 내각총리 후작에게 공문을 보냈다. '폭도 수괴' 민종식을 체포하였으며, 그에게 충청남도 의병에 대한 상황을 취조한 내용을 보고한 것이다.

> 22일 전보로 본년 6월 충청남도에서 의병이라 칭하며 봉기한 폭도 수괴 민종식을 체포하는 건 및 통보한 바, 그를 취조한 개요를 별지대로 보고한다.

그리고 같은 해 공문잡찬에도 의병 진압 관련 공문서가 편성되어 있다. 공문잡찬은 일본 내각의 계통 라인이 다른 기관이 작성한 것을 편철해 놓은 기록이다. 1906년(메이지 39) 12월 11일 내각이 작성한 「한국 각 도에 화적 또는 의병이라고 칭하는 비적의 성립 및 근거지 등에 관한 상황의 건」[25]이다. 기록물의 계층은 내각 총리부-태정관·내각관계-제1류 공문잡찬-메이지 39년·제39권·통감부이다. 일본 내각에서 작성한 통감부 기록이다.

이상에서 살펴본 바와 같이, 한국에서 폭도 진압을 위해 병력을 사용한 것에 대한 공문서의 계층을 하위 레벨에서 상위 레벨까지 살

---

25 内閣, 「韓国各道ニ於ケル火賊又ハ義兵ト称スル匪徒ノ成立及根拠地等ニ関スル状況ノ件」, 1906. 12. 11.

〈그림 4-6〉 일본군이 저항하는 의병들을 처형하는 모습

처형 장면을 보이기 위해 동원된 사람들이 일본군이 의병을 사살하는 모습을 지켜보고 있다.

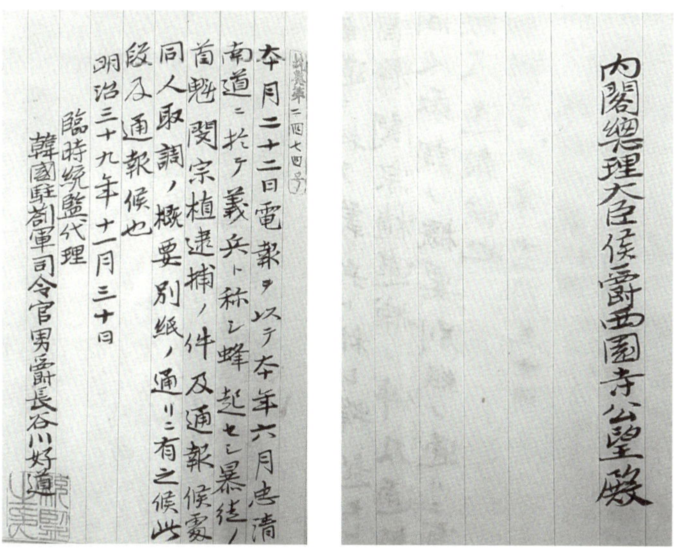

本月二十二日電報ヲ以テ本年六月忠清南道ニ於テ義兵ト称シ蜂起セシ暴徒ノ首魁閔宗植逮捕ノ件及通報候處同人取調ノ概要別紙ノ通リニ有之候此段及通報候也

明治三十九年十一月三十日

臨時統監代理

韓國駐箚軍司令官男爵長谷川好道

内閣總理大臣侯爵西園寺公望殿

〈그림 4-7〉 내각총리에게 민종식을 체포하고 취조하였다고 보고한 공문

펴보면 다음과 같다.

[표 4-4] 「폭도를 진압하기 위한 병력 사용의 건」에 대한 결재 단계

단계	관련 문건	작성일	비고
일왕	한국에 주차하는 헌병에 관한 건을 정함 한국에 통감부와 이사청을 설치하는 건	1905. 11. 22.	
내각총리	통감 상주 폭도 진압을 위한 병력 사용의 건	1906. 5. 27.	
내각 법제국	관동도독부 육군부조례, 한국주차군사령부 조례를 정함	1906. 7. 31.	
한국주차군사령부	조선 폭도 토벌지	1906~1911	

요컨대, 의병 진압과 관련하여 결재 라인을 보면 가장 하위 레벨은 의병과 전면전을 벌인 한국주차군사령부, 통감이지만, 실제로 사령부와 통감을 움직이는 각종 조례와 칙령들에 대한 상위 레벨 문서는 내각총리를 거쳐 메이지 일왕이 최종 결재하였음을 알 수 있다. 그러므로 한국과 일본이라는 공간적 중층 구조에 대하여 인식할 필요가 있다.

의병을 진압하기 위한 예산 결재 라인

다음으로 의병을 진압하기 위한 일본 내각의 예산 결재 라인에 대해 살펴보자. 일본 내각은 통감부의 의병 진압 등과 관련된 사안을 기밀비로 책정하여 임시사건 예비비에서 지출할 것을 결의하였다. 전시를 평시 편제로 바꾸어 임시사건 예비비와 대장성의 기밀비로 지출하였다. 몇 가지 사례를 살펴보면 다음과 같다.

먼저, 임시사건 예비비에서 지출한 것은 1907년 2월 16일 「통감부 기밀비를 임시사건 예비비에서 지출한다(統監府機密費ヲ臨時事件予備費ヨリ支出ス)」는 공문이다.[26] 이것은 내각총리가 메이지 일왕에게 제출한 공문서로, 문서 계층은 제6류 공문유취 메이지 40년 제10권 곤(坤)·재정 2·회계 2·임시보급(제2예비금)에 편성되어 있다. 내용은 '통감부에서 예산외로 기밀비 1만 엔 지출이 필요하니 이 금액을 메이지 39년도 임시사건 예비비에서 지출할 것을 상주'한다는 것이다.

[표 4-5] 임시사건 예비비의 문서 계층

계층	내역
그룹명	내각·총리부
시리즈명/서브 시리즈명	태정관·내각부/제6류 공문유취
기록물철	제31편·메이지 40년·제10권 곤(坤)·재정 2·회계 2·임시보급(제2예비금)
건명	한국사건비를 제2예비금에서 지출함 한국사건기밀비를 제2예비금에서 지출함 한국사건비를 국고잉여금에서 지출함. 부 장래 예산 외 지출할 필요가 있을 경우 국고잉여금을 재원으로 하여 지출함 만·한·가라후토(滿韓樺太) 주둔부대 및 전몰장병 잔무 정리에 필요한 유지비 및 복구비의 일부에 따르는 제 비용을 임시사건 예비비에서 지출함 만주 및 한국에서 철도비 등을 임시군사비에서 지출함

위의 표에서 보는 바와 같이, 내각총리부에서는 한국 의병 관련 예산을 '한국사건비'로 규정하고 만주, 가라후토 주둔부대, 전몰장병 잔무 정리 등에 관한 건, 만주 및 한국 철도비 등도 임시사건 예비비

26 內閣, 「統監府機密費ヲ臨時事件予備費ヨリ支出ス」, 1907. 2. 16.

와 임시군사비에서 지출했다는 것을 알 수 있다.

둘째, 같은 철에 편성되어 있는 문서로서, 통감부 기밀비를 대장성 소관 경비에서 지출한 것을 알 수 있다. 1907년 4월 19일에는 통감부에서 사용하는 한국 관련 제 경비는 대장성 소관 통감부 임시기밀비 제2예비금에서 지출하도록 정하였다.「통감부 임시기밀비를 제2예비금에서 지출함(統監府臨時機密費ヲ第二予備金ヨリ支出ス)」공문을 보면, 내각총리가 메이지 일왕에게 10만 엔을 제2예비금에서 지출할 것을 상주하였음을 알 수 있다. 이 경비는 간도에 있는 한민(韓民)을 보호한다는 명분으로 제국 관헌을 파견하기 위한 것이었다.[27]

그리고 통감부는 한국 거류지에 일본인 마을을 만들고 거점도시화를 추진하였다. 이것은 궁극적으로 청국을 침공하기 위해 대륙에서 군수물자를 조달하기 위한 방편이었다. 한편으로는 일본의 정책에 반대하는 의병을 폭도로 간주하고 때려잡아 공포 분위기를 조성하면서 완전한 식민지화를 추구하였다. 즉, 일본 내각은 중국 동북부 지역을 침공하기 위한 전초기지로 한국을 활용하였다. 이것은 간도 지역에 한국인을 보호한다는 명목으로 '제국관헌'을 파견하는 것을 통해 명확히 알 수 있다.

이 문서철은 제6류 공문유취(公文類聚) 제31편·메이지 40년·제10권 곤(坤)·재정 2·회계 2·임시보급(제2예비금 지출~임시군사비 지출)에 편성되어 있다. 이를 보면 특히 한국사건비와 청국주둔군비, 만주 관련 사건비 등이 모두 임시군사비에서 지출되었다는 것을 알 수 있다.

---

27 内閣,「韓国事件費ヲ第二予備金ヨリ支出ス」, 1907. 4. 19.

당시 일본 내각에서는 한국을 '보호국화'하고 청국과의 방비를 위해서도 군사비를 지출하고 있었다. 같은 문서철 안에 한국사건비와 함께 청국 관련 사건비라는 명목으로 편성되어 있으며, 군사비를 청국배상금, 임시사건 예비비와 국고잉여금으로 계상하고 있었다.

다음은 1907년 9월 17일 일왕에게 상주한 내용이다.

> 일금 13만 엔 한국사건비: 한국 간도에 통감부 출장소를 개설함에 따라 통신기관을 설비할 필요가 있다. 또한 비상경비를 위해 한국 내 각지에 군대 및 경리를 배치함에 따라, 특히 중요 지역에 특급 전기통신 기관을 개설할 필요가 있다. 한국 각지에서 폭도가 봉기하고 통신기관에 위해를 가하고 있다. 이것을 응급 복구할 방법을 강구해야 하기에 원안대로 지출할 필요가 있다.
>
> 체신대신이 한국사건에 대한 경비로 26만 6940엔을 제2예비금에서 지출해 줄 것을 청구하였다. "이 시설은 부득이 필요하나 목하 제2예비금 잔액이 얼마 남지 않았으니, 청구액 내 약 반액을 감하여 제2예비금에서 지출해 주시기 바랍니다."[28]

한편 한국 병합 직전 통감부에서 청의 형식으로, 통감부 임시기밀비를 국고잉여금으로부터 지출하는 결의를 하였다. 1910년 8월 17일 「통감부 임시기밀비를 국고잉여금으로부터 지출함(統監府臨時機密費ノ内ヲ国庫剰余金ヨリ支出ス)」이라는 문서가 바로 그것이다. 이 문서는

---

28 内閣, 「韓国事件費」, 1907. 9. 17.

내각총리부, 태정관·내각관계 제6류 공문유취 제34편·메이지 43년·제11권·재정 3·회계 3으로 편성되어 있다.[29]

결정된 사항은 다음과 같다. 596,800엔 32전 통감부 임시기밀비. 통감부에서 임시기밀비 100만 엔 예산 외 지출이 필요한바 소요액 100만 엔 가운데 403,199엔 68전은 제2예비금으로부터 지출하는 것을 상주한다. 그리고 제2예비금이 잔액이 없으므로 위의 금액은 칙재를 거쳐 국고잉여금으로부터 지출하고, 장래 예산 외 지출이 필요할 때는 역시 국고잉여금으로부터 지출하도록 한다.

의병을 진압한 한국인들에 대한 포상

우리에게는 의병이지만, 일본 내각에서는 '폭도'라 하여 만주나 한국에서 의병을 진압한 군인이나 군속, 고용인들에게 감사금을 지불하도록 조치하였다. 당시 통감부가 한국에서 행정을 하였지만, '폭도'를 진압한 사람들에 대한 포상은 일본 내각의 상훈국 소관이었다. 특히 일본 내각에서는 '폭도'를 진압하는 것을 도운 한국인들에게도 20엔에서 30엔의 사금을 지급하였는데, 죽고 나서 받은 사람이 더 많았다. 동족상잔의 비극이 시작된 시점으로서, 한국인들이 밀정 노릇 또는 통역을 해 주고 받은 목숨 값이다.

먼저, 일본 내각에서는 동학농민전쟁 때에 준하여 정미의병을 진

29 内閣,「統監府臨時機密費ノ内ヲ国庫剰余金ヨリ支出ス」, 1910. 8. 17.

압한 공무원들에게 포상을 하였다. 1907년 5월 30일 일본 내각에서는 "만주 및 한국에서 복무하는 군인, 군속 및 고용인들이 '비도(匪徒) 진압' 등 기타 위험한 업무에 종사하다 부상을 당하거나 죽었을 때, 그 유족에게 일시 사금(謝金)을 주도록 조치"하였다.[30] 기록물의 계층은 내각 총리부, 태정관 내각관계, 제6류 공문유취, 제31편·메이지 40년·제18권·경찰·행정경찰, 사사(社寺)·교규(教規)·신사(神社), 상휼·포상·은급·진휼(賑恤) 등이다.

또한 일본 내각에서는 1907년 10월 18일 '한국 폭도 진압 사건에 종사하고 공무 수행 과정에서 질병을 얻었거나 3년 이내에 사망한' 군인, 군속, 고용인들에게 사금을 주기 위해 공문을 작성하였다.[31] 그 이유는 일본 비적 진압 사건과 같이, 한국과 만주에서 복무하는 군인, 군속 및 고용직원 등이 '비도' 진압 등 기타 위험한 업무에 종사하면서 부상을 입거나 사망하였기 때문에 유족에게 사금을 수여할 필요가 있다는 것이었다. 특히 한국의 '폭도' 진압 과정에서 사상자가 다수 속출하였다고 되어 있다. 이 문서는 위와 같은 제6류 공문유취 제31편·메이지 40년에 편성되어 있으나, 제18권 경찰·행정경찰, 사사(社寺)·교규(教規)·신사(神社), 상훈에 편철되어 있다.

이 조치 후 1년 뒤인 11월 9일에는 메이지 일왕이 1907년과 1908년에 한국 의병을 진압하는 데 공로가 있는 자들을 우대하는 칙령을

30 内閣, 「満洲及韓国ニ在テ服務スル軍人軍属及雇員傭人等ニシテ匪徒鎮圧其他危険ノ業務ニ従事シ傷疾ヲ受ケ死歿シタル者ノ遺族ヘ一時賜金ヲ賜与ス」, 1907. 5. 30.

31 内閣, 「軍人軍属及雇員傭人ニシテ韓国暴徒鎮圧事件ニ従事シ公務ノ為疾病ヲ発シ三年以内ニ死歿シ」, 1907. 10. 18.

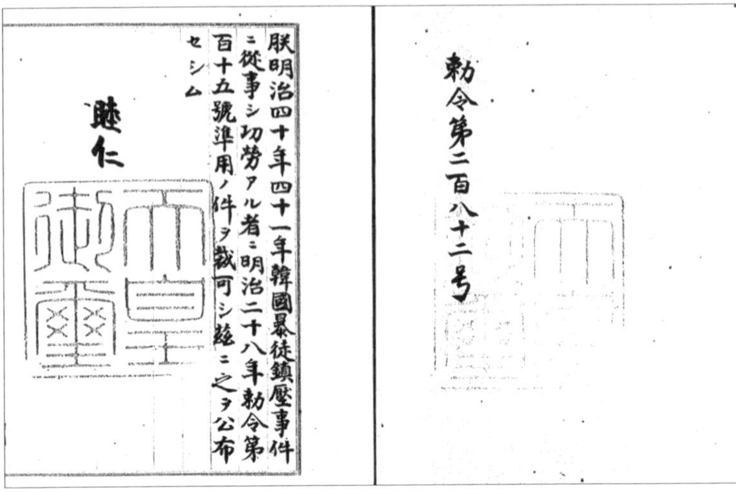

勅令第二百八十二号

朕明治四十年四十一年韓國暴徒鎮壓事件ニ從事シ功勞アル者ニ明治二十八年勅令第百十五號準用ノ件ヲ裁可シ茲ニ之ヲ公布セシム

睦仁

〈그림 4-8〉「메이지 40년 · 41년 한국 폭도 진압에 공로 있는 자 우대의 건」

최종 결재하여 발효하였다.[32] 이 칙령 문서는 어서명원본 메이지(御署名原本, 明治)에 편성되어 있다.

〈그림 4-8〉에서 보는 바와 같이, 이 칙령은 1908년(메이지 41) 제282호로 발효되었다. 무쓰히토 메이지 일왕은 "짐은 메이지 40년, 41년 한국 폭도 진압 사건에 종사하고 공로 있는 자에게 메이지 28년 칙령 제115호에 준용하는 건을 재가하고 이에 이를 공포한다."고 최종적으로 결재하였다.

위의 메이지 28년은 1895년이고, 칙령 제115호는 「전역(戦役), 사

32 内閣, 「明治四十年四十一年韓国暴徒鎮圧事件ニ従事シ功労アル者ニ明治二十八年勅令第百十五号ノ準用ノ件」, 1908. 11. 9.

변이 났을 때 공로가 있는 자에게 일시 사금을 주는 건」으로서, 어서명원본(御署名原本), 메이지 28년 칙령(勅令)에 편성되어 있다.[33] 이 공문은 해군대신 사이토 마코토가 각의에 청하는 것을 올리고, 메이지 일왕이 재가한 것이다.

그 내용은 "한국에서 폭도 진압 사건에 종사하고 공로가 있는 자에게는 별지 상장 규정에 따라 상을 내리고, 일시 사금 및 이에 필요한 경비는 '한국사건비'로서 수훈자에 속하는 연금은 일반 예에 따라 지출할 것"을 정하는 것이었다. 재원은 각 성(省)과 대장대신이 협정한 바대로 임시군사비 행상 사금 불용액에서 지출할 것을 요청하여 일왕의 결재를 받았다.

한국인 밀정과 '폭도' 진압 '공로자'

최근 드라마나 영화에 한국인 의병을 진압하는 과정에서 한국인 밀정이 등장하는데,[34] 실제로도 공문서 속에 밀정이 등장하고, 포상을 받은 것으로 기록되어 있어 주목된다.

1909년 10월 23일 소네 통감이 상신한 것을 상훈국에서 작성하여, 26일에 내각총리대신 가쓰라 타로가 일왕에게 상주한 공문이 있

---

33 內閣, 「戦役,事変ニ際シ功労アル者一時賜金ノ件」, 御署名原本·明治二十八年·勅令第百十五号, 1895.

34 이승희, 「통감부 초기 일본군헌병대가 운용한 한국인 밀정: 한국주차군(韓國駐箚軍)의 기밀비 자료에 대한 분석을 중심으로」, 『일본학연구소』 44호, 2017; 이승희, 「일제의 침략과정과 관련된 국내외 인물들에 관한 연구」, 한국연구재단 보고서.

다. 그 사례는 1908년 의병을 진압할 때 일본 내각이 고용하여 통감부에 배치한 사람들로서 한국인 통역인과 우편배달부, 특히 밀정도 포함되어 있다. 공문서 속에는 이형배가 밀정이라고 기재되어 있다. 밀정 이형배는 보병 제47연대 소속이었다. 육군대좌 이쿠타 모쿠신(生田目新, 재직 기간 1907. 2. 13.~1911. 9. 6.) 때의 일이다.[35]

이러한 사실을 알 수 있는 공문서는 1909년 10월 26일에 상훈국이 작성한 「대한국인 송경조 외 8명 사금의 건(大韓国人宋敬祚外八名へ賜金ノ件)」이다.[36] 이 문서를 분석하면 다음 표와 같이 결재 구조를 알 수 있다.

[표 4-6] 친일과 밀정 한국인의 하사금 결재문

작성일	문서 번호	내용	기안자	상위 결재자
1909. 8. 20.	기밀통발(機密統發) 제1489호	한국인 송경조 등 9명 사금의 건	소네 한국통감	상훈국 총재
1909. 10. 23.	상훈국 상전(上典) 제355호 내각서기관실 제406호	상훈국은 소네 한국 통감이 상신한 한국인 송경조 외 8명 사금의 건 결재를 청함	상훈국 총재	내각총리대신 가쓰라 타로
1909. 10. 26.	한진가(韓進加)의 6	대한국인 송경조 외 8명 사금의 건을 삼가 주청함	내각총리대신 가쓰라 타로	일왕

[표 4-6]에서 보는 바와 같이, 1909년 8월 20일 소네 한국 통감은 기밀통발 제1489호로 한국인 송경조(宋敬祚) 등 9명에게 사금을 지

35 外山操·森松俊夫編著, 『帝国陸軍編制総覧』, 芙蓉書房出版, 1987; 秦郁彦編, 『日本陸海軍総合事典』 第2版, 東京大学出版会, 2005.

36 階層行政文書 内閣·総理府 太政官·内閣関係 第一類 公文雑纂 明治42年. 第三巻·内閣三·内閣三(賞勲局二) 作成部局: 内閣, 1909. 10. 26.

급해 줄 것을 상훈국에 요청하였다. 이에 상훈국에서는 이들에 대한 조사를 시행하여 10월 23일에 내각총리에게 결재를 요청하였다.

다음은 한국인 '공적자' 명부이다.

[표 4-7] 한국인 공적자 명부

업무	하사금액	부대	성명	비고
대용 통역	25엔	한국파견기병대	송경조	
통역	25엔	한국파견기병대	손진원	
임시고용	20엔	한국주차군사령부	고운학	메이지 41년 8월 5일 사망
통역	35엔	보병 제47연대	이석여	메이지 41년 5월 17일 사망
통역	35엔	보병 제47연대	강덕일	메이지 40년 11월 7일 사망
고용인 밀정	30엔	보병 제47연대	이형배	메이지 41년 7월 17일 사망
고용인 배달부	30엔	통감부 우편국소	김재득	메이지 41년 4월 18일 사망
고용인 배달부	20엔	통감부 우편국소	정원오	메이지 41년 5월 16일 사망
고용인 배달부	20엔	통감부 우편국소	김봉룡	메이지 40년 9월 23일 사망

살아 있는 사람이 2명이고 '폭도' 진압 과정에서 이미 사망한 사람이 7명이었다. 이들은 모두 '한국 폭도 진압 사건'에 종사한 공로를 인정받아 20엔에서 35엔까지 공로금을 받았다. 상훈국 총재는 추기 사항으로, 이미 사망한 자는 사망한 날에 시행해 주도록 요청하였다.[37] 한 사람의 목숨 값이 20, 30엔에 불과하였다. 총리는 10월 26일 메이지 일왕에게 최종적으로 상주하였다. 이 문서는 내각·총리

37 内閣, 「大韓国人宋敬祚外八名へ賜金ノ件」, 1909. 10. 26. 내각 상훈국, 「대한국인 송경조 외 8명 사금의 건」, 1909. 10. 23.

부, 태정관·내각관계 제1류 공문잡찬(公文雜纂) 메이지 42년 제3권·내각3(상훈국 2)에 편성되어 있다.[38]

그해 11월 9일에는 한국 폭도 진압 사건 종사자 상사 규정 및 경비 지출 방법(韓国暴徒鎮圧事件従事者賞賜規程及経費支出方)을 내각에서 결정하였다. 이 문서는 공문유취 제32편·메이지 41년·제16권·상휼·포상·은급·진휼, 위생·인류(人類), 수축(獣畜), 원소(願訴)·소원(訴願)에 편철되어 있다.[39] 이 규정은 같은 날 칙령 제282호「메이지 40년, 41년 한국 폭도 진압 사건에 종사하고 공로 있는 자에 메이지 28년 칙령 제115호를 준용함(明治四十年四十一年韓国暴徒鎮圧事件ニ従事シ功労アル者ニ明治二十八年勅令第百十五号 準用)」으로 공포하였다.

함께 편성되어 있는 공문서를 보면, 1908년 10월 19일 한국에서와 같이 간도에 재근하는 수비 및 폭도 진압에 종사하는 자에게도 같은 포상을 하였다[40]는 것을 알 수 있다.

그리고 1908년 내각총리대신 관방 총무과에서는 칙령 제117호로「한국 폭도 진압 사건에 종사하고 공로 있는 자에게 메이지 28년 칙령 제115호에 준용하여 포상하는 건」을 작성하여 결재를 받았다. 이 기록물은 내각·총리부, 태정관·내각관계 폐포령(廃布令)(법률·칙령) 폐포령칙령·메이지 41년(하)에 편성되어 있다.

내각 총리는 위의 건을 메이지 일왕에게 상신하여「메이지 40년,

---

38 內閣, 위와 같음, 1909. 10. 23.

39 內閣,「韓国暴徒鎮圧事件従事者賞賜規程及経費支出方」, 1908. 11. 9.(公文類聚·第三十二編·明治四十一年·第十六巻·賞恤·褒賞·恩給·賑恤, 衛生·人類, 獣畜, 願訴·訴願, 1908)

40 內閣,「間島ニ在勤シ同地ノ守備及暴徒鎮圧ニ従事シタル者ニ行賞ス并該経費支出方」, 1908. 10. 19.

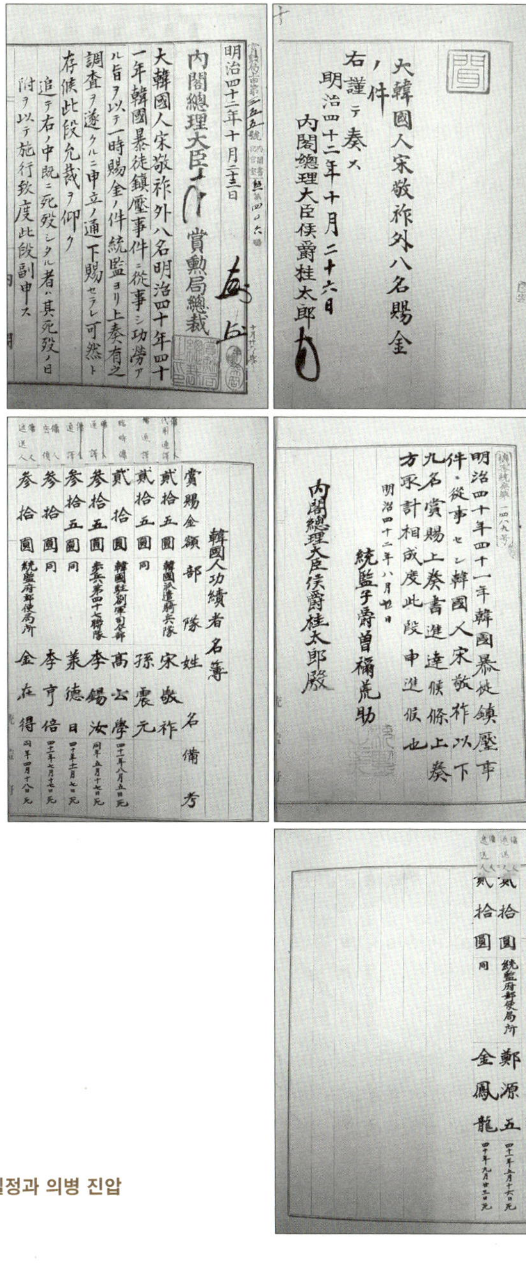

大韓國人宋敬祚外八名賜金ノ件
右謹テ奏ス
明治四十二年十月二十六日
内閣總理大臣侯爵桂太郎

明治四十二年十月二十三日
内閣總理大臣 賞勳局總裁
大韓國人宋敬祚外八名明治四十年四十一年韓國暴徒鎮壓事件ニ從事シ功勞アル旨ヲ以テ一時賜金ノ件統監ヨリ上奏有之調査ヲ遂クルニ申立ノ通下賜セラレ可然ト存候此段允裁ヲ仰ク
追テ右ノ中既ニ死歿シタル者ハ其死歿ノ日附ヲ以テ施行致度此段副申ス

明治四十年四十一年韓國暴徒鎮壓事件ニ從事セシ韓國人宋敬祚以下九名賞賜上奏書進達候條上奏方取計相成度此段申進候也
明治四十二年八月廿日
統監子爵曽禰荒助
内閣總理大臣侯爵桂太郎殿

韓國人功績者名簿

賞賜金額	部隊	姓名	備考
貳拾五圓	韓國駐箚憲兵隊	宋敬祚	
貳拾五圓	同	孫震元	
貳拾圓	韓國駐箚軍[illegible]	高[illegible]學	四十二年八月五日死
參拾五圓	步兵第四十七聯隊	李錫汝	同年五月十七日死
參拾五圓	同	姜德日	四十年十二月七日死
參拾圓	同	李亨倍	四十二年七月十七日死
參拾圓	統監府郵便局所	金在得	同年四月十八日死
貳拾圓	統監府郵便局所	鄭源五	四十二年五月十六日死
貳拾圓	同	金鳳龍	四十年九月廿三日死

〈그림 4-9〉 한국인 밀정과 의병 진압 '공로자'의 상훈

41년 한국 폭도 진압 사건에 종사하고 공로 있는 자에게 메이지 28년 칙령 제115호를 준용하는 건(明治四十年四十一年韓国暴徒鎮圧事件ニ従事シ功労アル者ニ明治二十八年勅令第百十五号準用ノ件)」을 최종 결재 받았다. 이 문서는 같은 내각·총리부, 태정관·내각관계지만, 일왕이 결재한 문서이기 때문에 어서명원본(메이지 편)에 편성되어 있다.

이처럼 일본 내각과 일왕은 한국에서 의병을 진압하기 위해 통감 군사정치체제를 만들고, 한국인 밀정과 진압 공로자들을 포상하여 자기 편으로 끌어들였다. 이에 대한 공문서는 일본 내각 총리가 생산한 공문유취·상휼·포상·은급·진휼 시리즈와, 일왕이 생산한 어서명원본 시리즈에 편성되어 있다.

'남한 폭도 대토벌' 작전과 한국 강제 '병합'

일본 정부는 의병들을 초토화시키고 한국을 강제 '병합'할 준비를 하였다. 1909년 8월 24일 통감 자작 소네 아라스케는 '남한 대토벌' 작전을 수행하여 한국인 의병들을 전멸시키고, 내각총리에게 다음과 같이 상황을 보고하고 있다.

> 한국의 폭도를 토벌하고 한편으로 귀순하라고 권유하여 날이 갈수록 진정되어 간다. 그렇지만 여러 방면에서 압박을 받고 있는 잔당들은 작년 말부터 전라도에 집합하여 아주 흉포해지고 있다. 토벌대는 계속 강렬하게 공격하여 쉽게 전멸시키기에 이르렀다. 진압은

> 본년 6월 대명을 받고, 폭도 소탕을 위해 대토벌 작전을 계획하고, 육상에서는 주차군, 헌병대 및 경찰관, 해상에서는 제11함대 및 한국 정부의 경비선 석유발동기정 등 육해군이 서로 협력하였다. 아래 순서대로 9월 1일부터 계획대로 실시하게 되었음을 양지해 주시기 바란다. 통감 자작 소네 아라스케.

이 공문서철에는 통감부에서 메이지 41년 중에 시행 또는 계획하고 있는 주요한 사무의 개요 조서가 들어 있으며, 군부 폐지 발포에 관한 군인 동정에 대하여 와카바야시 경시총감으로부터의 보고, 평안남도 내에서의 협약 체결에 대한 민정 보고, 경부선 이원 정차장 습격을 받은 건물 소실에 대한 철도청장 보고의 건 등이 함께 편성되어 있다.

그리고 「한국 폭도 토벌에 관한 건」은 한국 의병을 학살하도록 할 때 드는 제 경비를 처리하기 위해 작성한 문서이다. 회계검사원이 1909년 8월 31일 내각총리에게 보고한 공문으로서, 기록물 계층은 다음과 같다.

[표 4-8] 내각이 작성한 「한국 폭도 토벌에 관한 건」의 계층

계층	내역
그룹명	내각·총리부
시리즈명/ 서브 시리즈명	태정관·내각관계 제1류 공문잡찬(公文雑纂)·메이지 42년
기록물철	제19권·통감부1(회계검사원)
건명	한국 폭도 토벌에 관한 건(韓国暴徒討伐ニ関スル件)

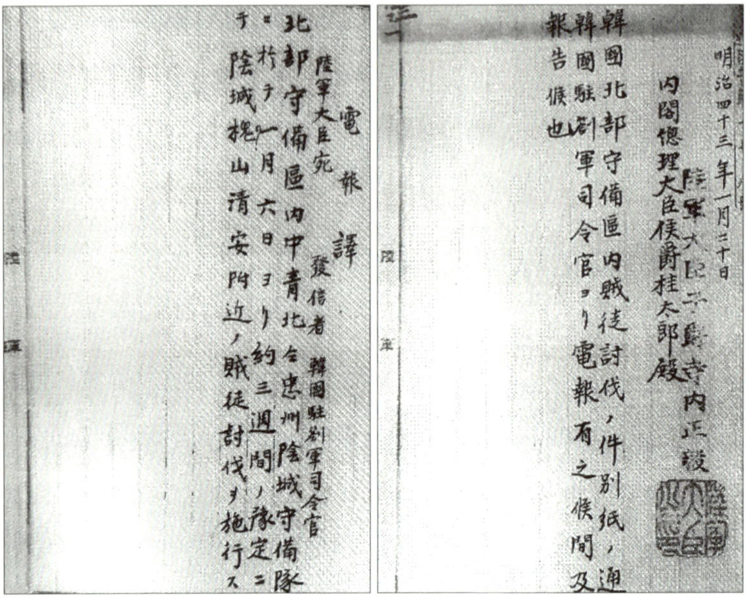
明治四十三年一月二十日
陸軍大臣 寺内正毅
内閣總理大臣侯爵桂太郎殿
韓國北部守備區内賊徒討伐ノ件別紙ノ通
韓國駐劄軍司令官ヨリ電報有之候間及
報告候也

電報譯
發信者 韓國駐劄軍司令官
陸軍大臣宛
北部守備區内中青北仝忠州陰城守備隊
ニ於テ一月六日ヨリ約三週間ノ豫定ニ
テ陰城槐山清安附近ノ賊徒討伐ヲ施行ス

〈그림 4-10〉 한국 의병 진압을 위한 상부 보고 라인

한국주차군사령관 소네 아라스케 → 육군대신 데라우치 마사다케(전보) → 내각총리 가쓰라 타로(보고)

또한 공문잡찬에는 해마다 한국 의병을 토벌한 기록이 편성되어 있다. 〈그림 4-10〉의 공문서는 보고 루트를 알 수 있는 것으로서, 의병을 폭도로 몰아 진압한 것은 한국주차군사령부지만, 그 위에 육군대신과 내각총리가 있었음을 알 수 있다. 「한국 북부 수비구 내 도적떼 토벌의 건」으로서, 1910년 1월 20일 육군대신 데라우치 마사다케가 한국주차군사령관에게 전보를 받고, 내각총리 가쓰라 타로에게 보고한 것이다.[41] 이를 통해 한국주차군사령관-육군대신-내

41 내각, 「한국 북부 수비구 내 도적떼[賊徒] 토벌의 건」, 1910. 1. 20.(공문잡찬, 메이지 43년

각총리 순으로 상부에 보고되었음을 알 수 있다. 이 기록은 공문잡찬, 메이지 43년, 제17권 육군성·해군성 편에 분류되어 있다.

'남한 폭도 대토벌' 대책 이후 일본 내각에서는 1909년부터 1911년에 걸쳐, 청일전쟁 기간 동안 동학농민군을 진압하면서 사망하거나 상해를 입은 군인, 군속, 고용인들도 그 공헌을 인정하여 상훈처에서 포상을 하도록 재가하였다. 그 기록물은 각종 재가서·메이지 37, 38년 전역상공(戰役賞功) 재가서·한국 폭도 진압 사건 권1부터 권8까지이며, 내각·총리부, 태정관·내각관계, 제10류 각종 재가서(裁可書) 한국 폭도 진압 사건(韓国暴徒鎮圧事件)에 편성되었다.[42]

이상에서 살펴본 바와 같이 일본 내각과 일왕의 결재 구조에 따라 의병들은 막대한 피해를 입었다. 1907년부터 1911년까지 의병전쟁의 양상을 의병의 규모와 피해 규모로 살펴보면 다음과 같다.

[표 4-9] 의병전쟁의 양상

연도	의병의 규모			의병의 피해 규모		
	전투 횟수	참여 의병 수	평균 참여 인원	전사	부상	포로
1907*	323	44,116	136	3,627	1,492	139
1908	1,451	69,832	48	11,562	1,719	1,417
1909	898	25,763	29	2,374	435	329
1910	147	1,891	13	125	54	48
1911**	33	216	6	9	6	61

출전: 朝鮮暴徒討伐誌(附表), 朝鮮史硏究會 井上秀雄編, 세미나 日朝關係史, 櫻楓社, 1969.
비고: * 8~12월, ** 1~6월은 통년의 통계

제17권 육군성, 해군성)

42 문서철명은 각종 재가서·메이지 37, 38년 전역상공재가서(戰役賞功裁可書)·한국 폭도 진압 사건 권1부터 권8까지이다. 권1부터 권7까지는 1909년에 작성되었으며, 권8은 1909년에서 1911년까지 작성되었다.

[표 4-9]에서 보는 바와 같이, 일본군이 작성한 조선폭도토벌지에 따르면, 1907년부터 1911년까지 수많은 의병전쟁이 일어났고 엄청나게 많은 의병들이 전쟁에 참여하였다. 1908년 1,451회, 69,832명으로 가장 많은 전투에 가장 많은 의병이 참여하였다. 국가의 운명이 풍전등화에 빠졌다는 판단하에 많은 의병들이 전투에 나선 것이다. 따라서 5년 동안 17,697명이 전사하였고 3,706명이 부상당하였으며 1,994명이 포로가 되었다.

결국, 일본 내각은 통감부와 이사청 관제를 통해 한국 정부를 무력화시켰고, 통감에게 군 통수권을 주어 한국주차군사령부와 헌병을 전면에 배치하도록 함으로써 의병을 완전히 진압할 수 있는 체제를 갖추었다. 이로 인해 한국 정부는 주권을 잃어 갔고, 한국 의병들은 만주나 해외로 떠나 버리거나 지하활동으로 침잠하게 되었다.

마지막까지 싸우던 의병이 진압되고 1910년 8월 29일 한국은 일본 정부에 강제 '병합' 당하였다. 이처럼 의병전쟁 진압을 위한 상위레벨의 결재는 일본 내각과 메이지 일왕이 수행하였으며, 상위기관에서는 의병을 진압하기 위한 관제나 예산, 인사를 결정하였다. 그 기록물은 모두 일본의 국립공문서관에 보존되어 있으며, 국내에 있는 통감부 기록은 모두 이 결정들을 시행하는 것과 관련된 문서이다.

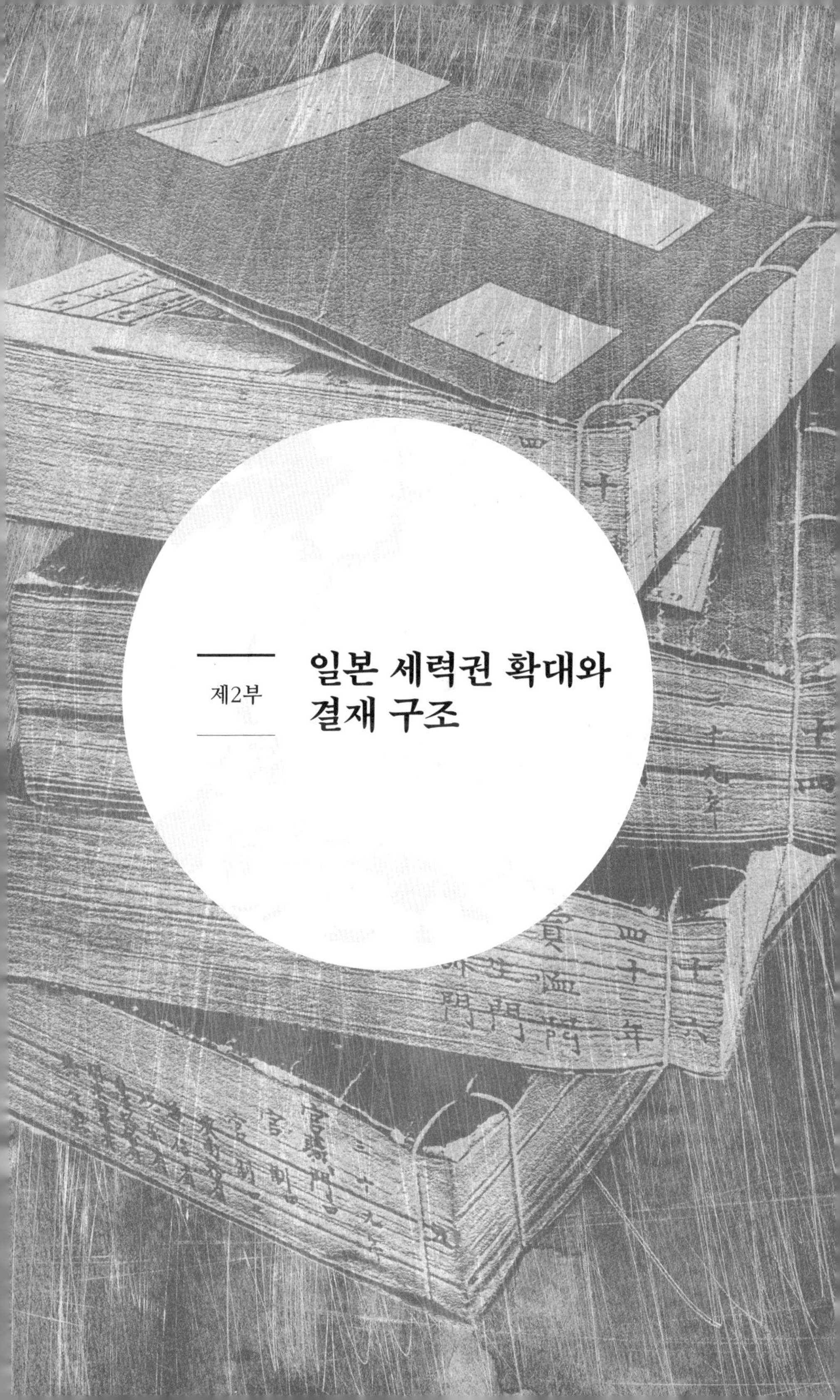

제2부

일본 세력권 확대와 결재 구조

제5장

제국과 식민지의 행정 문서 분산 구조

식민지를 겪은 나라의 기록은 대체로 전쟁으로 불타거나 귀환 등으로 없어지거나 산일(散逸)되고 만다는 인식이 일반적이다.[1] 한반도의 경우도 식민지하에서 아시아태평양전쟁 참전, 일본인의 본국 귀환, 미국 및 소련에 의한 한반도 지배, 남북분단, 한국전쟁이라는 일련의 역사적 과정에서 조선총독부 기록이 상당 부분 폐기되거나 산일되고 말았다.

일본 정부는 1910년 8월 한국을 강제 병합한 이후, 조선에 식민지 행정 기관인 조선총독부를 설치했다. 1945년 8월 아시아태평양전쟁 패전 전까지 조선총독부가 직접 작성한 기록은 현재 한국 국가기

1 아시아에서 식민지 기록의 실태와 폐기 등에 대한 다음 논문을 참조. 加藤聖文, 「敗戦と公文書廃棄-植民地·占領地における実態」, 『史料館研究紀要』 38号, 2002; 加藤聖文, 「喪われた記録-戦時下の公文書廃棄」, 『国文学研究資料館紀要』 アーカイブズ研究編, 第1号, 2005; 「식민지관청에서의 문서관리제도-타이완총독부의 보존·폐기·인계」, 한국국가기록원 편, 『기록사관리와 근대』, 서울, 2005; 安藤正人, 『アジアのアーカイブズと日本-記録を守り記憶を伝える』, 岩田書院, 2009.

록원이 보존·관리하고 있다. 이 기록은 36년간에 이르는 일본 제국의 조선 지배 기간 동안 조선총독부가 작성한 문서로, 한국이 미 군정으로부터 인계받은 기록은 문서류 약 1만 5천 권, 지적·임야원도 850,000매 등에 불과했다.[2] 이후 정부기록보존소(2004년부터 국가기록원으로 명칭 변경)가 지방자치 기관, 학교 등에 있는 총독부 기록을 추가 수집하여 약 40,500권(현재 약 200만 건으로 환산)을 관리하고 있다.

현재 국가기록원에서는 이것을 조선총독부 기록군으로 별도 관리하고 있으며,[3] 주로 법무·농림·사계(司計)·노무·지방 행정·학무·이재·경무 등 기능별로 분류하고 있다. 이 기록군은 등록, 평가, MF화, 스캐너 작업을 거쳐 거의 모든 자료를 일반에게 공개하고 있으며, 개인정보를 포함하고 있는 자료는 부분공개하고 있다. 또한 국가기록원에서는 2000년부터 해제집을 계속 간행하고 있고, 한국국가기록연구원과의 연구프로젝트사업도 진행하여 조선총독부 기록물을 체계적으로 관리하고 있다.

조선총독부 기록에 관한 연구도 다양하게 진행되어 왔다. 주요한 연구는 조선총독부 기록의 보존·관리 상황, 기록물 평가·정리, 조선총독부의 기구 등에 관한 것이다.

---

2 이 장에서 사용하는 '조선총독부 기록'이라는 표현은 주로 조선총독부가 작성한 문서·도면·시청각자료를 가리킨다. 당시 조선총독부 기록군의 정식 명칭은 '조선총독부공문식'이다.(『朝鮮總督府官報』 제29호, 1910. 10. 1.) 하지만 제국과 식민지의 상하 결재 시스템에 의해, 조선총독부는 법령·예산·인사의 결정권이 없었기 때문에 이와 관련한 최종 결재 문서가 없다. 따라서 일본 제국 정부가 작성한 기록을 '조선총독부 기록군'에 포함하여 취급할 필요가 있다. 이 점에 대해서는 차후 상세한 검토와 논의가 필요하다.

3 기록군의 명칭은 '일제시대기록', '일정시대기록', '왜정시대기록' 등으로 사용하였지만, 최근에는 '조선총독부 기록물'로 바꾸어 계속 사용하고 있다.

첫째, 조선총독부 기록의 보존에 관한 연구는 한국 국가기록원의 소장 현황 조사(주로 국가기록원 및 한국국가기록연구원의 연구원이 행하였다)가 진행되었으며, 일본과 해외에 분산 보존되어 있는 총독부 기록은 국문학연구자료관 아카이브즈 연구계와 가쿠슈인(学習院)대학 안도 마사히토(安藤正人) 팀에서 조사하여 왔다.[4] 거기서 공통적으로 지적하고 있는 것은 조선총독부 기록이 전체의 극히 일부만 남아 있으며, 그나마도 체계적으로 남아 있지 않다는 것이다.

둘째, 기록의 평가·분류, 정리시스템에 대한 연구이다.[5] 조선총독부 기록은 유(類)-절(節)-목(目)으로 분류되어 있는데, 원본 출처 중심의 기록관리시스템 개발 연구, 불균형 잔존 기록의 평가·분석 방법에 대한 연구가 있다.[6] 연구주체로는 한국 국가기록연구원이 있고, 국가기록원의 업무로서도 적극적으로 연구되어 왔다. 기록원의 경우는 연구 활동에 그치지 않고 시스템을 직접 개발하여 사용하고 있

---

4 이승일, 「조선총독부공문서제도-기안에서 성책까지의 과정을 중심으로」, 『기록학연구』 9, 한국기록학회, 2004; 이승일, 「조선총독부공문서를 통한 식민지배의 양상」, 『사회와 역사』 71, 한국사회사학회, 2006; 김도형, 「일제하 총독부 박물관 문서와 관리체계」, 『기록학연구』 3, 2001; 여박동, 「조선총독부중추원 조직과 조사편판사업에 관한 연구」, 『일본학년보』 제4집, 국문학연구자료관보고서; 加藤聖文, 위의 논문, 2002; 安藤正人, 『日韓近現代歴史資料の共用化のために — ア-カイブズ学からの接近』, 国文学資料館, 2005; 박성진·이승일, 『조선총독부공문서-일제시기 기록관리와 식민지배』, 역사비평사, 2007.

5 설문원, 「조선총독부 기록물을 위한 기능분류체계개발연구」, 『정보관리학회지』 제20권 제1호, 2003; 박성진, 「일제하 조선총독부의 공문서 분류방식」, 『기록학연구』 5, 한국국가기록연구원, 2002; 배성준, 「조선총독부 공문서 분류체계의 복원」, 『기록학연구』 9, 2004; 지수걸·김익한·설문원·김정인, 『조선총독부 공문서의 분류기술방법론』, 한국국가기록원, 2004; 이승일, 「국가기록원소장, 조선총독부 법무문서군의 분류방안」, 『서지학연구』 제35집, 2006; 한국국가기록연구원, 『조선총독부의 도시계획기록의 이해』, 진리탐구, 2008; 한국국가기록연구원, 『조선총독부 도시계획 공문서와 기록 평가론』, 진리탐구, 2008.

6 김익한, 「불균형 잔존 행정기록의 평가방법시론-조선총독부 공문서의 평가절차론 수립을 위하여」, 『기록학연구』 13, 한국국가기록연구원, 2006.

다. 정리언어는 주로 한국어로서, 원문을 스캐닝하여 제공하고 있으며, 한문이나 일본어도 사용할 수 있는 환경으로 개발하였다.

셋째, 조선총독부의 기구에 관한 연구이다.[7] 조선총독부 초기 형성기와 전시(戰時) 조직개편기에 대한 연구가 있다. 또한 도시계획 등의 특정 업무에 대한 분석이 있지만 연구는 주로 한반도에 한정되어 있다.

이 같은 선행연구에 의해 조선총독부의 기구 조직, 기록의 평가, 정리방법의 개발 등은 명확해졌다. 또한 조선총독부 기록이 불균형하게 잔존해 있는 상황도 밝혀졌다. 그러나 한국에서 기록학 분야의 연구는 주로 한국에 보존되어 있는 국가기록원의 총독부 기록을 중심으로 일국사적으로 고찰해 왔다.

그런데 국가기록원이 소장하고 있는 조선총독부 기록군을 구체적으로 조사해 보면, 법령·예산·인사에 대한 최종 결재 문서가 존재하지 않는다는 것을 알 수 있다. 왜 이러한 상황이 되었을까. 총독부 기록의 불균형 잔존에 대해서 이경용은 '상위 레벨의 정리규칙 문서를 발견할 수 없었다.'[8]라고 기술하고 있고, 이승일은 조선기류령 연구를 통해 '제령은 일본 정부가 최종 결정한다.'[9]라고 지적하고 있지

7 이송순, 「조선총독부 도시계획의 정책변화와 기구 구성」, 한국국가기록연구원 심포지움 발표문, 2006; 배성준, 『조선총독부 조직 구조와 분류체계연구』, 한국국가기록연구원, 2004.

8 이경용, 「조선총독부 기록관리제도」, 『기록학연구』 10, 2004, p. 237, 주 46.

9 박성진·이승일, 『조선총독부공문서-일제시기 기록관리와 식민지배』, 역사비평사, 2007, 제4부 제1장 조선총독부 공문서로부터 본 식민지 지배의 양상 참조. 이승일은 조선총독부의 조선기류령 제령(1942년)의 결재 과정을 해명하였다. 주로 한국의 국가기록원에 보존되어 있는 조선총독부의 자료를 활용하여, 결재의 흐름을 중심으로 조선총독의 권한의 강력함에 대하여 고찰하고 있다. 하지만 총독이 상주한 제령 초안이 일본 내각에서 어떤 결재 루트를 거치는지에 대해서는 밝히고 있지 않다.

만 구체적인 사례를 제시하지 못하고 있다.

이러한 의문에 기초하여, 일본의 국립공문서관에 소장되어 있는 조선총독부 관련 자료를 조사해 보았다. 국립공문서관에는 일본의 식민지 지배 기록, 즉 조선총독부 기록이 상당히 많이 보존되어 있기 때문이다. 국립공문서관 검색시스템에서 검색해 보면, 총독부와 관련한 기록이 약 2만 건 넘게 나온다. 이것은 거의 대부분 일본 내각이 작성하여 일왕과 내각총리가 서명한 결재 기록이다. 주로 '공문유취', '어서명원본' 등에 편성 보존되어 있다. 이처럼 한국과 일본에 조선총독부 기록이 분산 보존되어 있다. 왜 이 같은 상황이 되었을까. 각 기관이 소장하고 있는 기록군은 어떠한 관련 구조를 가지고 있는 것인가.

이 장에서는 이러한 의문을 풀기 위하여 조선과 일본에서 행해진 중층적 결재 구조에 주목하고자 한다. 이러한 결재 구조는 통감부에서부터 시작되었으나, 완전한 식민지가 되고 나서 보다 체계적이고 확대된 형태로 전환되었다. 대상은 조선에서는 조선총독부, 일본에서는 조선총독부 도쿄출장소(朝鮮総督府 東京出張所)·일본 내각·일왕이 될 것이다. 이 기관에서는 어떠한 절차를 통해 기록물이 생산되는지, 각각 어떻게 계층화되어 보존되어 있는지 살펴봄으로써 의문을 해소해 나가고자 한다.

다만, 이 장에서는 한반도의 운명을 둘러싼 열강의 조약 체결 배경, 조선총독·일본 내각총리·일왕 등 제국과 식민지 간의 중층적 결재에 대한 전반적인 상황을 살펴본다. 그 구체적인 사례에 대해서는 제6장 산림 지배 기록을 중심으로 고찰하고자 한다.

우선 일본 정부는 대한제국을 완전히 식민지화하기 위해 청일전쟁과 러일전쟁에서 승리하여 청국과 러시아를 눌렀고, 영국과 미국의 밀약으로 침묵을 유도하였다. 그러므로 이 시기를 연구하기 위해서는, 조선총독부가 직접 생산한 기록은 아니지만, 당시 한반도를 둘러싼 열강의 조약 관련 기록물을 반드시 검토해야 한다. 한국 강제 '병합'을 둘러싼 열강의 결재와 한반도의 운명의 관계를 살펴보면 다음과 같다.

1910년 8월 29일 일본 정부는 대한제국을 강제 '병합'하였다. 순종이 직접 서명하지 않은 상태로,[10] 일본 내각과 일왕이 최종 서명한 「한국병합에 관한 건」이라는 공문서에 기초하여 통감 데라우치와 총리대신 이완용이 한국을 '병합'하는 조약을 체결하였다.

일본 정부는 순종을 일왕 아래 '공족(公族)'으로 위치 지우고, 이왕가(李王家) 재산을 일본인이 관리하도록 조치하였다. 일본은 한국을 식민지화하면서 이것이 양국의 '병합'임을 강조하고 있다. '병합'이라는 용어를 사용하여 형식적으로는 합법적이고 대등한 관계인 것처럼 보이지만, 내용을 들여다보면 결코 그렇지 않으며 힘에 의한 강제적인 침탈이라는 것을 알 수 있다. 그들이 조선을 강탈했다는 것은 순종과 일왕이 함께 직접 서명한 공문서가 없다는 사실과 조약

10 한국'병합'을 둘러싸고 양국 국왕이 서명한 문서가 없기 때문에 조약 성립 여부와 일본의 한국 지배에 대한 불법성을 둘러싼 연구가 진행되고 있다. 자세한 것은 이태진 편저, 『한국병합, 성립하지 않았다』, 태학사, 2001 참조.

체결 이후 목숨을 건 의병투쟁, 양심 있는 관리들의 자결, 일반 민중들의 격렬한 저항이 있었다는 것을 봐도 명백하다.

조슈벌(長州閥)의 대표적인 육사 출신, 제3대 통감 데라우치 마사다케는 한국을 식민지로 만든 그날 밤 '도요토미 히데요시가 중도 포기한 조선 정벌을 마침내 해냈다.'라고 노래했다고 한다.

어떻게 몇 천 년, 적어도 500년 동안 이어 오던 국가가 전쟁 한번 없이 일본에 넘어갈 수 있었을까. 그것은 조선이 자국을 둘러싼 열강의 이권쟁탈전의 희생양이 되었다는 이유도 있지만, 위정자의 실책, 즉 고종과 그 집권세력의 실책이 무엇보다도 중요한 요인일 것이다. 특히 청일전쟁 이후 일본 정부는 고문정치(顧問政治)와 일본식 기록관리 체계를 이식시켜 슬금슬금, 때로는 매와 같이 날카롭게 한국의 행정부를 장악해 갔다.

무엇보다도 열강의 식민지 상호 인정에 대한 비밀 합의와 군사적 무력에 의한 일본의 행정적 장악력이 주효했다고 할 수 있다. 일본의 군사적 무력이 강했던 이유는 사쓰마벌(薩摩閥)과 조슈벌 출신의 무사들이 메이지 유신을 성공시키고, 군벌이 정권을 좌지우지하였기 때문이다. 한국을 장악하고 일본을 이른바 근대 국가로 만들어 낸 이토 히로부미, 데라우치 마사다케, 야마가타 아리토모, 소네 아라스케, 하세가와 요시미치 등은 모두 야마구치 조슈벌 출신이다.

일본 정부는 청일전쟁에서 승리하여 시모노세키 조약을 맺으면서, 타이완과 가라후토(사할린)를 얻고 청국과 대한제국의 조공관계를 약화시켰다. 또한 러일전쟁에서 승리하여, 러시아의 외몽골에 대한 지배를 인정하는 대신 청국 요동반도와 한국에 대한 지배를 인정받았

[표 5-1] 한국 식민지화를 위한 열강의 국제조약

연도	국가	내용	국제조약
1894 ~1895	일본-청국	청일전쟁, 타이완·가라후토·요동반도의 식민지화	시모노세키 조약 (청일강화조약)
1895	일본-러·독·프	4월 26일 일본의 요동반도 영유 반대	삼국 간섭
1895	**일본-한국**	**명성왕후 시해**	**비밀 사건**
1904 ~1905	일본-러시아	러일전쟁, 대한제국의 '보호국화'	러일 1차 조약 (포츠머스 조약)
1905	**일본-한국**	**외교권 박탈, 통감부 이사청 설치, 사무와 기록 통제**	**제1차 한일협약**
1907	일본-러시아	러시아 외몽골 지배, 일본의 한국 탈취 인정	러일 2차 조약
1907	**일본-한국**	**사법권 박탈, 군사권 박탈**	**제2차 한일협약**
1908	일본-영국	영국은 인도·중국, 일본은 한국 지배	제2차 영일동맹
1908	일본-미국	미국은 필리핀, 일본은 한국·중국 지배	가쓰라-태프트 조약
1909	**일본-한국**	**경찰권 박탈**	**제3차 한일협약**
1910	**일본-한국**	**한국 강제 '병합'**	**한국병합에 관한 건**

* 일본과 한국 사이에 조약을 맺기 전 열강이 국제조약을 먼저 맺음.
* 강조 글씨는 한국-일본 간의 중요 사건임.

다. 영국과 영일동맹을 맺어 영국의 인도·청국 지배를 지원하고, 미국과는 가쓰라-태프트(Taft-katsura agreement) 밀약을 통해 미국의 필리핀 지배를 인정하는 등 열강의 식민지 상호 인정에 대한 비밀 조약들이 한국 정부 몰래 추진되었다. 이것을 정리하면 [표 5-1]과 같다.

표에서 보는 바와 같이, 일본은 한국과 협약을 맺기 전에 항상 영국, 미국, 러시아, 프랑스, 독일 등과 조약을 맺었다. 일본 내각은 영국의 비호하에 청일전쟁을 일으켜 타이완과 가라후토를 식민지로 만들고, 영국·미국과의 밀약으로 러일전쟁을 일으켜 한국을 점령하였다. 영국의 식민지 지배 형식과는 달리 한국 조계(거류지)에는 일본인 시가지와 군사기지를 만들어 요새화하였으며, 통감부와 이사청을 설치하여 대한제국의 모든 행정 기록을 통제하였다. 일본 정부는 표면적으로 한국의 '보호국'이라 하면서 실질적으로는 외교권·사법권·경찰권까지 박탈할 수 있었다. 이 때문에 한국을 강제 병합하기 전에 대한제국 정부의 기능은 거의 마비상태가 되었다.

한편 한국을 식민지화하기 위하여 조슈벌 출신 가쓰라 타로 내각에서는 이토 통감을 설득하고 영토를 완전히 뺏은 후 어떻게 할지 계획하는 등 약 1년 반 동안 준비하였다. 그것은 남한 의병 대토벌 작전을 벌여 의병의 씨를 말리던 바로 그때였다. 일본 내에서도 '대역사건'이 발생하여 일왕의 군국주의화에 반대하는 사회주의자를 처단하던 바로 그때이기도 하다.

이처럼 제국주의 열강의 식민지를 둘러싼 이권쟁탈 속에서 일본은 한국을 강제로 식민지화할 수 있었다. 이에 따라 이 시기 대한제국과 통감부에 대한 결재 구조도 다층적일 수밖에 없다. 그러므로 약소국의 운명은 제국주의 열강의 대통령이나 왕들의 중층적인 결재에 의해 결정된다는 것을 뚜렷이 알 수 있다.

조선을 지배한 일본총리와 일왕

1910년 9월부터 조선총독부는 여러 가지 정책을 실시하였는데, 이는 통감부를 계승하고 확대 개편한 것이었다. 이 모든 것은 일본 내각과 일왕이 결정한 사항이었다. 일본 내각은 1885년 12월 22일 제1차 이토 히로부미 내각이 성립한 지 25년 만에 한반도를 지배하였는데,[11] 대한제국을 멸망시킨 1910년 8월부터 1945년 8월까지 식민지 지배에 대한 중층적 결재 라인에 있었던 일본 내각과 조선총독, 정무총감을 보면 [표 5-2]와 같다.

이 표를 토대로 조선총독을 조사해 보면, 조선총독은 해군대장이었던 사이토 마코토(齋藤實)를 제외하고 모두 육군대장 출신으로, 모두 군부 출신이라는 것을 알 수 있다. 그리고 조선총독을 역임하면 일본 내각총리로 영전하는 코스가 되었다. 데라우치 마사다케와 사이토 마코토, 고이소 구니아키는 조선총독을 역임한 뒤 바로 일본 내각총리가 되었다.

심지어 아베 신코는 36대 내각총리를 지내고 4년 뒤 조선총독으로 부임하기도 하였다. 초대 한국통감 이토 히로부미는 일본 내각 초대 수상이자 3번이나 내각 수장을 역임한 인물이다. 그만큼 식민지 조선 지배가 일본에서 정권을 유지하는 데 중요한 요인으로 작용하였다는 것을 말해 준다. 바꿔 말하면 당시 정권을 쥐고 있던 조슈벌 권력을 유지하기 위해 제국과 식민지의 요직을 절대 놓치지 않으려고 했다.

1932년 5월 26일까지 역임한 29대 이누카이 쓰요시(犬養毅)까지는 일부를 제외하고 모두 입헌정우회(立憲政友會)가 권력의 중심에 있었다. 이후 30대 사이토 마코토 내각부터 해방될 때까지 거국일치내각

11 제1차 이토 히로부미 내각의 설치 근거는 메이지 18년 태정관 달제 69호(明治18年太政官達第69号) 및 내각 직권(職權)이다.(1885. 12. 22.)

[표 5-2] 역대 일왕 내각, 조선총독 및 정무총감

<table>
<tr><th>일왕
(내각 대수)</th><th>내각</th><th>조선총독</th><th>정무총감</th></tr>
<tr><td rowspan="2">메이지
(明治)
1~14대
내각</td><td>13대 제2차 桂太郎
1908. 7. 14.~1911. 8. 30.</td><td rowspan="5">1대 寺内正毅
1910. 10. 1.~1916. 10. 14.</td><td rowspan="6">山縣伊三郎
1910. 10. 1.~1919. 8. 12.</td></tr>
<tr><td>14대 제2차 西園寺公望
1911. 8. 30.~1912. 12. 21.</td></tr>
<tr><td rowspan="10">다이쇼
(大正)
15~24대
내각</td><td>15대 제3차 桂太郎
1912. 12. 21.~1913. 2. 20.</td></tr>
<tr><td>16대 제1차 山本權兵衞
1913. 2. 20.~1914. 4. 16.</td></tr>
<tr><td>17대 제2차 大隈重信
1914. 4. 16.~1916. 10. 9.</td></tr>
<tr><td>18대 寺内正毅 1916. 10. 9.~1918. 9. 29.</td><td>2대 長谷川好道
1916. 10. 14.~1919. 8. 12.</td></tr>
<tr><td>19대 原敬 1918. 9. 29.~1921. 11. 13.</td><td rowspan="7">3대 齋藤實
1919. 8. 13.~1927. 12. 10.</td><td rowspan="2">水野錬太郎
1919. 8. 12.~1922. 6. 12.</td></tr>
<tr><td>20대 高橋是清 1921. 11. 13.~1922. 6. 12.</td></tr>
<tr><td>21대 加藤友三郎 1922. 6. 12.~1923. 9. 2.</td><td rowspan="2">有吉忠一
1922. 6. 12.~1924. 7. 4.</td></tr>
<tr><td>22대 제2차 山本權兵衞 1923. 9. 2.~1924. 1. 7.</td></tr>
<tr><td>23대 清浦奎吾 1924. 1. 7.~1924. 6. 11.</td><td>下岡忠治
1924. 7. 4.~1925. 11. 22.</td></tr>
<tr><td>24대 加藤高明 1924. 6. 11.~1925. 8. 2.</td><td rowspan="2">湯浅倉平
1925. 11. 22.~1927. 12. 23.</td></tr>
<tr><td rowspan="19">쇼와
(昭和)
25대 내각
~</td><td>25대 若槻禮次郎 1926. 1. 30.~1927. 4. 20.</td></tr>
<tr><td>26대 田中義一 1927. 4. 20.~1929. 7. 2.</td><td>4대 임시 宇垣一成
1927. 4. 15.~1927. 10. 1.</td><td>池上四郎
1927. 12. 23.~1929. 4. 4.
(2개월 결원)</td></tr>
<tr><td>27대 濱口雄幸 1929. 7. 2.~1931. 4. 14.</td><td>5대 山梨半造 1927. 12. 10.~1929. 8. 17.
6대 齋藤實 1929. 8. 17.~1931. 8. 5.</td><td>児玉秀雄
1929. 6. 21.~1931. 6. 19.</td></tr>
<tr><td>28내 若槻禮次郎 1931. 4. 14.~1931. 12. 13.</td><td rowspan="5">7대 宇垣一成 1931. 6. 17.~1936. 8. 5.</td><td rowspan="5">今井田清徳
1931. 6. 19.~1936. 8. 5.</td></tr>
<tr><td>29대 犬養毅 1931. 12. 13.~1932. 5. 26.</td></tr>
<tr><td>30대 齋藤實 1932. 5. 26.~1934. 7. 8.</td></tr>
<tr><td>31대 岡田啓介 1934. 7. 8.~1936. 3. 9.</td></tr>
<tr><td>32대 廣田弘毅 1936. 3. 9.~1937. 2. 2.</td></tr>
<tr><td>33대 林銑十郎 1937. 2. 2.~1937. 6. 4.</td><td rowspan="7">8대 南次郎 1936. 8. 5.~1942. 5. 29.</td><td rowspan="7">大野緑一郎
1936. 8. 5.~1942. 5. 29.</td></tr>
<tr><td>34대 제1차 近衛文麿 1937. 6. 4.~1939. 1. 5.</td></tr>
<tr><td>35대 平沼騏一郎 1939. 1. 5.~1939. 8. 30.</td></tr>
<tr><td>36대 阿部信行 1939. 8. 30.~1940. 1. 16.</td></tr>
<tr><td>37대 米内光政 1940. 1. 16.~1940. 7. 22.</td></tr>
<tr><td>38대 제2차 近衛文麿 1940. 7. 22.~1941. 7. 18.</td></tr>
<tr><td>39대 제3차 近衛文麿 1941. 7. 18.~1941. 10. 18.</td></tr>
<tr><td>40대 東條英機 1941. 10. 18.~1944. 7. 22.</td><td>9대 小磯國昭 1942. 5. 29.~1944. 7. 22.</td><td>田中武雄
1942. 5. 29.~1944. 7. 24.</td></tr>
<tr><td>41대 小磯國昭 1944. 7. 22.~1945. 4. 7.</td><td rowspan="3">10대 阿部信行 1944. 7. 24.~1945. 9. 28.</td><td rowspan="3">遠藤柳作
1944. 7. 24.~1945. 10. 24.</td></tr>
<tr><td>42대 鈴木貫太郎 1945. 4. 7.~1945. 8. 17.</td></tr>
<tr><td>43대 東久邇宮稔彦王 1945. 8. 17.~1945. 10. 9.</td></tr>
</table>

출전: 戰前期官僚制研究會編, 戰前期 日本官僚制의 制度 組織 人事, 東京大學出版會, 1981.
비고: 池上四郎 정무총감 이후 2개월 결원에 대해서는 「任朝鮮總督府政務總監伯爵児玉秀雄」, 『公文別錄 親任官任免 第5卷, 大正13年~昭和4年』, 1929. 6. 22. 참조.

이었고, 40대 도조 히데키(東條英機) 내각부터는 거국일치내각이면서 대정익찬회(大政翼賛会)가 권력을 잡았다. 1945년 9월 2일 항복 문서에 사인을 한 것은 히가시쿠니노미야(東久邇宮) 내각이었다. 패망 후 일본은 연합국군최고사령관 총사령부(GHQ)가 점령하였고, 일왕과 정부의 통치권이 제한되었다.

제국과 총독부의 행정 결재 시스템

앞서 살펴보았듯이, 제국주의 열강의 비호하에 일본은 한국에 통감부를 설치하고 5년간의 내정 간섭을 통하여 대한제국의 모든 주권을 빼앗았다. 일본 통감 데라우치 마사다케와 대한제국의 이완용 간에 「한국병합에 관한 조약(韓国併合ニ関スル条約)」이 체결되었다. 이 조약안은 일본 내각의 검토를 통해 히로히토 일왕이 「한국병합에 관한 건」에 최종 결재한 것이 실행된 것이다. 국가간 조약은 국왕 간에 서명해야 성립하는데, 통감부 시기부터 장악해 오던 행정적 처리 절차에 따라 한국의 강제 '병합'이 추진되었다는 것을 알 수 있다. 이로 인해 일본의 법률을 조선에 적용하게 되었고 조선은 식민지로 전락하였다.

을사늑약 때 '대한제국'을 독립국으로 인정한다던 일본 내각과 메이지 일왕은 '대한제국'을 종래의 '조선'으로 되돌려 칭하고, 통감부를 확대하여 조선총독부를 설치하였다. 가쓰라 타로 내각과 메이지 일왕은 식민지를 지배하기 위해 가장 먼저 칙령으로 선포한 것이

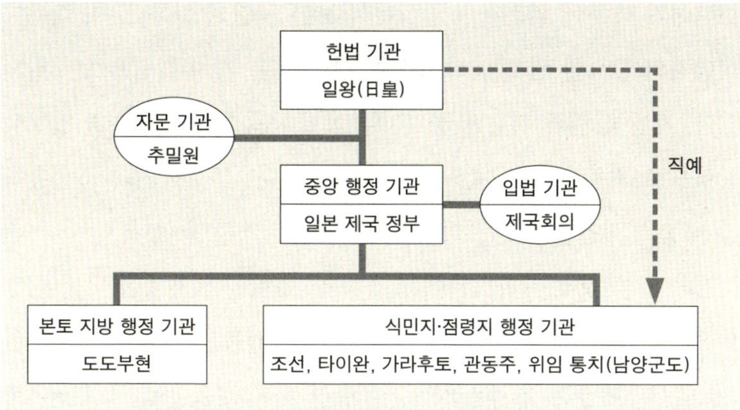

〈그림 5-1〉 일제의 세력권 통치를 위한 행정 라인
비고: 식민지는 일왕에 직예하지만, 행정 절차는 반드시 일본 내각을 통하도록 법률로 규정하였다.

「일본법을 조선에 적용하는 건」이었다. 조선의 실정에 맞는 법률을 제정하는 것이 아니라, 우선 지배에 필요한 제 조치를 하기 위한 것이었다. 그리고 주로 칙령과 제령으로 컨트롤하였다.

'병합' 당시 '일본 제국 정부'는 자신들의 세력권 통치를 위해 일왕 아래 본토의 도도부현(道都府縣)과 타이완·가라후토·조선·관동주 등 점령지에 대한 멀티 행정 시스템을 〈그림 5-1〉과 같이 구축하였다.

일본 세력권에 대한 법률을 제정할 때는 행정 주무 부서에서 내각 법무국의 결재 구조를 거쳐 반드시 제국의회의 승인을 거친다. 제국의회에서 승인이 나면, 일본 내각총리가 일왕에게 상신하여 법률안에 최종 서명하면 완성된다.

그런데 칙령은 제국의회의 승인을 받을 필요가 없고, 추밀원의 협찬(자문)을 받거나 일본 내각이 올린 것을 그대로 일왕이 결재하는 시스템이기 때문에 위정자의 입장에서 보면 훨씬 수월하다. 이 때문에 식민지의 중요한 관제·인사·예산에 관한 것은 거의 칙령으로 처리되었다. 지방 산림과 기수나 심지어는 공립 초등학교 교사까지 일왕이 칙령으로 최종 결재하여 파견하였던 것이다. 무소불위의 조선총독은 제령을 제안할 수 있으나 인사권, 예산 결정권이 없다.

또한 일본 정부는 타이완에는 율령을, 조선에는 제령을 만들어 본토에서는 할 수 없는 식민지 특수 목적 사업들을 추진하고자 하였다. 조선총독부는 조선총독과 정무총감 아래 총독관방, 내무국, 학무국, 식산국, 법무국, 경무국 등으로 구성하여 업무를 분장하였다. 통감부 업무를 계승 확대한 것이다. 그리고 이사청이 관할하던 지방에서 1914년부터 부(府) 제도를 실시하여 기존의 대도시인 경성·평양·대구와 이사청이 설치되어 있던 부산·인천·진남포·원산·마산·신의주·청진 등에 부청을 두고 총독부가 관리하였다.

이처럼 총독부의 행정적 결재 시스템은 조선에서 결재되어 바로 시행되는 구조가 아니라, 통감부와 같이 정책과 예산, 인사와 관련된 주요 사안이 모두 일본 내각과 일왕의 최종 결재를 거쳐 시행되는 구조였다는 점에 주목할 필요가 있다. 강제 '병합' 이후 일본 내각은 조선총독부를 통제하기 위해 중층적 행정 결재 구조를 더욱 강고하게 만들었다.

바로 이러한 중층적 행정 결재 시스템이 기록물을 각각 한국과 일본에 분산 보존하는 원인이 된 것이다. 이 때문에 지금까지 주로 한국의 국가기록원에 소장되어 있는 조선총독부 기록을 중심으로 진행되어 온 연구는 재고되어야 하며, 일본 국립공문서관 등에 소장되

〈그림 5-2〉 1910년 당시 왜성대(倭城臺) 조선총독부 청사(옛 통감부)
출전: 『日本之朝鮮, 明治四十四年(Chosen of Japan)』, The YURAKUSHA, 1911.

〈그림 5-3〉 1926년 경복궁(景福宮) 조선총독부 청사
출전: 辛基秀, 『映像が語る日韓併合史(1875~1945年)』, 労働経済社, 1987.

어 있는 기록물로 확대하여 연구할 필요가 있다.[12]

이 장에서는 조선과 일본이라는 공간에서 작성된 조선총독부 관련 기록물의 전체 틀을 설명하고, 다음 장에서 산림 지배를 위한 구체적인 사례를 검토함으로써 중층적 결재 구조에 대한 이해를 심화시키고자 한다. 조선에는 조선총독부, 일본에는 조선총독부 도쿄출장소와 일본 내각이 작성한 조선총독부 관련 기록물이 이에 해당된다.

조선총독부 기록의 분류 체계

공간적으로 조선총독부 기록은 일본과 조선에서 각각 작성되고 관리되었다. 이에 따라 일본에서 조선총독부 관련 기록은 주로 일왕의 '어서명원본(御署名原本)', 내각총리부의 '공문유취(公文類聚)'와 '공문

12 조선총독부 기록에 대해서는 수집, 분류, 평가, 보존현황(폐기 포함) 등과 관련하여 많은 연구성과가 있다. 그런데 주로 국가기록원 소장분에 대해 연구에 집중되어 있어 일본 소재 기록까지 충분히 연구되고 있지는 못한 실정이다. 조선총독부 결재 구조와 관련된 연구는 다음이 참조된다. 김재순·이진영·김형국·이경용·이승일, 「조선총독부 공문서제도-기안부터 성책까지의 과정을 중심으로」, 『기록학연구』 제9호, 2004; 이승일, 「조선총독부공문서를 통한 식민 지배의 양상」, 『사회와 역사』 72호, 2006; 이승일, 「조선총독부의 기록수집활동과 식민통치」, 『기록학연구』 제15호, 2007; 加藤聖文, 앞의 논문, 2002; 安藤正人, 「日韓近現代歴史資料の共用化へ向けて－アーカイブズ学からの接近」, 国文学研究資料館, 2005; 설문원, 「조선총독부기록물의 기능분류체계 개발연구」, 『정보관리학』 제20권 1호, 2003; 박성진, 「일제하 조선총독부의 공문서분류방식」, 『기록학연구』 제5호, 2002; 배성준, 「조선총독부공문서 분류체계의 복원」, 『기록학연구』 제9호, 2004; 지수걸·김익한·설문원, 『조선총독부공문서의 분류기술방법론』, 한국국가기록연구원, 2004; 이승일, 「국가기록원소장 조선총독부 법무문서군의 분류방안」, 『서지학연구』 제35집, 2006; 한국국가기록연구원, 『조선총독부 도시계획 기록의 평가』, 2008; 김익한, 「불균형잔존 행정기록의 평가방법 시론－조선총독부 공문서의 평가절차론 수립을 위하여」, 『기록학연구』 제13호, 2006; 이경용, 「조선총독부 기록관리제도」, 『기록학연구』 제10호, 2004; 박성진·이승일, 『조선총독부 공문서－일제시기 기록관리와 식민지배』, 역사비평사, 2007; 金慶南, 「帝国と植民地における不均衡残存記録の構造と植民地支配の特徴－朝鮮総督府の山林資源記録を中心に」, 『アーカイブズ学研究』 第15号, 2011.

[표 5-3] 국립공문서관의 일왕(天皇) 어서명원본(御署名原本, 2018년 현재)

시기	메이지(明治) 44~45년	다이쇼(大正)	쇼와(昭和)	합계
건수(건)	113	730	1,205	2,048

출전: 일본 국립공문서관 홈페이지(www.archives.go.jp)

잡찬(公文雜纂)' 시리즈 등에 편성되어 있다. 조선에서 총독부 기록은 '공문식(公文式)' 시리즈로 관리되었다.[13]

먼저 일본에서 조선총독부 관련 기록은 어떻게 생산되고 보존되었는지 검토해 보자. 가장 대표적인 것은 일왕의 어서명원본 기록군이라고 할 수 있다. 조선을 지배하는 데 가장 최종 결재자가 일왕이라는 사실은 식민지 지배의 책임 소재가 어디에 있는지에 대한 명백한 증거가 된다.

[표 5-3]은 국립공문서관이 소장하고 있는 조선 지배와 관련된 '일왕(天皇)'의 어서명원본으로, 메이지(明治), 다이쇼(大正), 쇼와(昭和) '일왕(天皇)'으로 나뉘어 관리되고 있다.

이처럼 조선총독부와 관련된 일왕의 어서명원본은 2,048건이 보존되어 있으며, 내각총리부(內閣総理府)에서 만든 공문서 중 조서(詔書)·법률(法律)·칙령(勅令)·예산·예산 외 국고부담 계약·조약 등을 포함한다.[14]

제6장에서 구체적으로 살펴보겠지만, 내각총리부에서는 관제·예산·인사와 관련된 문서를 작성하였다. 기본적인 데이터는 조선총독

13 조선총독부 『관보』 제29~55호.
14 내각총리대신의 원본 결재 문서는 후생성, 법무성 등 각 성이 가지고 있는 기록이 있기 때문에 계속 늘어날 것으로 예상된다.

부에서 작성하여 일본으로 보내거나 도쿄출장소에서 작성하였으며, 일본 내각에서 법령·예산·관제를 결정하고 '내각총리대신(内閣総理大臣)'이 상신하면, '일왕(天皇)'이 최종 결정하였다는 것을 알 수 있다. 내각 문서는 공문유취, 공문잡찬, 임면재가서 등의 시리즈로 편성하여 관리하였다.

조선총독부가 만들어지고 업무를 분장하는 데는 일본의 법률이 적용되었기 때문에 일본에서 어떠한 기록물이 작성되었는지에 대하여 살펴볼 필요성이 있다. 식민지 정책과 관련한 일본 내각의 공문서로는 「한국병합에 관한 조약(韓国併合ニ関スル条約)」이 있다. 이 문서는 일왕이 최종 결재한 것으로서 '어서명원본(메이지)'에 계층화되어 있다. 또한 같은 건명으로 되어 있는 공문서는 내각에서 상신하기 위해 결재한 것으로서, 내각·총리부, 태정관·내각관계, 제6류 공문유취에 편성되어 있다.[15] 이 계층에는 「한국황실처분에 관한 조서안」, 「조선귀족령안」 등 한국과 관련된 문서뿐만 아니라 육군성, 해군성, 관동주 관련 사안도 모두 편성되어 있다.[16]

일본에서 작성된 조선총독부 관련 원본은 내각의 공문유취·공문잡찬에 속해 있으며, 일본 내무성의 부(府)-목(目)-세철(細綴) 분류에 따르고 있다.[17]

---

15 공문유취 제34편 메이지 43년 제8권 족작문(族爵門) 족제(族制) 작위 훈등 의전문 의례 복제휘장 외사문례.

16 朝鮮ニ在住スル貴族ニ関スル皇室令案'朝鮮貴族ノ叙位ニ関スル皇室令案'朝鮮貴族タル有爵者大礼服制 韓国警察事務ヲ日本帝国政府へ委托ニ関スル覚書ヲ交換ス 韓国併合ニ関スル条約.

17 김상호, 「일제시기 조선총독부의 문서관리에 관한 연구」, 『한국문헌정보학회지』 26, 1994; 박성진, 「일제하 조선총독부의 공문서 분류방식」, 『기록학연구』 5, 2002; 이승일, 「조선총독

조선에서 작성된 조선총독부 기록물은 공문식으로 규정하였다. 공문식의 분류기준은 유(類)-목(目)-절(節)이다. 공문식은 조선총독부령 공문식, 조선총독부도령 공문식, 조선총독부경무총감부령 공문식, 조선총독부경무부령 공문식으로 편성하였다.[18]

「조선총독부 서무규정」과 「조선총독부 문서취급세칙」 등에서는 조선총독부 공문서의 분류 체계를 구체적으로 확인할 수 없다. 실제로는 상당히 많은 문서철의 표지에 '유(類)-목(目)-절(節)' 분류가 명기되어 있어, 표지 속의 건명목록 앞에도 같은 분류가 표기되어 있다. 주로 1920~1930년대에 작성된 문서철에 이 같은 예가 확인된다.

'유(類)'는 주로 부(部)-국(局) 단위의 관제(官制) 조직을 나타내며, 관제의 변천을 반영하고 있다. '목(目)'은 기본적으로 부-국 단위의 업무(기능)를 나타낸다. 부-국 단위 업무는 일반적으로 과(科)를 편성하기 위해, 목의 항목을 과의 명칭과 일치시킨 것이 많다. '절'의 항목은 과의 업무이다. 즉, 조선총독부의 유-목-절 분류는 일반적으로 부·국 단위의 관제(조직)-부·국 단위의 업무-부·국 단위의 업무 하위 기능이라는 계층 레벨을 나타낸다. 하지만 일본이 패전하면서 총독부 문서를 분류기준에 맞추어 정리하지 못했기 때문에 유-목-절 분류방식을 따르지 않았으며, 분류범위도 상당히 넓어 분류 체계가 일

부 공문서제도-기안부터 성책까지의 과정을 중심으로」, 『기록학연구』 9, 2004; 배성준, 「조선총독부 공문서 분류체계의 복원」, 『기록학 연구』 9, 2004; 이경용, 「조선총독부의 기록관리제도」, 『기록학연구』 10, 2004.

18 조선총독부 『관보』 제29~53호. 메이지 43년 10월, 부령(현재 국가기록원에서는 이 '공문식' 개념은 사용하고 있지 않다).

정하지 못한 상황이다.[19]

이처럼, 조선총독부 기록은 일본에서는 내무성의 부-목-세철로 분류되어 공문유취에 편성되어 있고, 조선에서는 공문식 규정에 따라 '유-목-절' 분류로 되어 있어, 당시 실제로 작성한 기록은 담당 기관의 업무 분장에 따라 편철되어 있다. 따라서 조선총독부 기록을 체계적으로 파악하기 위해서는, 당시 총독부 정책 추진 기구의 변천 과정과 그 업무 분장을 파악할 필요가 있다. 작성주체와 그 사무 분장을 파악하는 것에 의해, 작성한 기록의 출처를 추적하는 것이 가능하다.

제국과 식민지의 중층적 결재 구조와 분산의 원인

기록이 분산 보존된 가장 큰 원인은 일본 제국 정부와 조선총독부의 중층적 결재 구조에 있다. 전쟁으로 인한 소각 등에도 원인이 있지만, 실질적으로 가장 필요한 정책·예산·인사 기록은 모두 일본 본토의 내각 행정 시스템을 통해 작성되었고 보존하였기 때문이다. 즉 일본 제국 정부의 내각에서 법령·제령(制令)의 제정·개정, 관제(官制)[20]의 제정·개정, 인사 결정, 예산 편성 등 식민지에 대한 주요 정책이 결정되었던 것이다. 최종 결재자는 내각총리(内閣総理) 또는 일왕이다.

---

19 지수걸·김익한·설문원·김정인, 『조선총독부공문서의 분류기술방법론』, 한국국가기록원, 2004, p. 110.

20 식민지관료제도에 대해서는 岡本真希子, 『植民地官僚の政治史』, 三元社, 2008 참조.

그러면 조선에서 작성한 공문들은 무엇인가. 내각에서 결정된 정책·예산·인사 관련 건을 시행하기 위해서 조선총독부는 시행공문을 기안한다. 조선에서 사안에 따른 최종 결재자는 조선총독이다. 이러한 결재 구조는 당연히 그 원본이 일본과 한국에 각각 분산·보존되는 원인이 되었다. 식민지 조선 지배에 대한 중요 정책 시행의 법률적 근거가 되는 제령을 제정할 때의 경우를 검토해 보자.[21]

우선 조선에서는 조선총독부 각 담당과가 기안, 정무총감의 검토, 총독이 결재하여 1차 초안이 완성된다. 이 기안을 기초로, 법무국에서 제령(制令) 제정을 위한 안을 만들어 입법예고를 거쳐, 총독의 결재를 받는다. 조선총독은 그 제령기안문을 일본의 척식국(拓殖局)[22]에 보낸다. 이 단계부터는 일본 본토에서 제국 정부의 결재 과정을 거친다. 척식국은 조선총독부 기안을 기반으로 제령안을 재기안하고, 내각과 제국의회(帝国議会)의 논의를 거친다. 법무국에서는 제령안을 기안하여, 관계성청 장관 검토를 거친 후, 최종적으로 내각총리가 상주안을 일왕에게 올리고 결재를 받아 완결된다.

이 경우, 조선총독부 도쿄출장소는 제령 제정, 예산, 인사 등 주요 사안을 처리하기 위해 일본에 있던 정무총감과 조선에 있던 조선총독의 연락을 담당하였다. 사안의 중요도에 따라 전결로 처리되기도 하였다.[23] 일본 제국 정부와 조선총독부의 행정 결재 시스템을 단계

---

21 제령의 상하 이중 결재 구조에 대한 자세한 것은 김경남, 앞의 글, 2011, pp. 65-71 참조.

22 조선총독부 행정의 일본 측 담당 기관이 척식국(拓殖局)이다. 척식국은 시기에 따라 명칭 직제가 변화되는데, 1929년부터는 척무성(拓務省)이 된다. 자세한 것은 戦前期官僚制研究会編·秦郁彦, 『戦前期日本官僚制の制度·組織·人事』, 東京大学 出版会, 1981, p. 766 참조.

23 오노 로쿠이치로(大野緑一郎) 문서군에 포함되어 있는 미나미지로(南次郎) 총독과의 서한

[표 5-4] 일본 제국 정부와 조선총독부의 행정 결재 시스템

단계	기안(起案)	결재(決裁)	공간 구분	담당 기관 및 관련 부서	시리즈 편성
기안 단계	초안(草案)		조선총독부	조선총독부 각 부서	공문식
		1차 결재	조선총독부	조선총독	공문식
	기안(起案)		일본 내각 및 각 성	内閣各省(大蔵省, 内務省, 拓務省, 会計監査院 등)	공문유취, 공문잡찬
	검토·심의		일본 제국 정부	内閣各省, 帝国議会	제국의회
		2차 결재	일본 제국 정부	内閣総理	공문유취
		최종 결재	일본 헌법 기관	天皇	어서명원본
실시 단계	시행문		조선총독부	조선총독부 각 부서	공문식

일본의 담당 기관과 관련 부서는 일본명 그대로 표기

별로 보면 대체로 [표 5-4]와 같다.

이처럼 당시 조선과 일본의 담당 기관에서 작성된 기록은 각각의 기록보존 시스템하에서 처리되었다. 조선에는 제령의 초안이 되는 다양한 진상 조사 기록과 총독 결재 문서가, 일본에는 척식국과 내각 법무성 문서가 어서명원본(御署名原本), 공문유취(公文類聚), 공문잡찬(公文雑纂) 등으로 일본 본국의 공문서 체계 속에 편성되어 있다.[24]

조선총독부 도쿄출장소 기록은 도쿄의 외교사료관에 소장되어 있

참조(일본 국회도서관 헌정자료실 소장).

24 이 자료군의 내용, 분류, 기술에 대한 상세한 것은 다음이 참조된다. 石渡隆之, 「所蔵公文書の紹介」, 『国立公文書館年報 創刊号』, 国立公文書館, 1971; 永桶由雄, 『国立公文書館, 講座 II(近代編III)』, 国立公文書館, 1979; 石渡隆之, 「公文類聚の構成」, 『北の丸』 第4号, 1975; 石渡隆之, 「公文雑纂のかたち」, 『北の丸』 第11号, 1979; 채미하, 『일본 근대 역사기록물의 분류와 기술』, 한국국가기록연구원, 2002.

지만[25] 아직 공식적으로 소장정보도 제공되지 않고 공개도 하지 않고 있다. 이러한 일본 제국 정부와 조선총독부의 상하 이중 결재 체제는 종래의 연구에서 제기된 '조선에는 상위계층의 문서관리 규정이 없다.'[26]라는 의문의 해답을 제시해 준다.

이러한 일본 제국 정부와 조선총독부의 중요한 정책에 대한 결재 구조를 원본의 출처를 통해 살펴보면 다음과 같다. 다음은 일본의 국립공문서관과 한국의 국가기록원에 각각 분산 보존되어 있는 기록을 정책별·업무별로 구분하여 나타낸 것이다. 대표적인 사례는 [표 5-5]와 같다.

이렇듯 원본의 소재를 검증한 결과, 당시 조선총독부와 일본 제국 정부 내각의 결재 구조는 행정적으로 밀접한 상하관계를 가지고 있음을 알 수 있다. 일제강점기의 정책 결정 및 집행 구조는 일본 본국과 조선 식민지라는 두 개의 공간에서 하나의 구조로 만들어졌기 때문에, 원본은 각각 일본과 한국에 분산되어 보존되는 구조가 되었다. 즉 한일 '병합' 처리 기록, 토지 제도, 임야 제도, 문화재 관리 제도, 시가지 계획 사업 등의 정책 결정 공문서 원본은 일본에, 시행을 위한 결재 공문서는 조선에 각각 분산되어 보존되었다.

한·일 간에 산재해 있는 기록물을 관리하고 있는 가장 대표적인

---

25 加藤聖文,「政党内閣確立期における植民地支配体制の模索 - 拓務省設置問題の考察 - 」,『東アジア近代史』1号, 1998.

26 이경용,「조선총독부기록관리제도」,『기록학연구』제10호, 2004, p. 237, 각주 46에 상위 레벨의 정리규칙문서가 발견되지 않고 있다고 지적하고 있다. 이승일은 조선기류령 연구를 통해 제령의 최종 결정은 일본 정부가 행한다고 지적하고 있으나, 구체적인 내용까지 다루지는 않았다(이승일,「조선기류령연구」, 박성진·이승일,『조선총독부 공문서-일제시기기록관리와 식민지배』, 역사비평사, 2007).

[표 5-5] 일본의 국립공문서관과 한국의 국가기록원에 소장되어 있는 원본 기록

연번	구분 (담당 부서)	실시 시기 (년)	조약·법령·제령(制令) 제정·개정 공문서, 최종 결재자(내각총리대신, 일왕) 원본 소장처(일본 국립공문서관)	시행 공문서, 최종 결재자 (조선총독) 원본 소장처(한국 국가기록원)
1	'한국병합' (내각 총독부 관방)	1910	韓国を併合する件 朝鮮に法律を施行する件 朝鮮総督府の設置官制 朝鮮総督府職員人事	例規に関する記録 事務分掌 人事法規 判任官進退関係書類
2	토지 제도 (내각 총독부 토목과)	1911~1945	朝鮮不動山証明令 朝鮮不動産登記令 土地調査法 土地調査令 臨時土地調査事業委員会官制 臨時土地調査事業委員会人事	地籍台帳 地籍図面 土地調査簿 紛争地調書
3	임야 제도 (내각 총독부 산림과)	1918~1947	山林令 臨時林野調査事業委員会官制 臨時林野調査事業委員会 人事	林野細明記帳 国有林譲与の件 特別縁故林譲与処分綴 林野台帳所有者移動関係
4	문화재 관리 (내각 총독부 학무과)	1911~1945	寺刹令 朝鮮宝物古蹟名勝地天然記念物保存令 朝鮮宝物古蹟名勝地天然記念物保存会官制 朝鮮宝物古蹟名勝地天然記念物保存会人事	1916年遺物古籍調査管理規則 古蹟調査事業関係 総督府嘱託古蹟調査員に関する件 古蹟及び宝物規則違反 古蹟修繕費予算配分
5	시가지 계획 사업 (내각 총독부 토목과)	1933~1945	朝鮮市街地計画令制令案 朝鮮市街地計画委員会官制 朝鮮市街地計画委員会人事 国防国土計画·朝鮮市街地計画改正制令案	市街地計画委員会綴 釜山都市計画決定 土地収用事業認定 道路工事実施計画書 各府経済予算綴
6	국민총동원 사업 (내각 총독부 노무과)	1938~1945	国民総動員令(1938) 国民徴用令(1939 閣議決定)	国民総動員関係綴 南洋群島労務者移送 朝鮮人労務者内地移住に関する件

* 공문서 건명은 원문 그대로 표기.
* 국민총동원령(国民総動員令)과 국민징용령에 의하여 징용된 조선인·타이완인·남양군도 사람 등에 대한 기록은 일본의 후생성(厚生省), 사회보험청, 법무성 등에 소장되어 있다. 국민건강보험명부, 후생연금명부, 호적접수장, 공탁금명부 등.

기관으로 한국의 국가기록원과 일본의 국립공문서관을 들 수 있다. 이 외에도 한국과 일본의 국가 기관, 지방자치 기관, 대학 등에 흩어져 있다.

한국의 국가기록원은 문서 40,500권, 도면 85만 매로 조선총독부 기록을 가장 많이 보존하고 있다. 조선총독부 기록군으로 별도 관리하고 있으며, 등록·공개평가·마이크로필름화·디지털화하여 일반인들에게 제공하고 있다. 그리고 국사편찬위원회, 고려대, 마산시청 등에도 공문서가 산재해 있다. 이 외에 서울대(옛 경성제국대학 간행물), 국회도서관, 국립중앙도서관 등에도 조선총독부 발간 자료가 다수 보존되어 있다.

일본의 국립공문서관에는 조선총독부의 기록이 별도로 관리되고 있지는 않다. 대체로 어서명원본, 공문유취, 공문잡찬 등 당시의 기록관리시스템 속에 시리즈로 편성되어 있거나 내각의 문서철 속에 포함되어 있다. 어서명원본은 메이지·다이쇼·쇼와 일왕이 서명한 원본을 각각 분류하여 관리하고 있는 문서군이다. 공문유취와 공문잡찬은 일본의 내각총리부가 작성한 문서군이다. 공문유취 속에 조선총독부 항목이 있기도 하지만, 총독부와 관련된 거의 대부분의 문서는 각 계층 속에 분산 편철되어 있다.

어서명원본과 공문유취 시리즈에서 약 2만 건(2018년 현재 '조선'이라는 색인어 사용)이 검출되었다. 국립공문서관은 이 외에 미국에서 반환된 기록, 폐쇄 기관 기록, 도쿄재판 관련 기록 등 식민지 지배 관련 자료를 다수 소장하고 있다. 그리고 각 지방자치단체 및 교육 기관에 일제강점 관련 기록이 분산 소장되어 있는데, 별도의 시스템을 만들어 관리하고 있지는 않다. 다만 가쿠슈인(学習院)대학 동양문화연구소(東洋文化研究所)에서는 우방문고(友邦文庫)로 별도 관리하고 있다. 조선총독부에서 근무하던 관리 등이 일본으로 귀환한 뒤, 자신들의 정당성을 입증하기 위해 자료를 모은 것이다. 연구소에서는 최근에도 계속 새로운 자료들을 공개하고 있다.

조선총독부 도쿄출장소 기록

조선총독부 도쿄출장소는 도쿄 시바구(芝區, 지금의 미나토구港區) 다무라쵸 니시신바시(西新橋)에 있었다. 출장소에 대해서는 지금까지 알려진 바가 별로 없다. 하지만 법률과 예산, 인사와 관련하여 일본 내각과 협의할 때나 결재 초안을 작성하여 제출할 때 중요한 역할을 한 것으로 사료된다. 그것은 당시 미나미 총독과 오노 로쿠이치로 정무총감이 예산과 인사 등 주요 정책을 결정할 때 비밀 서한을 출장소에 보낸 것을 통해 알 수 있다. 이 서한은 일본의 국회도서관 헌정자료실에 오노 로쿠이치로(大野緑一郎) 문서군으로 소장되어 있다.[27]

당시 오노 총감은 제국의회가 있을 때나 내각에 인사 관련 일이 있을 때 조선총독부 도쿄출장소에서 근무하였다. 조선총독 관저에 있던 미나미 총독과는 주로 비밀 서한을 통해 업무를 협의하고 추진했다는 것을 알 수 있다. 이 서한은 조선총독부 도쿄출장소의 존재감을 여실히 나타내 주는 것이다. 도쿄출장소가 식민지 지배 초기부터 있었는지 여부는 현재로서는 알 수 없으나, 적어도 1936년 미나미 총독 시기부터는 업무를 수행하고 있었다.

---

27 원문 탈초는 金慶南·廣瀨順浩, 『조선총독의 편지』, 선인, 2015 참조.

이 서한은 공간적으로 총독은 조선에 있고, 정무총감은 일본의 조선총독부 도쿄출장소에 있는 상황에서, 주요 법령의 제·개정과 예산, 인사 등에 대한 업무를 수행하면서 작성된 기록이다. 당시 정책 결정·예산·인사 결정 과정의 행정은 거의 정무총감이 관장하고 있었다고 해도 과언이 아닐 정도였다. 따라서 이 문서군에는 황민화 정책 중에서도 가장 중요한 사업이었던 창씨개명(創氏改名)이나, 총동원 체제에 대한 기록이 많이 남아 있다. 미나미 지로의 서한은, 정책 결정 과정을 복원하고 이해하기 위해 대단히 중요한 기록으로서, 총 59통(내부에 있는 서한 포함 74통)이 남겨져 있다. 이 서한을 통해 총독부와 일본 내각 및 제국의회와의 관계를 알 수 있고, 동양척식주식회사 등 주요 국책 기관의 인사 추천, 총동원태세, 만주와 조선의 관계, 군사제한구역의 미국인 선교사 처리를 둘러싼 미국과의 관계 등에 대해서도 알 수 있다.

이 기록들은 공공 기관으로 이관되기 이전까지는 사문서로 취급되었다. 주로 일본의 국회도서관 헌정자료실(憲政資料室), 도도부현(都道府県)의 공문서관, 역사기록관 등이 수집하여 소장하고 있다. 이 기록군의 성격을 이해하기 위해서는 지배 기구의 공간배치에 대한 이해가 필요하다. 이 서한이 작성된 장소는 조선총독이 있던 조선 경성(京城) 조선총독부이고, 받은 장소는 오노 정무총감이 있던 일본 시바구의 조선총독부 도쿄출장소이다. 이와 같은 공간배치 구조하에 당연한 결과로서 기록물이 분산·보존되었다는 것을 알 수 있다.

그리고 1949년에 정식으로 조선총독부가 폐지되었을 때, 각 담당 기관이 작성한 기록물도 이관되었다. 즉 일본 제국 정부가 작성한 기록은 일본 국립공문서관으로, 조선총독부에서 작성한 기록은 미 군정이 접수하였고, 조선총독부 도쿄출장소가 작성한 기록은 일본 외교사료관(外交史料館)으로 이관되었다. 당시 정무총감이던 오노는 퇴직하면서 자신이 가지고 있던 기록물을 자택으로 옮겨 개인 소장하게 되었다. 한편 강제 동원 노무자 미불금, 군사우편저금과 같은 '전후보상'과 관련되어 미해결된 업무 관련 기록물은 아직 일본의 법무성, 후생성 등 당해 관공서에 그대로 보존되어 있는 실정이다.

이 오노 기록군은 개인 기록으로서 본인과 유족이 소장하고 있다가 현재 국회도서관 헌정자료실로 이관되었는데, 원본의 출처라는 측면에서 보면, 총독과 정무총감에 의한 정무 기록이다. 이러한 기록류는 식민지 지배와 관련된 정책 결정에서 커다란 영향을 끼친 중요한 기록이고, 공직자가 공무를 수행하기 위해 작성하고 참조한 기록이기 때문에, 반드시 공기록으로 관리되어야만 할 것이다.

공기록으로 관리되어야만 하는 개인 기록의 또 다른 사례로서, 가쿠슈인대학 동양문화연구소의 우방협회(友邦協会) 문서군을 들 수 있다. 이 기록군에도 정책, 인사, 예산과 관련된 총독부 관련자의 문서가 다수 보존되어 있다.[28]

28 宮田節子·姜徳相【監修】, 李正勲·齊藤涼子·小志戸前·宏茂·橋本陽·学習院大学東洋文化研究所(編), 『友邦文庫目録』, 勁草書房, 2011 참조.

조선총독부 기록의 글로벌적 관리 필요성

이상에서 살펴본 바와 같이, 일제강점기 일본 제국 정부와 조선총독부의 기록은 제국의 식민지 지배라는 특수한 상황하에 발생한 것이며, 정책 결정은 본국에서, 그 실행은 식민지라는 체제하에서 기록이 각각 공간적으로 분산되는 구조가 만들어졌다는 것을 알 수 있다. 그리고 일본 제국 정부와 조선총독부를 연결하기 위해 조선총독부 도쿄출장소를 설치하여 업무를 수행하였다. 그러므로 제국과 식민지 사이에 중층적 결재 구조가 만들어졌다고 할 수 있다.

이에 따라 그 기록은 한국의 국가기록원과 일본의 국립공문서관, 외교사료관, 국회도서관, 가쿠슈인대학 등으로 각각 분산되는 결과로 나타난다. 요컨대 한국 국가기록원의 조선총독부 기록과 일본의 국립공문서관에 보존된 식민 지배 관련 기록은 각각 미완결성을 가지고 있으며, 상하 결재 구조를 가진 하나의 세트로 인식되고 다루어져야 한다는 것을 알 수 있다.

한편 일본은 제국화 과정에서 영국, 미국, 러시아 등과 치밀한 외교전을 펼쳤으며, 전쟁 과정에 조선총독부를 최대한 활용하였다. 이 과정에서 한국의 운명이 결정되었다. 그러므로 일본 본국은 물론 영국, 미국, 러시아, 중국 등에서 작성한 문서도 한국의 운명과 관련된 기록물에 대해서는 적극적으로 수집하여 관리할 필요가 있다.

또한 일본은 전쟁을 수행하기 위하여 수많은 한국인들을 노무자로, '위안부'로, 군인·군속으로 강제 동원하였다. 현재 우리 정부가 파악하고 있는 수만 해도 연 7백만 명이 넘는 수준이다. 그렇지만 일본 정부는 식민지 지배에 대한 배상은커녕 보상을 위한 체계적인 조사조차 하지 않고 있으며, 이 문제는 완전히 해결되지 않은 상태이다. 독일이 패전 후 수십 년간 피해자들을 찾아 보상해 주고 있는 것과는 너무나 다른 행보이다.

미·소의 냉전 상태에서 한국전쟁 덕분에 재기한 일본은 1965년 한일회담에서 보상 문제를 완전히 해결했다고 주장하고 있지만 실질적으로는 아직도 미해결 상태이고, 북한과는 아직 수교조차 맺지 않은 미완결의 상황이다. 총독부는 기업을 내세워 '남양군도에 가서 10년간 일하면 땅을 주고, 돈도 준다.'라고 하면서 많은 한국인을 속여 그들을 사지로 내몰았다. 70년이 지난 지금에도 그들이 죽었는지 살았는지, 보상금은 받았는지, 그 진상조차 철저히 조사되지 못하고 있는 실정이다.

그러므로 이러한 진상 조사를 위해서도 일본 본토는 물론 만주, 사할린, 사이판, 괌, 팔라우 등 남양군도까지 시야에 넣어 기록물을 발굴하고 관리할 필요가 있다. 이러한 점에서 이 시기 조선총독부 관련 식민지 지배 기록물을 국내적 차원에서 고찰하는 것은 커다란 한계가 있으며, 글로벌적 시각에서 관리할 필요가 있다.

심지어 조선총독부 기록은 일본의 제국화를 위한 전쟁 과정에서 작성되고 보존되는 체제였기 때문에, 전쟁이나 점령 등 다이내믹한 역사적 상황 속에서 상당수가 폐기·유출되었다. 더욱이 미군과 소련 점령, 한국전쟁을 거치면서 소개(疏開)되거나 유출된 기록도 많다. 이 때문에 한국 정부에 남겨진 기록은 주로 시행과 관련된 결재 문서가 대부분이며, 그것도 연대별·기관별로 체계적으로 보존되어 있지 않다. 일본에서도 폐기 명령이나 연합군의 공습으로 기록이 소실되거나 GHQ의 중요 기록 몰수 과정에서 미국으로 유출된 기록물이 많고, 강제 동원 관련 기록은 아직도 대학이나 기업 등에 방치되어 있는 실정이다.[29]

29 강제 동원 기록과 직접 관련은 없지만, 일본 제국 정부가 패전과 함께 기록을 파기하라는 명령을 받은 大郷村 직원이 문서를 집으로 가져가 다량의 문서가 보존된 경우도 있다. 자세한 것은 다음의 논문이 참조된다(橋本陽, 「町村役場における兵事係の記録管理 - 大郷村兵事係文書を事例として」, 『GCAS Report 学習院大学大学院 人文科学研究科 アーカイブズ学専攻研究年報』 vol. 1, 2012).

제6장

일제강점기 산림 지배를 위한 결재 구조

앞에서 살펴보았듯이, 조선총독부 기록이 불균형하게 잔존해 있는 보다 근본적인 이유는 일본 제국의 식민지 법적·행정적 지배 방식에 있었다. 일왕의 권력은 종주국인 일본뿐만 아니라 식민지에까지 관철되었던 것이다. 조선총독이 강력한 권한을 가지고 있다고 해도,[1] 법률·예산·인사에 대한 결정권은 모두 내각 및 일왕에게 있었다. 따라서 일본 정부와 조선총독부 사이는 업무 레벨에 따라 각각 다른 행정 문서가 작성되고, 보존되는 구조였다.

이 장에서는 조선총독부 기록이 분산 보존된 최대의 이유가 제국 일본과 식민지 조선 사이에 있는 정책 결정 과정의 구조 때문이라는 것을 산림자원 지배와 산림환경 조성 등에 관한 기록을 중심으로 살펴보고자 한다.[2] 이를 통해 식민지 지배 기록의 불균형한 잔존 구

---

1 식민지 관료제도에 대해서는 岡本眞希子,『植民地官僚の政治史』, 三原社, 2008 참조.

2 신용균,『日帝下 山林經營에 對한 研究와 造林의 緊要性』, 고려대학교 석사학위논문, 1964; 배재수,『日帝의 朝鮮山林政策에 관한 研究: 國有林政策을 中心으로』, 서울대학교 대학원

조에 대하여 일본 제국과 조선 식민지 사이에서 작성된 행정 조직의 결재 구조와 원본 출처를 추적하여 해명할 수 있을 것이다.

산림자원 기록을 소재로 한 이유는, 조선 국토의 70%가 산야이고, 산림자원 확보 정책이 토지조사사업과 함께 조선총독부의 2대 기반 정책이었음에도 불구하고, 이 기록을 사례로 검토한 연구가 거의 없기 때문이다. 그리고 조선총독부의 국유지와 소유자가 명확하지 않은 무주공산[3]에 대한 식민지 정책을 제국 일본 내각 레벨에서의 산야 자원 확보라는 문맥에서 재인식해야 하기 때문이다. 또한 일본과 한국에 잔존해 있는 기록 중에서 비교적 파기될 가능성이 적기 때문이다.

이 장에서는 기록사료학적 출처주의 방식과 역사학적·실증적인 방법으로 생산 맥락을 검토하였다. 정책의 결정 구조와 그 담당 기구를 통해 원본 기록의 소장처를 명확히 함으로써 제국 일본과 식민

박사학위논문, 1997; 배재수, 「일제하 관습적인 산림이용권의 해체과정」, 『한국산림과학회지』 87권 3호, 1998; 강정원, 『한말 일제초기 산림정책과 소유권 정리』, 부산대학교 석사학위논문, 2001; 한국임업연구원, 『한국의 근현대 산림소유권 변천사』, 한국임업연구원, 2001; 배재수·이기봉·주린원, 『일제강점기 조선의 산림 이용: 산업용재와 연료재의 수급 추이 및 영향』, 국립산림과학원, 2005; 이우연, 『朝鮮時代-植民地期 山林所有制度와 林相變化에 關한 硏究』, 성균관대학교 박사학위논문, 2006; 최병택, 『일제하 조선임야조사사업과 산림 정책』, 푸른역사, 2009; 이우연, 『한국의 산림 소유제도와 정책의 역사 1600~1987』, 일조각, 2010; 강정원, 『일제의 山林法과 林野調査 연구: 경남지역 사례』, 부산대학교 박사학위논문, 2014; 강정원, 「1930년대 일제의 조선공업화와 산림정책」, 『한국 근현대사 연구』 79호, 2016; 강정원, 「일제의 조선 산림 관습조사와 그 성격」, 『한국민족문화』 68호, 2018; 강정원, 「일제 전시체제기 朝鮮林業開發株式會社의 설립과 운영」, 『역사문화연구』 66호, 2018; 강정원, 「일제시기 산림에서 신고의 의미와 소유권 '법인'」, 『역사문화연구』 70권 1호, 2019 등.

3 '무주공산(無主空山)'의 사전적 의미는 지주가 없는 산야이지만, 조선시대까지는 산을 마을에서 공동으로 사용하고 있는 경우가 많았다. 조선총독부는 '토지조사사업'과 '임야조사사업'을 수행하는 과정에서 무주공산 등을 국유지화하였고 이 과정에서 분쟁이 많이 발생하였다. 결국, 총독부는 이 두 개의 사업에서 조선 지배의 기반을 창출하였다.

지 조선의 업무 분담 구조를 밝히면, 원래의 기록 작성 기구와 보존 장소를 추적하는 것이 가능하다.

또한 연구의 시점은 일국적 차원에서 보는 것이 아니라, 당시 제국 일본과 식민지 조선의 상관관계 및 정책 결정 구조를 종합적으로 고려하여 설정하려고 한다. 이것은 한국의 방대한 조선총독부 기록군의 미완결성과 함께, 일본의 국립공문서관에 보존되어 있는 조선 관련 법률, 칙령, 인사 결정 원본의 존재에서도 분명히 알 수 있다. 이러한 작업에 의해 조선총독부의 기록군에 상위 레벨의 기록정리 지침이 없는 이유를 알 수 있을 것이다. 이에 기반하여 구체적으로 분석하면 일본 제국과 식민지 피지배 기록군의 특성을 밝힐 수 있고,[4] 또한 조직적인 식민지 지배 구조의 일면을 해명할 수 있을 것이다.

이 장에서는 첫째, 조선총독부의 임업 정책과 법령 기록의 작성 경로를 검토한다. 구체적으로는 식민지 조선의 법령에 해당하는 제령과 일왕의 칙령이 결재되는 구조 및 결재 기관 제령(制令)·칙령의 결재 구조 및 결재 기구, 「삼림령」(이하 낫표를 생략함)이 제령으로 제정되는 과정과 주요 목적, 임업 정책 추진 과정과 사무 분장을 통해 행정 기록의 작성 경로를 고찰한다. 둘째, 국가의 기록을 관리하고 있는 한국의 국가기록원과 일본의 국립공문서관에 소장되어 있는 임업 관련 원본 기록을 구체적으로 확인한다. 국가기록원의 임야 관계 기록의 실례를 검토하고, 국립공문서관의 임야 관계 기록 가운데 법령

4 조선의 사례를 기반으로 타이완, 가라후토 등 일본 제국의 피지배지로 확산하여 검토할 필요가 있다.

임업 정책·예산·관제·임면 기록을 검토한다. 또한 조선총독부 기록의 현재성, 종합적인 관리, 기록 공유 필요성에 대해 서술하고자 한다.

식민지 삼림령 제령의 제정과 결재 경로

한국 강제 병합 후 일본 정부는 식민지 지배의 기초 작업으로서, 대규모의 국토조사사업에 대한 법령을 만들었다. 2대 기간사업은 토지와 임야에 대한 지배 정책이었다. 조선총독부는 토지조사사업을 1910년부터 1918년까지 추진하였다. 토지에 관한 법령은 1912년 3월 「조선부동산등기령」과 1912년 칙령 제7호 「조선민사령」, 동년 8월에 공포한 「지세령」 등이 있다.[5]

또한 산림에 관한 법령은 1911년 5월 「삼림령」 칙령 제10호, 1911년 8월 「조선 국유 삼림 미간지 및 삼림 산물 특별 처분령」, 1918년 5월 「조선임야조사령」이 공포되었다. 총독부의 임야조사사업은 토지조사사업이 끝난 1918년부터 1926년까지 전국에서 본격적으로 추진되었다.

삼림령을 정한 주요 목적은 1908년에 제정된 대한제국의 「삼림법」을 일본의 법률에 기반한 형태로 개정하고, 조선의 실상에 맞는 법령을 만들어, 국토의 70%가 삼림산야인 한반도에 조림 식수하여

5 토지조사사업은 1910~1918년까지 이루어진 대규모의 국토조사사업이다. 일제의 식민통치 기초작업으로서, 식민지적 토지소유관계를 강제하기 위하여 시행하였다.

산야를 지배하려고 한 것이다.[6] 산림 정책 시행에 관해서는 이중적인 구조를 생각해야 한다. 첫째, 이는 일본에 나라를 빼앗긴 조선 왕가의 옛 국유지 관리권을 장악하고자 하는 정책이었다. 둘째, 조선 전토 7할을 차지하는 산림, 즉 국유지·관유지·일반인 소유의 산림을 관리하는 정책이었다.

식민지의 경우, 일본 제국 내의 법률보다 한 단계 낮은 레벨로 떨어뜨려, 조선은 제령, 타이완은 율령이라는 형태로 시행했다. 이 제령과 율령은 법률보다 개정하기 쉽고 또한 총독이 현지에서 즉각 대응할 수 있는 권한을 줌으로써, 식민지 지배를 보다 효율적·강제적으로 추진하기 위한 것이었다.

그러면 식민지에서 산림 분야 법령은 누가 작성하고 어떠한 행정라인을 거쳐 최종적으로 결정되었는가. 조선의 삼림령을 사례로 검토해 보자.

조선의 삼림령은 1911년(메이지 44) 3월 24일, 조선총독 데라우치 마사다케가 제안했다. 2개월 후, 일본 내각총리 가쓰라 타로는 「삼림령을 정함」이라는 건명으로 외무·대장·문부·해운대신의 협조 사인을 얻어, 일왕에게 재가를 상주하였다. 이 같은 사실은 〈그림 6-1〉과 같이 공문서 원본에 기록되어 있다.

이 삼림령은 일본법과 대한제국법을 참조하여 만든 제령이다. 조

6 內閣, 「森林令を定ム」, 1911. 제령에는 그 목적에 대하여 다음과 같이 쓰고 있다. "조선의 현행 삼림법은 융희 2년(1908) 1월 옛 한국 정부가 제정하여 시행되고 있다. 현재의 민도에 적합한 것을 보수하고, 속히 조실식수의 목적을 달성하기 위하여 본령은 현행 삼림법을 기본으로 하여 일본의 삼림법을 취하여 조선의 실상에 따라 필요한 부분을 변경한다."

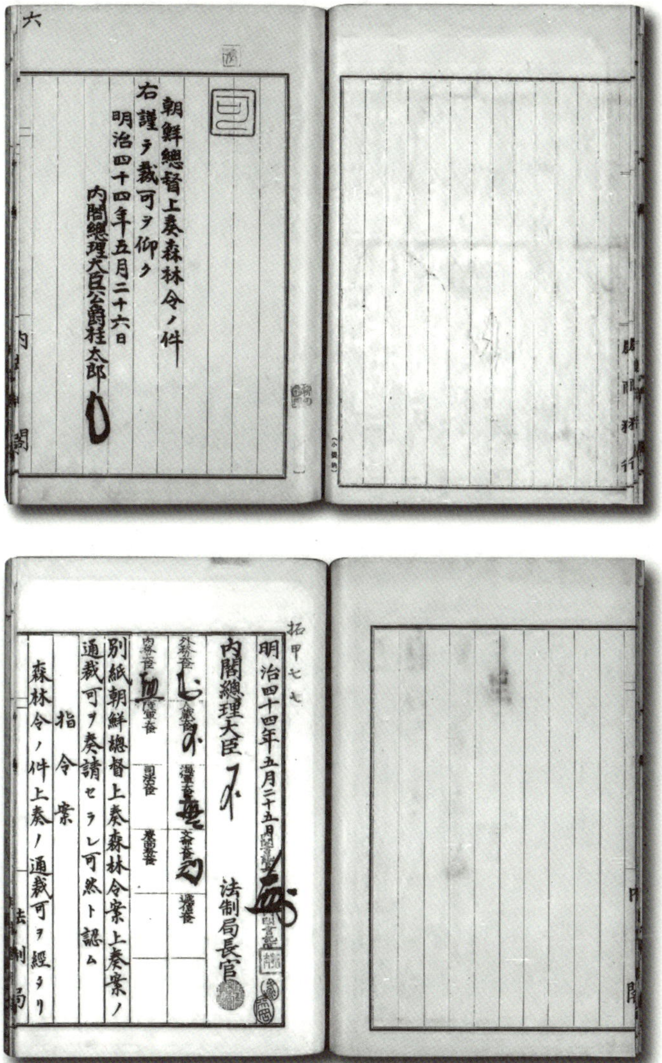

六

朝鮮總督上奏森林令ノ件
右謹テ裁可ヲ仰ク
明治四十四年五月二十六日
内閣總理大臣公爵桂太郎

明治四十四年五月二十五日
内閣總理大臣
法制局長官
別紙朝鮮總督上奏森林令案上奏案ノ通裁可ヲ奏請セラレ可然ト認ム
指令案
森林令ノ件上奏ノ通裁可ヲ經タリ

〈그림 6-1〉「삼림령을 정함」의 원본

출전: 국립공문서관

선총독이 상주하고 일본 내각총리대신 가쓰라 타로가 일왕에게 재가를 요청하는 공문이다. 공문유취 제35편·메이지 44년·제21권·지리·토지·삼림, 경찰·행정경찰, 사사(社寺)·신사·사원에 편성되어 있다.

일본의 삼림법은 1907년(메이지 40) 4월 23일 법률 제43호와 1899년(메이지 32) 3월 법률 제85호로 발효된 국유임야법, 그리고 1908년 1월 24일 대한제국 법률 제1호로 발효된 삼림법을 근거로 만들었다. 이 기록은 총 49쪽이며 [표 6-1]과 같이 구성되어 있다. 이 문서를 구체적으로 추적하면 결재 라인을 확인할 수 있다.

이와 같이 삼림령은 1911년 3월 24일 조선총독이 상주서를 제출하고, 4월 8일 척무국이 상신, 5월 25일에 내각총리가 일왕에게 상주하고 있다. 문서는 본문, 참조, 척식국 상신 문서, 조선총독 상주서(별지), 각서로 구성되어 있다.

이것을 순서대로 정리하면, 먼저 조선총독부가 작성하여 조선총독 데라우치가 척식국[7]에 제령안의 재가를 요청한다. 척식국은 이를 내각과 법제국에 상신한다. 내각서기관, 내각서기국 장관의 기안으로 내각총리대신 가쓰라 타로가 일왕에게 조선 삼림령의 재가를 상주한다. 이때 법제국장관, 외무·대장·해운·문부·내무대신의 검토와 협조서명을 받는다. 따라서 일본에서 추진한 제령의 결재 라인은 조선총독 → 척식국 → 법제국 → 내각총리대신 → 일왕의 순서가 된다.

---

7 조선총독부 행정에 대한 일본 측 담당 기관은 척무국이다. 척무국은 시기에 따라 명칭이 변화하여, 쇼와 4년부터는 척무성이 된다. 1942년 10월 31일에 조선부는 내무성 관할이 되었다. 자세한 변화에 대해서는 戰前期官僚制硏究会編·泰郁彦 著, 『戦前期日本官僚制の制度·組織·人事』, 東京大学出版会, p. 766 참조.

[표 6-1] 일본 내각 조선총독부의 중층적 결재 라인

구분	작성 기관 및 결재 라인	내용	작성일	문서 번호	항
본문	내각총리대신 공작 가쓰라 타로(법제국장관, 외무·대장·해운·문부·내무대신, 내각서기장, 내각서기관의 검토)	조선총독 상주 삼림령 재가 상주 건	메이지 44년 5월 26일	척갑 77호	3
참조	일본 내각	일본의 삼림법은 1907년(메이지 40) 4월 23일 법률 제43호와 1899년(메이지 32) 3월 법률 제85호로 발효된 국유임야법, 그리고 1908년 1월 24일 대한제국 법률 제1호로 발효된 삼림법이 있음			14
척식 상신 문서	척식국, 내각총리대신 후작 가쓰라 타로	조선총독 제출 제령안 삼림령을 상신	메이지 44년 4월 8일	척조 51호	1
조선총독 상주서 (별지)	조선총독부 조선총독 자작 데라우치 마사다케	상주서, 제령안의 재가를 상주하는 별지(제령안 제30조, 삼림안 상주의 이유)	메이지 44년 3월 24일		22
각서	일본 내각	일본의 관유재산관리규칙을 조선에도 적용한다. 제령으로 예외 규정 가능			9

이 「삼림령을 정함」 원본은 일본의 국립공문서관에 소장되어 있다. 그 이유는 일본의 내각이 작성하였기 때문이다. 이 문서는 내각의 '공문유취(公文類聚)' 기록군 속에 다음과 같이 구성되어 있다. 내각·총리부, 태정관·내각관계, 제6류·공문유취, 제35편·메이지 44년, 제21권 지리·토지·삼림·경찰·행정경찰·사사(社寺)·신사(神社)·사원(寺院)이다.[8]

8 「삼림령을 정함」은 1911년 5월 29일 내각이 작성했다.

그러면 제령안을 일본의 척무성에서 내각으로 상신하기 전, 즉 조선총독부의 담당 기구와 결재 라인은 어떠하였는가. 먼저 삼림령의 초안을 만든 담당 기관은 조선총독부 산림국의 임야과이다. 초안은 아직 찾지 못했으나, 「조선기류령」 등 다른 제령안의 작성 결재 라인과 같이[9] 삼림관리업무를 담당하고 있는 총독부 임야계가 초안을 작성하였을 것이다. 그리고 임야과의 초안 작성 → 임야과장 → 산림국장 → 법제국 → 총독관방 심의실 → 조선총독이라는 결재 라인이 있었다는 것을 알 수 있다.

이처럼 조선과 일본에서 각각 작성된 결재 라인을 표로 정리하면 [표 6-2]와 같다.

이 과정을 보면, 본국과 식민지의 결재 구조는 다르고, 식민지의 경우는 본국과 식민지의 기관에 걸친 이중 수속을 밟아야 했다는 것을 알 수 있다. 식민지의 행정 기관인 조선총독부에는 법령을 결정할 권한이 없었다. 이와 같이 삼림령의 제정 과정을 보면, 당시 조선총독부와 내각은 행정적인 상하질서관계를 가지고 있다는 것을 알 수 있다. 또한 그 결재 라인은 조선총독 → 일본 내각의 상주 → 일왕의 최종 서명으로 된다.

따라서 이 결정 구조에 의해 당시의 법령 결정 과정에서 작성된 자료의 원본은 일본과 한국에 각각 보존되게 된 것이다. 즉, 한국의 국가기록원에 소장되어 있는 조선총독부 기록군은 그 자체로 완결된 기록군이 아니라는 것을 알 수 있다. 조선총독부 기록이 분산 보존

9 이승일, 「조선기류령의 제령 제정 과정」, 박성진·이승일, 앞의 책, 역사비평사, 2007 참조.

[표 6-2] 제령 결정의 행정적 과정과 구조

공간	단계	기관 구분	행정 기관·헌법 기관	역할	입법기관
일본	9단계	헌법 기관	쇼와 일왕	최종 결재	
	8단계	내각총리 제국의회	내각총리	결재 상주	제국의회
	7단계	일본 내각	법제국	기안	
	6단계	일본 내각	척무국	상신	
조선	5단계	조선총독	총독	총독안 결정	
	4단계	조선총독부	총독관방 심의실	심의	
	3단계	조선총독부	법제국	기안	
	2단계	조선총독부	산림국	검토	
	1단계	조선총독부	임야과	초안	지방의회 의견

되어 있는 결정적인 이유는, 제국과 식민지에 걸친 법령의 결재 구조에 있었다고 말할 수 있다.

일본 내각에서 삼림령을 결정하고 조선에서 시행하기 위해서는 시행규칙, 예규 등이 필요하다. 조선총독부는 부령으로서 메이지 44년 8월, 「조선총독부 삼림령 시행규칙 74호」를 공포했다.[10] 더욱이 구체적으로 실시하기 위한 예규를 만들어 업무를 수행했다. 이왕가[11]의 국유지, 지방관청의 관유지, 사원의 재산(현재의 문화재를 포함) 등을 관리하기 위해, 삼림령에 관한 예규를 만들어 임야조사사업, 조림사

10 조선총독부 『관보』 제272호, 1911. 8. 31. 삼림령 및 삼림령 시행규칙에 의한 출원 기타양식. 『관보』 제221호, 부령 90호, 1911. 8. 7. 훈령 73호, 1911. 8. 31.

11 주권을 빼앗긴 조선왕족은 1910년(메이지 43) 「한국병합에 관한 조약」의 제3조·제4조에 의해, 왕공족인 '이왕가'로 바뀌었다. 법적으로는 일본의 황족에 준하는 대우를 받았다. 1947년(쇼와 22) 5월 3일 일본국 헌법 시행에 따라 왕족 신분을 잃어버렸다.

업 등을 추진하였다. 삼림령에 기반한 주요한 시행 기록은 조선총독부의 산림과가 작성한 『예규철』이다. 이 문서는 한국의 국가기록원에 소장되어 있다.

타이완의 경우는 율령이라는 이름 아래, 조선과 같은 결정 과정에서 「대만삼림령율령안」이 결재되었다.[12] 이 원본도 일본의 국립공문서관에 보존되어 있다. 계층은 내각·총리부, 태정관·내각관계, 제6류 공문유취, 제43편·다이쇼 8년, 제27권·지리·토지·삼림·잡재(雜載)에 편성되어 있다.

대장성(大藏省) 주관「조선국유림처분령」의 결재 구조

제령의 결재 라인과는 다른 식민지 산림 지배의 정책 결정 라인이 있다. 제국 일본 내각은 다이쇼 원년 8월 14일, 「조선 국유 삼림 미간지 및 삼림산물 특별처분령」을 칙령 6호로 제정했다.

이 칙령의 소관 부서는 대장성(大藏省, 오쿠라쇼)이다. 이 타입의 결재 라인을 분석하기 위해, 〈그림 6-2〉의 원본을 검토할 필요가 있다.

문서를 보면, 대장성과 일본 내각이 조선의 국유지 삼림 및 그 산물을 관리하기 위한 칙령을 제6호로 제정한 것을 알 수 있다. 칙령에 표면적으로 나타나 있는 구체적인 목적은, '공용' 또는 '공익사업'을 위해, 이민단체용으로 제공하기 위해, 광업을 위해, 조선총독이

---

12 內閣, 「臺灣森林令律令案」, 1919. 7. 31.

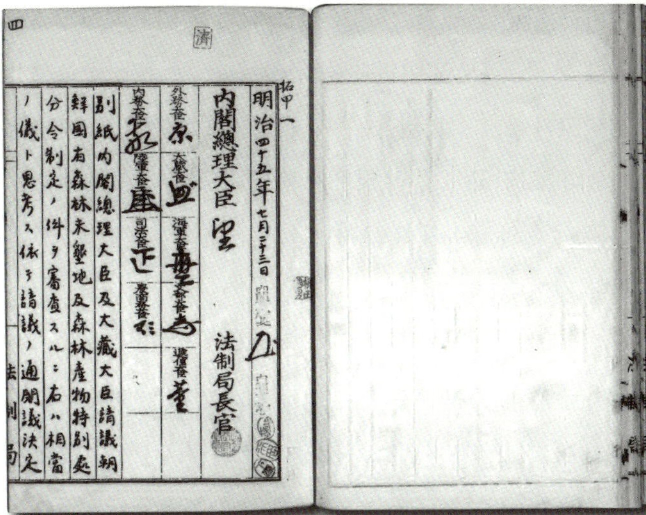

拓甲一

明治四十五年七月二十三日

内閣總理大臣　　法制局長官

外務大臣　内務大臣　大藏大臣　陸軍大臣　海軍大臣　司法大臣　文部大臣　農商務大臣　遞信大臣

別紙内閣總理大臣及大藏大臣請議朝鮮國有森林未墾地及森林產物特別處分令制定ノ件ヲ審査スルニ右ハ相當ノ儀ト思考ス依テ請議ノ通閣議決定

法制局

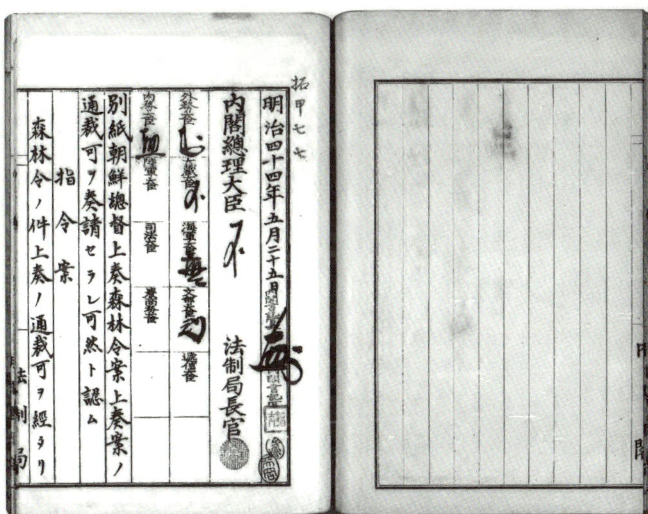

拓甲七七

明治四十四年五月二十五日

内閣總理大臣　　法制局長官

別紙朝鮮總督上奏森林令案上奏案ノ通裁可ヲ奏請セラレ可然ト認ム

指令案

森林令ノ件上奏ノ通裁可ヲ經タリ

法制局

〈그림 6-2〉 일본 내각 법제국의 조선총독 상주 삼림령안 문서

정하는 바에 따라 특별한 연고가 있는 삼림을 연고자에게 불하한다는 것이다.[13] 즉, 일본인 이민자, 광업을 위한 채굴자, 총독부가 정하는 특별연고자에게 삼림권을 주어 산림을 효과적으로 지배하기 위한 것이었다. 그리고 조선의 국유지 속에서도 궁내청에 귀속한 조선왕가(당시 李王家)의 국유재산·묘지나 국유지 소재의 사원을 지배·관리하기 위한 것이다.

이 칙령 원본은 일본 국립공문서관에서 보존하고 있다. 국립공문서관의 자료편성은 내각·총리부, 태정관·내각관계, 제6류 공문유취, 제36편·메이지 45년~다이쇼 원년, 제15권·지리·토지·삼림·경찰에 편성되어 있다.

칙령의 결정 과정에서 주요 담당 기관은 대장성이고, 대장성의 초안, 대장성 국장의 검토 → 내각 법제국의 기안·법제국장의 검토 → 대장성 대신·내각총리의 상주 → 일왕의 서명이라는 라인에 따라 결재되었다. 일왕이 서명한 원본 기록은 〈그림 6-3〉과 같다.

이같이 칙령, 제령, 부령은 제국 일본 정부와 조선총독부의 담당 기관이 각각 작성했다. 이에 따라 원본은 각각 담당 기관의 문서관리 규칙에 의해 관리하였다. 관련된 산림 정책의 법령을 정리하면 [표 6-3]과 같다.

표에서 보는 바와 같이, 산림관리에서 제국과 식민지 간의 결재 구조는 일본과 한국에 각각 원본이 남게 되는 원인이 되었다. 국유

13 「朝鮮国有森林未墾地及森林産物特別処分令」, 御署名原本·大正元年·칙령 제6호. 칙령을 작성하는 시기는 明治政府, 홋카이도, 타이완 등의 경험을 참조했다. 「北海道國有林野及産物處分令」, 1908. 11. 28., 칙령 286호.

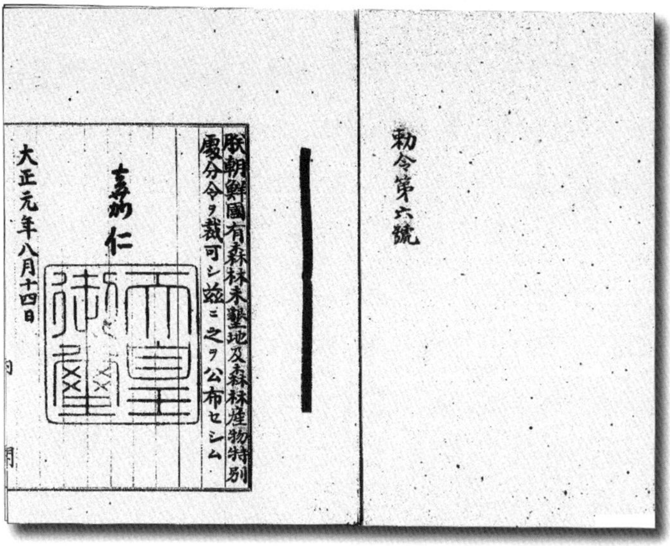

〈그림 6-3〉「조선 국유 삼림 미간지 및 삼림 산물 특별 처분령」의 어서명원본
출전: 국립공문서관

[표 6-3] 산림 정책 관련 법령

번호	법령명(연도)	레벨	소관 부서	현재 원본 소장처
1	삼림령 10호(1911. 5. 25.)	제령	내각·척무국·조선총독부	일본 국립공문서관
2	조선총독부 삼림령 시행규칙	시행규칙	조선총독부 식산국	한국 국가기록원
3	예규철	예규	조선총독부 식산국 임업과	한국 국가기록원
4	조선 국유 삼림 미간지 및 삼림 산물 특별 처분령(다이쇼 원년 8월 14일)	칙령	일본 대장성	일본 국립공문서관
5	역둔토 특별처분령 (다이쇼 원년 칙령 제39호)	칙령	내각	일본 국립공문서관
6	국유임야법을 조선에 시행하는 건 (쇼와 18년 칙령 제726호)	칙령	내각	일본 국립공문서관
7	조선국유림야부분림령 (쇼와 18년 칙령 제727호)	칙령	내각	일본 국립공문서관

지 삼림원 처분의 칙령과 삼림령의 제령에 관한 원본은 일본 내각에서 작성하였기 때문에 현재 국립공문서관에 보존되어 있다. 그 법률의 세칙으로 작성된 삼림령 시행규칙과 예규철 원본은 조선총독부 산림과가 작성하였기 때문에 현재 한국의 국가기록원에 보존되어 있다.

만주사변 이후 전시기가 되면 본토와 자국 식민지·점령지 일대에 총동원 체제를 구축하기 위해, 일본 정부는 1938년 4월 1일 국가총동원법을 제정하여 공포한다. 일본은 이 법을 식민지에 적용하기 위해, 「국가총동원법을 조선, 타이완, 가라후토 등에 시행하는 건」을 칙령으로 제정 공포하였다.[14]

총동원을 위하여 이 시기에는 일본의 법률을 식민지에 자주 시행하게 된다. 그래서 1942년부터 '내·외지 행정 일원화 정책'을 취하였다. 임야와 관련된 사례로서, 쇼와 18년 9월 17일, 히로히토 일왕은 '국유임야법'을 조선에 시행하는 건을 칙령 제726호로 재가하였다.

이처럼 내·외지 행정 일원화 정책 이후에는 정책과 관련된 대부분의 문서를 일본 내각에서 작성하고 일왕이 최종 결재한다. 그러므로 이 공문서들은 모두 일본의 국립공문서관에 보존되었다.

조선의 제령과 타이완의 율령, 그리고 일본의 칙령은 소관 부서가 달라 각각 별개의 결재 라인에 따라서 정해진다. 제령의 결재 라인은 조선총독부, 조선총독, 척식국, 법제국, 내각 각 성, 내각총리대신을 거쳐 일왕이 최종 결재한다. 율령은 타이완 총독부, 타이완 총

14 국가총동원법의 중층적 결재 구조에 대해서는 제7장 참조.

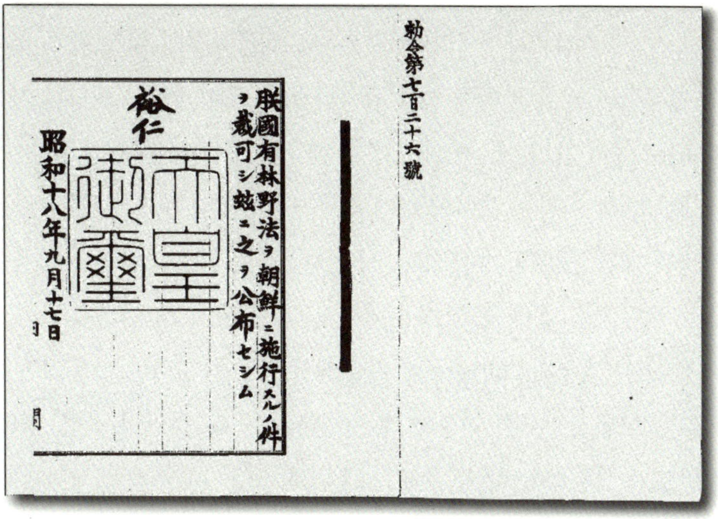
勅令第七百二十六號

朕國有林野法ヲ朝鮮ニ施行スルノ件ヲ裁可シ玆ニ之ヲ公布セシム

裕仁

天皇御璽

昭和十八年九月十七日

〈그림 6-4〉「국유임야법을 조선에 시행하는 건」의 어서명원본
출전: 국립공문서관

독을 거쳐 일본의 척식국에 안건이 상정되면, 이후 조선의 제령과 같은 결재 라인을 거친다. 칙령은 대장성이 소관 기관인 경우, 대장성, 내각 법제국, 내각총리대신, 일왕의 결재 라인으로 된다. 그 외 칙령은 내무부 소관, 후생성 소관 등에 따라 대장성과 같은 결재 라인을 거치게 된다.

이리하여 각각 결재 라인에 의해 원본이 보존되는 장소가 변하였고, 공간적으로 조선과 타이완, 일본으로 나뉘어 보존된 것이다. 더욱이 일본이 패전한 후 귀환 정책과 한반도의 남북분단에 의해 한국의 국가기록원, 타이완의 국사관(國史館), 일본의 국립공문서관, 북한

의 국가기록관 등에 각각 분산 보존되었다.[15]

그 결과, 조선총독부의 기록 원본은 조선총독부와 일본 제국 정부의 기록관리 제도에 의해 각각 관리되었다. 조선에서는 제령의 기초가 되는 여러 가지 실정조사 기록과 예규철 등의 원본이 '공문식(公文式)' 임정(林政)이라는 분야에 편성되어 잔존하였다. 또한 일본에는 척식국과 내각, 법무국, 대장성 문서가 '어서명원본(御署名原本)', '공문유취', '공문잡찬' 등에 편성 보존되어 있다. 식민지 제령의 결정 과정에서, 일본 정부와 조선총독부 사이에서 업무를 처리한 것은 조선총독부 도쿄출장소로서 역할이 매우 컸다. 이곳은 원안의 작성, 전달, 한반도와 일본의 연락 등 주로 제국의회, 일본 내각 각 성과의 업무를 조율하는 업무를 하였으며, 행정 분야의 싱크탱크 정무총감이 일본과 조선을 오가며 이곳에서 업무를 관장하였다.

임업 정책 담당 기구와 사무 분장의 변화

조선총독부의 임업 기록을 체계적으로 파악하기 위해서는, 당시 임업 정책 추진 기구의 변천과정과 그 업무 분장을 파악할 필요가 있다. 작성주체와 그 사무 분장을 파악하는 것에 의해, 작성한 기록의 출처를 추적하는 것이 가능하다.

15 조선총독부 기록은 한국, 일본뿐만 아니라 북한, 미국 NARA·의회도서관·스탠포드대학 등에도 분산되어 있다.

조선총독부는 제령의 최종 결정 기관이 아니지만, 제령의 초안, 정책·예산·인사 정책에 필요한 실제적인 조사나 기획을 추진하였다. 담당 기구는 식산국 산림과와 법무국이고, 주무 부서는 산림과였다. 임업 정책 담당인 산림과는 1912년, 1926년, 1943년에 소속이 변경되었다. 산림과는 1910년 식산국에 있다가 1912년에 농림국 산하로 재편성되었다. 농림국 산림과는 1918년부터 1926년까지 조선 임야 지배의 기반이 되는 임야조사사업을 추진하다가 1919년에 다시 식산국으로 들어왔다.

임야조사사업 종료 후, 총독부는 본격적으로 산림을 관리하기 위해 담당 기관을 확대하였다. 1926년에는 산림부가 조선총독부 직할 부국으로서 새롭게 편성되어, 임무과·임산과·조림과라는 3과가 설치되었다. 그러나 만주사변 후인 1932년에는 농림국의 임업과로 축소되었다. 이것은 산림업무가 이미 정착했기 때문이기도 하지만, 1930년대에 전국 시가지계획, 군수산업 육성, 노동력 징발 등과 관련한 행정적 업무가 급격하게 증가했기 때문이다.

1942년 4월 농림국에서는 임업기술원양성소를 신설하였다. 같은 해 11월에는 농림국의 임정과로 명칭을 변경하여 업무를 추진하였다. 또한 전쟁이 아시아태평양전쟁으로 확대된 시기인 1943년에는 광공국 소속 임산과로 바뀌었고, 1945년에는 광공국의 생산 제4과로 편성되었다. 자세한 것은 [표 6-4]와 같다.

표에서 알 수 있는 바와 같이, 이 산림과(임업과, 임정과 등의 통칭)는 실행 기관으로서, 주로 각 도의 사정(査定), 조사 및 측량 등의 사업을 추진하였다. 사정 업무는 각 도의 내무부 산림과, 근업과 및 정리

[표 6-4] 임업 관련 기능의 사무 분장 변천 분석표

변경 시기	소속국	과(科)	사무 분장(기능)
1910. 10. 1.	농상공부 식산국	산림과	산림, 산야
1912. 3. 30.	농림국	산림과	1) 산림, 산야 2) 영림창
1915. 5. 1.	농상공부	산림과	1) 산림, 산야 2) 영림창
1919. 8. 19.	식산국	산림과	1) 산림, 산야 2) 영림창
1926. 6. 14.	산림부 (총독부 직할)	임무과	1) 별도 게재 제외 이외, 삼림령의 시행 2) 영림서 및 임업시험장 3) 국유임야의 관리 및 보호 4) 국유임야의 처분 5) 화전정리 6) 삼림조합, 기타 임업단체 7) 임업 및 사방(砂防)공사의 조성 8) 부내 타 과가 주관하지 않는 사항
1926. 6. 14	산림부	임산과	1) 삼림산물의 처분 2) 벌채, 운재 및 유전(遊筏) 3) 표목 및 제재(製材) 4) 재목 및 그 제품의 처분, 표류재목
1926. 6. 14	산림부	조림과	1) 국유임야의 존폐 구분 2) 국유임야의 시업(試業)계획 3) 국유임야의 조림사업 및 사방사업
1932. 7. 27.	농림국	임정과	1) 임정상 제반의 사항 2) 삼림령의 시행 3) 영림서 및 임업시험장 4) 국유임야의 관리, 보호 및 처분 5) 국유임야의 존폐 구분, 경계사정 및 측량 6) 사방 7) 화전의 정리 8) 임업의 조성
1932. 7. 27.	농림국	임업과	1) 국유임야의 시업계획 2) 국유임야의 조림사업 3) 삼림산물의 처분 4) 석벌(石伐), 운재, 표전, 과목 및 제재
1942. 4. 1.	농림국	임업기술원양성소	임업기술원 양성에 관한 업무
1942. 11. 1.	농림국	임정과	1) 목재 및 산림산물 (임업과에서 장악하는 것 제외)
1942. 11. 1.	농림국	임업과	1) 삼림산물의 처분→국유임야의 삼림산물 처분 2) 석벌, 운재, 유전, 저목(樗木)
1943. 12. 1.	광공국	임산과	1) 국유임야 2) 임업 3) 임산물 4) 사방 5) 화전의 정리 6) 임업시험장
1945. 4. 17.	광공국	생산제4과	1) 국유임야 2) 임업 3) 임산물 4) 송탄유 및 송근유 5) 사방 및 화전의 정리 6) 임업시험장

출전: 지수걸·김익한·설문원·김정인, 『조선총독부공문서의 분류기술방법론』, 한국국가기록원, 2004, pp. 81~101에서 발췌.

계·임야조사계와 밀접하게 연계하면서 진행하였다. 일반사업시행계획, 분쟁지 처리, 도면명부 검사 교정, 사정 결과 공시, 임야대장 작성, 이동지 정리, 서무 업무도 추진하였다. 조사 및 측량은 부윤,[16] 면장, 측량수사무원이 중심이 되어 담당하고, 그 외 필지의 조사·측량, 원도의 제조 및 기타 검사·교정, 내업(內業)으로서 신고서의 정리, 지적의 계산, 분쟁지 처리, 임야도 및 임야조사서 작성, 서무회계 등을 처리했다. 소속 기관은 임야조사위원회, 임업연구소, 수원농림학교 등이다.

이처럼 담당 기관의 주요 업무는 기록의 존재 형태와 밀접한 관계를 가지고 있다. 국유림 조사, 보존, 대부임야제·시행규칙의 제정과 실시, 기록의 작성 등에 관한 기록이 편성되어 있고, 이들 기록은 현재 국가기록원에 보존되어 있다. 상세한 것은 다음 절에서 검토하고자 한다.

국가기록원 소장 임야 관계 기록의 특성

국가기록원 조선총독부 기록군의 분포 현황을 보면, 2003년 현재 합계 23,447철 가운데 농림국이 6,670철(전체의 28.4%)이고, 임정은 1,341철이 분류되어 있다.[17](2010년 현재는 40,500철, 도면 85만 건) 주로

16 당시 조선의 행정 단위는 부-군·읍-면-리 순서이다. 각각 부윤, 군수, 읍장, 면장, 이장 등이 책임자이다.

17 지수걸·김익한·설문원·김정인, 앞의 책, p. 111.

농림 퐁(Fonds, 임정과), 임정 시리즈(series), 지적이동 기록물철, 국유 임야지적 기록물 건 이동관계 서류(1921~1929년)로 구성되어 있다.[18]

조선총독부 기록군 중, 임업 관련 기록은 임야 관리 예규·인사 실행, 예산 실행, 조사·증명 관련 기록 등으로 주로 총무과와 농림국 산림과에서 작성했다. 몇 가지 사례를 들면 다음과 같다.

첫째, 조선총독부 산림과에서는 삼림령에 기반하여 전반적인 업무 예규와 그에 관한 규정을 작성하였다. 연도별로 보존되어 있는『예규철』기록은 [표 6-5]와 같다.

표에서 보는 바와 같이,『예규철』과「예규에 관한 기록」은 1907년 통감부 시기부터 1942년까지 산림국 임야과가 작성한 문서이다. 이 문서는 한국 국가기록원 조선총독부 기록군 속의 임정 분야에 편성되어 있다. 이보다 상위의 계층은 공문식이다.[19]

이 기록물철에는 산림 업무를 위한 절차, 산림 산야의 국유·사유 구분에 관한 조서, 각 과의 업무 방법 등이 수록되어 있다. 산림 정책의 주무 부서는 산림국 임야과이고,[20] 기타 필요한 사항에 의해 각 부서가 업무를 담당하고 있다. 이 업무는 식민지 이전 대한제국기에는 농상공부의 업무였으며, 통감부에서는 영림창이 담당하고 있었다.

둘째, 총무과가 작성한 인사 기록의 실례를 보면 다음과 같은 기록이 보존되어 있다.

---

18 조직에 근거한 '류' 계층분류로서 조선총독부 문서를 구조화하는 것은 부적절하다는 의견도 있다.(위의 책, p. 52)

19 조선총독부『관보』제29호, 조선총독부령 공문식, 1910. 10. 1.

20 임야과는 명칭이 변화하지만, 조선총독부의 사무 분장으로 업무 내용은 계승하고 있다.

[표 6-5] 국가기록원 소장 '예규철'의 개요

번호	제목	작성 연도	편성	기록원의 관리번호	공개
1	예규철(구분조사)	1907	조선총독부, 농림류, 임정	CJA0010597	공개 가능
2	예규에 관한 기록	1913~1917		CJA0018270	
3	예규철	1915		CJA0010438	
4	예규철	1920		CJA0010555	
5	예규철(잡철)	1920		CJA0010554	
6	예규철(국유임야)	1921		CJA0010616	
7	예규철	1924		CJA0010657	
8	예규철	1924		CJA0010678	
9	예규철	1926		CJA0010676	
10	예규철	1927		CJA0011447	
11	예규철	1929		CJA0011225	
12	예규철	1940		CJA0011571	
13	예규철	1942		CJA0011231	

출전: 국가기록원

- 판임관 진퇴관계서류(判任官 進退關係書類, 1931~1941년, 군(郡)삼림주사 임명·전근·채용의 건)
- 인사법규(1935년, 삼림주사·임시직원의 임면)

이처럼, 국가기록원에는 삼림주사의 전근이나 채용, 임시직원의 임면 등에 대해 검토한 문서가 보존되어 있다. 그러나 인사권은 어디까지나 일왕이 가지고 있으므로 기록원에 보존되어 있는 인사 기록은 주로 발령 문서에 해당한다.

〈그림 6-5〉는 충청남도 임야 담당자에 대한 인사발령 문서이다. 이 문서는 쇼와 6년 12월 9일 장희운을 군청 삼림주사로 발령하는 내용으로 지사는 12월 8일에 결재했으며, 인사 비밀문서로서 관리

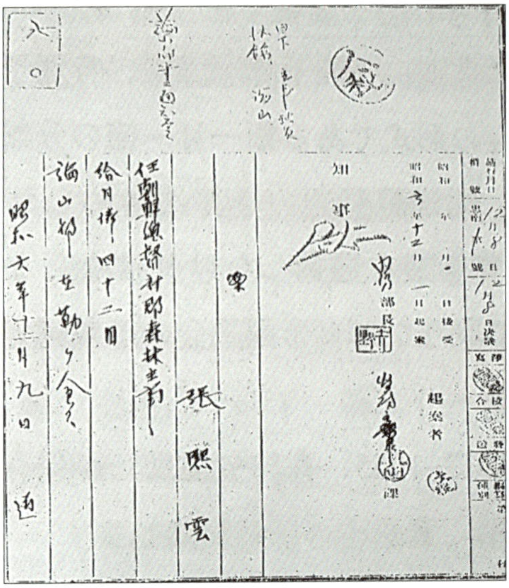

〈그림 6-5〉 조선총독부의 군 삼림주사(郡森林主事) 발령건

출전: 조선총독부, '판임관 진퇴관계서류', 1931~1941년(국가기록원 소장)

[표 6-6] 조선총독부 내무부 산림과 등에서 작성한 사실증명 기록

번호	기록명	작성 연도	내용
1	권리증서철	1914년	홍릉 부속임야
2	기본재산대장	1914~1942년	각 도, 기본임야재산 관련
3	임야세명기장	1919~1947년	경상남도 남해군
4	임야관계증빙서류	1924~1935년	임야분할 신고서
5	국유림 양여의 건	1926~1939년	경상북도 안동군, 충청남도 아산군 등
6	특별 연고림 양여처분철	1931~1934년	충청남도 논산군, 공주군 등
7	임야대장 소유자 이동관계	1933~1940년	임야분할, 합병
8	연고림 관계서류	1935년	특별연고 양여
9	임야대장	1936년	경상남도 마산부
10	임야임대차 계약서	1935~1936년	경상남도 김해
11	임야권리증	1943년	매도, 양여 허가
12	임야기본조사부	1944년	경기도, 임야 조사

출전: 국가기록원 열람실 제공

하였다. 일본 내각에서 결정한 인사를 기초로 각 도청에서 발령 문서를 작성하였기 때문에 현재 국가기록원에 보존되어 있다.

셋째, 대부분의 기록은 총독부 본부의 농림국 임산과·임업과·임정과(담당과의 명칭은 시기에 따라 다름), 각 도의 내무부 산림과 등에서 작성된 사실증명 기록이다. 주요한 기록은 [표 6-6]과 같다.

넷째, 예산 관련 기록은 총독부의 연도별, 각 도별 일반예산기록철, 특별예산기록철로 나뉘어 보존되어 있다. 이러한 점은 총독부의 분류 형식인 유-목-절의 형식과는 다르다는 것을 알 수 있다. 1915년 산림회계폐지의 법률에 따라, 산림과 예산이 총독부의 예산에 포함되었다. 총독부 예산을 확보하기 위해서는 제국의회의 예산심의를 통과해야만 했기 때문에 총독과 정무총감은 조선과 도쿄에서 편지로 긴밀한 연락을 주고받으며 제국의회의 예산 통과에 노력했다.

다섯째, 검찰이 작성한 삼림령 위반 범죄인명부(1917~1955년)가 보존되어 있다. 총독부가 폐지된 이후에도 한국의 담당 지방 기관에서는 이 문서철을 계속 사용하였기 때문에 1955년까지 합철되어 이관한 경우가 많다.

위에서 살펴본 바와 같이, 조선에서 작성된 기록물은 정책을 수립하기 위한 기본조사 자료로서 대부분 증명기록이고, 현장에서 필요한 실제 인사 관련 기록(이동, 발령, 퇴임), 예산 기준, 관리 등의 기록이라는 것을 알 수 있다. 이 기록물들은 현재 국가기록원이 보존하고 있다. 그러나 정책을 결정한 법령, 관제, 예산, 인사 결정 등 상위 레벨의 기록은 거의 소장하고 있지 않다. 그 원인을 찾기 위하여 일본의 국립공문서관이 소장한 조선총독부 자료를 검토할 필요가 있다.

다음으로 국립공문서관에 보존되어 있는 조선총독부의 산림 정책 관련 자료를 실증하고자 한다. 칙령, 제령, 관제, 인사, 예산 분야로 나누어 검토하고자 한다.

국립공문서관 소장 임야 법령 기록 사례

그러면 조선을 지배한 일본 본국과 내각의 기록이 보존되어 있는 국립공문서관에는 어떠한 조선총독부 관련 기록이 보존되어 있을까. 국립공문서관에 소장되어 있는 총독부 관련 임업 기록은 법령, 관제, 정책 관리, 예산 책정과 폐지, 직원 관리 기록, 관직 임면, 농림학교 관계 기록 등이다. 주요 기록은 대부분 내각총리부에서 작성하였기 때문에 주로 일왕의 어서명원본, 내각의 공문유취 시리즈에 편성되어 있다.

우선, 조선의 임업에 관한 제령 기록으로서, 1911년 5월 29일에 작성한 「삼림령을 정함」을 들 수 있다. 이 문서는 내각·총리부의 태정관·내각관계 제6류 공문유취 제35편(메이지 44년 제21권 지리·토지·삼림·경찰·행정경찰·사사(社寺)·신사·사원)에 편성되어 있다.[21]

문서는 조선총독의 상주안, 척식국의 상주안, 법제국의 기안문(내

21 근대 일본의 공문서 분류 연구에서는 식민지 관련 기록과의 관계에 대해서는 미흡한 상황이다. 식민 지배와 관련되어 있는 상위 레벨의 일본 본국 기관은 내각총리부, 척식국(1929년(쇼와 4)부터 척식성, 뒤에 대동아성으로 업무이전), 내무성, 육군성, 해군성, 대장성 등이다. 전후에는 총무성, 대장성, 후생성, 외무성, 방위성 등으로 업무가 이관되었다.

각총리의 상주안)으로 구성되어 있다. 조선의 제령 삼림령의 결재 과정을 분석하면 다음과 같은 사실을 알 수 있다. 조선총독 데라우치 마사다케가 1911년(메이지 44) 3월 24일 척식국에 이첩하고, 척식국은 법제국에 삼림령안을 상신하였다. 법제국에서는 일본의 삼림법을 검토하고 각 성 장관들에게 협조 사인을 받은 뒤, 내각총리대신 가쓰라 타로(桂太郞)가 메이지 44년 5월 25일 일왕에게 상주하여 제령으로 성안(成案)이 되었다. 그런데 식민지 지배는 단선적이지 않으며, 일왕은 칙령으로 관제·예산·인사권을 장악하였다.

다음으로 제령이 아닌 칙령을 결재할 때의 과정을 살펴보자. 한국 강제 병합 2년 후, 1912년 8월 14일에 일본 내각총리는 삼림령과 별도로 「조선 국유림 미간지 및 삼림 산물 특별 처분령을 정함」이라는 문건에 결재하였다. 조선에서 삼림 미개척지와 임산물을 매각하거나 대부하는 것에 관한 칙령안을 각의에서 청하는 문서이다.[22] 같은 날 문서의 최종적인 단계에서 일왕이 서명하고 칙령 제6호로 공포하였다.

이 문서는 조선총독부가 작성한 초안이 있었지만, 조선총독이 상주한 것이 아니었다. 그것을 기초로 일본 내각의 척식국이 작성하고, 법제국이 가라후토의 건을 참고하여 기안한 다음, 내각총리대신 사이온지 긴모치의 이름으로 1912년(메이지 45) 1월 8일에 각의 결정하였다. 조선의 국유림 미간지 개척이나 임산물 매각 등에 대한 규

22 내각총리부 태정관 내각관계 제6류 공문유취 제36편, 메이지 45년 다이쇼 원년 제15권 지리 토지삼림 경찰 행정경찰 사사(社寺) 상휼.

[표 6-7] 조선 산림 지배 관련 법령 기록

번호	작성 기관	기록건명	기록책명	작성 연도	최종 결재자
1	내각	삼림령을 정함	공문유취	1911	내각총리
2	내각	鉱床´林野及国有未墾地調査ノ事務ニ従事セシムルタメ朝鮮総督府ニ臨時職員設置(칙령 제82호)	어서명원본	1911	메이지 일왕
3	내각	조선 국유 삼림 미간지 및 삼림 산물 특별 처분령을 정함	공문유취	1912. 8. 14.	내각총리
4	내각	조선 국유 삼림 미간지 및 삼림 산물 특별 처분령(칙령 제6호)	어서명원본	1912	다이쇼 일왕
5	내각	朝鮮森林特別会計規則(칙령 제68호)	어서명원본	1912	다이쇼 일왕
6	내각	조선총독부 임야조사위원회관제를 정함	공문유취	1918. 4. 29.	내각총리
7	내각	국유임야법을 조선에 시행하는 건(칙령 제76호)	어서명원본	1943	쇼와 일왕

제사항을 일본 내각이 정한 것이다.

타이완의 경우, 산림법령은 「타이완 삼림령 율령안」(다이쇼 8년)으로 성안되었다. 조선의 제령 삼림령과 같이 공문유취 시리즈에 편성되어 있다.[23] 조선에서 산림 자원 지배 관련 법령을 작성 기관, 결재자, 작성 연도별로 보면 [표 6-7]과 같다.

표에서 보는 바와 같이, 내각은 1911년 5월 29일 조선의 삼림령을 제령으로 정하고 1912년에는 특별 처분령을 정하였다. 그리고 조선의 산림에 대하여 본격적으로 지배 체제를 수립하기 위해 1918년 4

23 내각총리부 태정관 내각관계 제6류 공문유취 제43편, 다이쇼 8년·제27권 지리 토지 삼림 잡재이다. 내각 1919년 7월 31일.

월 29일에는 총독부의 임야조사위원회 관제를 정하였다. 아시아태평양전쟁 중인 1943년에는 일본의 국유임야법을 조선에서 시행할 것을 칙령으로 공포하고 있다.

결재 라인은 우선 조선총독부-척무국의 보고를 통해서 법제국이 내각총리에게 상신한다. 각 대신의 인정을 거쳐 내각총리가 결재한 후, 내각총리는 일왕에게 상주하는 형태를 취하였다. [표 6-7]의 4번, 5번, 7번 공문서 최종 결재자는 일왕이다. 모두 제국의회를 거치지 않고 내각이 상주하고 일왕이 칙령으로 결정하고 공포한 것이다.

삼림령 이외에도, 정책 논의, 직원의 배치를 위한 관제, 예산특별회계 규칙의 설정, 인사, 법률, 칙령의 제정 등 중요한 사안은 모두 일본의 내각, 척식국, 법무국이 담당하였다. 이들 기관이 담당한 업무 기록은 각각의 기관이 보관한 후, 일본의 국립공문서관으로 이관되어 이 기관의 정리시스템에 의해서 관리되고 있었다.

일본 정부와 식민지의 예산 결정 기록

조선·타이완·가라후토 등 일본의 식민지에 대한 예산은 어떻게 결정되었는가. 그 예산 결정 과정을 조사한다면 원본의 출처를 명확하게 밝힐 수 있을 것이다. 예산에 대한 결정 과정은 일본 정부의 전체 예산 결정 과정과 같은 루트를 거쳤다. [표 6-8]의 사례를 보면 알 수 있다.

이 문서는 1914년 내각총리부가 작성했다. 각 특별회계 세입·세출

[표 6-8] 일본 정부와 식민지의 예산 결정 기록 사례

구분	내용
기록물천명	다이쇼 3년도 각 특별회계 세입·세출 예산
계층	공문서, 내각·총리부, 태정관·내각관계, 어서명원본 다이쇼 3년 예산
청구번호	분관-KS-000-00·御 10073100
작성부국	내각
연월일	1914년(다이쇼 3) 3월 27일
이관성청	내각·총리부
이관 연도	1971년(쇼와 46)
자료내용	① 결재자: 어새 요시히토(嘉仁), 내각총리대신 백작 야마모토 곤노헤이(山本權兵衛), 해군대신 남작 사이토 마코토(齋藤 實), 내무대신 하라 다카시(原 敬), 외무대신 남작 마키노 노부아키(牧野伸顯), 농상무대신 야마모토 다쓰오(山本達雄), 대장대신 남작 다카하시 고레키요(高橋是清) 체신대신 모토다 하지메(元田 肇) 육군대신 구쓰요세 유키히코(楠瀨幸彦) 문부대신 오오카 이구조(大岡育造). ② 내용: 짐은 제국의회의 협찬을 거쳐 다이쇼 3년도 각 특별회계 세입·세출 예산을 재가하고 이에 이를 공포함. ③ 상세내용: 특별회계 예산 제1조 다이쇼 3년도 외무성 소관 재외국제국전관거류지, 관동도독부 내무성 소관 조선총독부 조선삼림, 타이완 총독부, 가라후토청 대장성 소관 조폐국, 대장성 금리이자, 군함수뢰정보충기금, 국채정리기금, 제국철도, 조선사업 등

출전: 국립공문서관

[표 6-9] 일본 제국의 예산 편성 흐름

절차	관계 기관	준거법규	규정상 기한	실제 시기
예산 편성 방침 각의 결정	내각			5~6월
세입·세출 개산서(概算書) 작성, 제출	각 성→대장성	순서 1, 2, 3, 4	5월 31일	8~9월
세입·세출 개산서 작성, 제출	대장성→내각	순서 5, 6	6월 30일	10월 말 ~11월 초
예산 각의	내각	순서 7	7월 15일	11월
예정경비 요구서 작성, 제출	각 성→대장성	순서 8, 법 8 규칙 12, 13	8월 31일	11월 말
세입 예정 개산서 작성, 제출	각 성→대장성			11월 말
세입 예산 명세서 작성	대장성	규칙 10, 법 8		
세입·세출 총예산 작성, 제출	대장성→내각	규칙 6, 7, 8, 법8		12월 초
예산 내시회(內示會)	내각, 귀족원 중 의원 양원			12월
총 예산 의회 제출	내각→중의원	법 7, 헌법 65		1월 하순

출전: 회계법회계규칙, 세입·세출 예산 개정 순서 및 1893년(메이지 26) 각령 제2호.

예산을 내각이 상주하여 다이쇼 일왕의 재가를 받았다. 일본 본국의 대장성, 전매국, 인쇄국은 물론 조선총독부, 타이완 총독부, 관동도독부, 가라후토청 등 식민지 및 점령지와 관련된 예산 모두 이 공문서에 의하여 결정되었다. 이 문서는 내각총리부가 1971년에 국립공문서관으로 이관된 기록이다. 계층은 내각·총리부 그룹, 태정관·내각관계 시리즈, 기록물철명 어서명원본 다이쇼 3년 예산으로 편성되어 있다. 제국 일본의 예산 결정 과정은 [표 6-9]와 같다.

표에서 보는 바와 같이, 내각총리부가 5~6월에 예산 편성 방침을 제출하면 각 성, 대장성은 11월 말까지 세입·세출 개산서(概算書)를 작성, 내각총리부에 제출한다. 12월 내각총리부에서 예산 각의, 12월 제국의회에서 예산 심의가 이루어지면 내각총리가 최종적으로 상주하여, 일왕이 서명하여 결정하였다.

예산을 담당한 기관은 각 성, 대장성, 내각총리부이다. 조선총독부는 척무국(1992년 4월부터 척무성으로 승격), 대장성, 내무성에 예산을 제출하고, 각 성이 담당 예산에 조선총독부 관련 예산을 포함 편성하여 제출한다. 이 같은 예산 작성 경로에 의해 담당 기관이 예산안을 작성하며, 그 원본은 각 기관이 관리하게 되었다.

이러한 예산 결정 시스템 때문에, 조선총독부가 작성하여 각 성에 제출한 예산안은 1차 자료가 된다. 예산의 삭감·증가·편성은 내각에서 행하였다. 이 과정에서 조선총독부 정무총감은 도쿄출장소에서 기초안을 제출하는 등 행정적 처리를 하였다. 내각에서 올린 예산안은 제국의회의 심의를 거쳐, 내각이 최종적으로 예산안을 상주하여 일왕이 최종 결재하였다. 따라서 총독부가 작성한 기초 데이터 원안

[표 6-10] 내각의 조선총독부 예산 관련 기록

번호	기록물건명	작성국	계층 및 책명	작성일
1	다이쇼 3년도 각 특별회계 세입·세출 예산	내각	내각총리부·태정관·내각관계·어서명원본(다이쇼), 다이쇼 3년 예산	1914. 3. 27.
2	조선 삼림특별회계 폐지	내각	내각총리부·태정관·내각관계·어서명원본(다이쇼), 다이쇼 5년 법률	1916
3	조선총독부 국유임야 대부요금의 건	회계검사원 원장관방 총무과	기타·회계검사원, (헤세이(平成) 18년도이관계획)·검사보고회의속기록 2 쇼와 4년	1930. 12. 16.
4	척무성 소관 총독부 봉급 외 68건 조선총독부 및 가라후토청 특별회계 세출 절약액을 부활함	내각	내각총리부·태정관·내각관계·제6류 공문유취·66편 쇼와 17년도·재정6 회계6, 예산4~특별회계세출절약액부활	1942. 3. 26.

은 국가기록원에 보존되어 있지만, 내각이 작성한 원안은 국립공문서관에 보존되어 있다. [표 6-10]의 사례는 이 사실을 증명한다.

이처럼, 식민지의 예산은 일본 내각에서 작성하였고, 최종 결재자는 일왕이다. 따라서 예산기록은 일본 정부와 식민지 정부가 같은 시스템에서 내각이 작성하여 보존했다는 것을 알 수 있다. 이러한 예산 결정 공문서는 국립공문서관에 보존되어 있다.

국립공문서관의 임업 관제(官制) 기록

제국과 식민지 간의 중층적 결재 구조를 밝히기 위하여, 국립공문서관에 보존되어 있는 관제 기록 중 조선총독부의 산림 정책과 관련이 있는 기록을 추출하였다. 기본적으로 국가 기관·지방 기관의 관

[표 6-11] 내각의 조선총독부 임업 관련 관제 기록

번호	기록건명	계층·책명	법령(문서)번호	작성국	작성일
1	조선총독부전문학교관제중 개정	어서명원본	칙령 제48호	내각	1918
2	조선총독부임업시험장관제 제정 조선총독부 부내(部內) 임시직원설치 제1조 개정	어서명원본	칙령 제387호	내각	1922. 8. 22.
3	조선총독부 지방관 관제중을 개정함	제6류 공문유취	칙령 제372호	내각	1922. 8. 10.
4	조선총독부 임업시험장 관제를 정함	제6류 공문유취 제46편	閣甲 128호	내각	1922. 8. 8.
5	조선총독부 임업시험장 관제중을 개정함	제6류 공문유취 제49편	칙령 제209호	내각	1925. 5. 27.
6	조선총독부 영림서 관제를 정함	제6류 공문유취 제50편	칙령 제163호	내각	1926. 6. 12.
7	조선총독부 관제중을 개정함	제6류 공문유취 제56편	칙령 제182호	내각	1932
8	조선총독부 부내 임시직원설치제 중 개정	어서명원본	칙령 제382호	내각	1937

주: 조선총독부 임업시험장 관제 중 개정 건은 어서명원본과 공문유취 등에 편성 보존되어 있다. 「조선총독부 관제 중(中)을 개정함」의 건은 필요에 따라 개정한 것으로 확인된다. 1925년 칙령 제209호, 1926년(쇼와 1) 칙령 제164호, 쇼와 2년 칙령 제177호, 1929년 5월 8일 칙령 제115호, 1932년 7월 19일 칙령 제150호, 1936년 11월 25일 칙령 제409호, 1939년 10월 19일 칙령 제713호, 1941년 9월 13일 칙령 제851호 등이 작성되어 있다.

제는 일본 제국 정부 전체의 관제관리방식에 따라 실시하였다. 실례로 1922년 8월 10일에 공포된 칙령 372호 「조선총독부 지방관 관제를 개정하는 건」을 들 수 있다.

수원농림학교 등 전문학교, 임업시험장, 영림창 등에 근무하는 공무원은 물론, 교원에 이르기까지 모든 인사가 내각에서 결정되어, 그 원본이 국립공문서관에 보존되어 있다. 이것은 인사권을 내각이 장악하고 있다는 것을 나타내는 것이며, 총독부는 행정을 수행하는

시행 기관에 불과하다는 것을 알 수 있다.

이와 같이 관제 기록 또한 원본이 국립공문서관에 보존되어 있는 이유는, 일왕의 대권에 있다. 식민지 관제는 각각 식민지별로 제정되었지만, 그것은 식민지 장관이나 총독이 스스로 결정하거나 개편할 수 있는 것이 아니었다.

원래, 관제에 의한 행정 기구의 조직을 결정하는 원칙은, 이미 식민지 영유 이전부터 본국에서 확립되어 있었던 방침이었다. 1889년(메이지 22)에 공포된 '대일본제국헌법' 제1조에는 "천황은 행정 각부의 관제 및 문부관의 봉급을 정하고 문부관을 임명한다."라고 되어 있어, 일왕의 관제대권과 임면대권을 규정하고 있고, 행정 조직·관리 제도는 일왕의 명령으로 움직이고 있다. '칙령'에 의해 정하는 것에 대한 헌법상의 근거를 정하고 있었던 것이다. 식민지 관청도 기본적으로 본국의 제 관청과 같이, 관제를 일왕의 명령인 칙령을 가지고 정한다는 형식을 취하고 있다.[24]

따라서, 칙령을 공포하기 위한 문서를 일본 내각에서 작성하고, 일본에 보존하는 구조가 만들어졌다. 1942년에 '내·외지 행정 일원화' 정책이 추진되었을 때에도, 법률·관제·예산에 관한 기록보존의 구조는 변하지 않아 일본에 원본이 남게 되었다.[25]

이처럼 조선총독부 임업시험장 및 영림서 관제는 일본 내각총리의

---

24 岡本, 앞의 책, p. 76.

25 일본의 식민지 '내·외지 행정 일원화' 정책에 대해서는 다음을 참조. 水野直樹,「戰時期의 植民地 支配와 內外地 行政一元化」,『人文學報』第79號, 京都大學 人文科學硏究所, 1997. 강제 동원과 관련된 것은 이 책의 제7장 참조.

상주에 의해 일왕이 최종 결재하여 실시되었다는 것을 알 수 있다. 모두 칙령으로 발효되었다. 공문서는 어서명원본과 제6류 공문유취 제50편, 제56편 등에 편성되어 있다.

국립공문서관의 관직 임면 기록

중층적 결재 구조는 관직을 임면하는 인사권에서 더욱 명확하게 드러난다. 식민지를 원활하게 지배하기 위해서는 무엇보다도 인사가 중요하다. 인사권이 어디 있는가에 따라 식민지·점령지의 통치가 구분된다. 당시 식민지 총독부 인사권은 모두 내각이 가지고 있었고, 총독부의 직원뿐 아니라 임시직원, 소학교 교사에 이르기까지 모두 내각에서 기안을 올리고 일왕이 최종 결재하는 시스템이었다.

인사 관련 기록은 일본 내각의 '임면재가철'에 편성되어 있다. 조선총독부가 작성한 것은 시행을 위한 기록이다. 인사권에 대한 다음 사례에는 내각과 조선총독 간의 역학 관계가 잘 나타나 있다. 미나미 지로 조선총독은 동양척식주식회사 부총재나 조선은행 총재에 대한 인사를 정계 측에 부탁하기 위해 조선총독부 도쿄출장소에 근무하고 있던 오노 로쿠이치로 정무총감에게 비밀 편지를 보냈다.[26]

이같이 총독은 정무총감과 인사에 대하여 논의하거나 청원하기도 하지만, 인사의 결정권은 내각이 가지고 있었고, 최종적으로 일왕이

---

26 南次郎書翰 81-46, 81-47, 81-48, 81-49. 탈초문은 金慶南·廣瀨順浩, 앞의 책 참조.

결재하여 시행하였던 것이다.[27]

총독은 식민지에서 정치적·군사적인 측면의 사령탑이고, 정무총감은 본국의 정치나 행정에 밝은 인사이다. 그래서 총독은 주로 육군이나 해군 출신이, 정무총감은 지사나 고위직 내무관료가 맡아 식민지 지배 체제를 만들었던 것이다. 조선총독은 해군 출신 사이토를 제외하고 모두 육군 출신이었다.

[표 6-12]는 국립공문서관에 보존되어 있는 인사 기록이다. 일본 내각이 작성한 것으로 '임면재가서'에 편성되어 있다.

이처럼 조선총독부 관직 임면은 일본 정부의 다른 관직 임면과 마찬가지로 결재와 시행이 동시에 이루어졌다. 임업시험장 기사와 기수, 수원농림전문학교 교수 등에 대한 것은 제5류 임면재가서에 편성되어 있다. 그리고 조선임업개발주식회사 사장 및 조선중요물자영단 이사장 등의 임명에 대한 것은 제1류 공문잡찬에 편성되어 있다.

기타 조선총독부 소속의 관료에 대한 서위(敍位), 상여 등에 관련된 문서도 공문잡찬에 편성되어 있다. 수원농림전문학교의 설치 등 산림자원의 지배를 위한 교육 정책에 관한 원본도 여기에 보존되어 있다.[28]

1942년 아시아태평양전쟁이 시작되고, 앞서 서술한 바와 같이 제국일본은 조선을 지배 강화하기 위하여 '내·외지 행정 일원화 정

---

27 내각 결재에 이르기 전에 조선총독의 권한에 대해서는 시기별로 별도의 검토가 필요하다.

28 그 내용은 다음과 같다. 1918년부터 조선총독부 권업모범장에 부설 농림학교를 폐하고, 1919년부터 수원농림전문학교 등을 설치하기 위해 전임교수를 배치, 증원할 필요가 있다. 내각, 조선총독부 전문학교관제중을 개정함, 칙령 4, 다이쇼 7년 8월 30일. 공문유취 제40편 다이쇼 7년 제7권 관직 6, 관제 6(체신성, 조선총독부),

[표 6-12] 내각의 조선총독부 임업 관련 임면 기록의 사례

번호	기록건명	계층·기록책명	작성국	작성일
1	조선총독부 임업시험장 기수 高橋喜七郎 외 5명 임면	제5류 임면재가서	내각	1923. 12. 27.
2	조선총독부 산림부장 園田寬 외 1명 임면의 건	제5류 임면재가서	내각	1926. 07. 20.
3	조선총독부 임업시험장 기수 겸 조선총독부 권업모범장 기사 野路策三 임면의 건	제5류 임면재가서	내각	1928. 12. 07.
4	조선총독부 임업시험장 기수 겸 조선총독부 기사 戸澤又次郎 외 4명 임면 겸 관등 승서(陞敍)의 건	제5류 임면재가서	내각	1931. 12. 21.
5	조선총독부 도(道) 기사 겸 조선총독부 임업시험장 기사 大可嘉有爲 외 10명 임면의 건	제5류 임면재가서	내각	1932. 10. 14.
6	해군기수 宮入清太郎 외 6명 임면의 건 외무서기관 松嶋鹿夫 외 1명 임면 조선총독부 임업시험장 기사 福永鴻介 외 1명 임면	제5류 임면재가서	내각	1935. 05. 29.
7	조선총독부 기사 겸 조선총독부 임업시험장 기사 石田常英 면관의 건	제5류 임면재가서	내각	1943. 09. 30.
8	조선임업개발주식회사 사장 겸 조선중요물자영단 이사장 임명에 관한 건	제1류 공문잡찬	내각	1943. 12. 24.
9	조선총독부 수원농림전문학교 교수 겸 조선총독부 임업시험장 기사 임면	제5류 임면재가서	내각	1945. 09. 02.

책'을 취하였다. 그리고 산림자원을 독점적으로 지배하기 위하여, 1943년 12월 24일, 조선임업개발주식회사와 조선중요물자영단을 조직하였다. 각각의 사장과 이시장의 임명 문서는 일본 내각이 작성하였다.[29]

29 內閣,「朝鮮林業開発株式会社並朝鮮重要物資営団理事長任命に関する件」, 1943. 12. 24.

산림기록 관리의 특수성

이상에서 제국과 식민지에서 불균형적인 기록의 잔존 구조를 분석하기 위하여, 일본과 식민지 조선의 산림자원 분야의 행정 결재 시스템과 원본의 보존 구조에 대하여 구체적으로 검토하였다. 그 결과 법령, 예산, 관제, 인사에 관한 결정 권한은 일본의 내각에 있고, 주요한 사항은 모두 일왕의 결재를 얻어야 한다는 것을 밝혔다.

이에 따라 관련하는 주요 기록의 원본은 모두 일본의 국립공문서관에 소장되어 있고, 한국의 국가기록원에 남아 있는 산림자원 관련 기록 원본은 거의 시행과 관련된 기록이라는 것을 알 수 있다. 즉, 조선총독부 기록이 일본과 한국에 불균형적인 형태로 잔존하게 된 원인은 전쟁, 일본인의 귀환 등에 의한 폐기·산일도 커다란 원인이지만, 보다 근본적인 이유는 제국과 식민지의 결재 시스템 속에 있다는 것을 지적할 수 있다.

이 시스템에 의하여, 법령·관제·인사·예산의 결정 원본은 헌법 기관인 일왕의 어서명원본, 일본 내각의 공문유취·공문잡찬 등에 편성되어 있다. 그 정책 입안 기초조사와 시행과 관련된 기록 원본은 조선총독부 공문식의 임정에 편성되어 있다. 일본의 공문 분류에서 府(성)-目(부국)-細綴 분류, 조선에서의 類(부국)-目(과)-節(업무)로 분류되어 있다.

조선총독부 관련 기록은 한반도의 격변하는 역사 과정 속에 전 세계로 분산되었다. 일본의 패전과 미 군정·소 군정의 실시, 한반도의 남북분단에 의해 대한민국, 조선민주주의인민공화국, 일본, 미국, 러시아 등에 각각 분산 보존되어 있다. 따라서 '피식민지 기록'은 사안에 따라, 일본 본국과 조선총독부를 중층적으로 파악할 필요가 있다.

지금까지 검토한 것을 요약하면 다음과 같다.

첫째, 일본 내각의 척식국과 법무국, 조선총독부의 산림과의 주도하에 임업 정책 결정과 법령이 제정되었다. 이러한 정책 결정 루트를 통해서 임업 정책 결정의 기록은 일본에서는 내각총리부, 법무국의 공문유취, 공문잡찬, 어서명원본, 조선에서 조선총독부 기록군(원래 정식명칭은 공문식이지만 현재는 이 명칭을 사용하지 않음)으로 보존되게 되었다.

둘째, 임업 정책을 실제로 추진한 것은 조선총독부 농림국 산림과(시기에 따라 명칭이 변화)이다. 이 주관 부서를 토대로 임업 정책을 효과적으로 추진하기 위해 임업연구소, 임야조사위원회, 수원농림학교 등이 소속 기관으로서 기능했다. 그 결과로서 조선총독부 기록군 속에 관련 기록이 편성되어 있다는 것을 알 수 있다.

셋째, 당시 임업 관련 기록을 대상으로 원본 출처를 밝힌 결과, 일본 내각에서는 삼림령, 「임야조사위원회설치령」, 관제 등 주로 법령, 예산, 인사(관직), 관제와 관련된 기록이 작성·보존되었다는 것을 알 수 있다. 조선에서는 국유임야조사서, 기본재산대장, 조림양여대부 등 시행규칙과 관련한 기록이 작성·보존되었다는 것을 알 수 있다.

넷째, 조선총독부 기록은 당시의 식민지적 결재 구조의 영향으로서, 현재는 한국의 국가기록원과 일본의 국립공문서관에 분산·보존되어 있다. 이것은 조선총독부 기록이 일국 내의 완결된 구조가 아니라, 일본 본국과 식민지 조선의 업무 분장에 따라, 각각 공문서의 질서에 의해 보존하였기 때문이다. 이 점은 식민지 기록의 특수성이라 할 수 있다.

따라서, 국가기록원에 보존되어 있는 40,500권의 외사·법무·지방행정·임업 등의 총독부 기록은 일본 국립공문서관의 약 2만 권 이상되는 법령·칙령·인사·예산 등 조선총독부 관련 기록과 하나의 세트로 파악해야만 한다.

제7장

전시 체제기 강제 동원의 중층적 결재 구조

19세기 말부터 일본 제국 정부는 운요호 사건, 청일전쟁, 러일전쟁, 제1차 세계대전, 만주사변, 중일전쟁, 태평양전쟁 등 끊임없는 제국주의 전쟁을 통해 자국의 세력권을 확대하였다.[1] 특히 중일전쟁 이후부터는 식민지 및 점령지의 물자와 인력을 총동원하는 정책을 수립하여 세력권을 통합적으로 지배하고자 하였다. 일본 정부는 식민지 지배를 통해 훈련된 2천만 명 이상의 조선인 노동력에 주목하여, 자국의 전쟁을 위한 강제적인 인력 총동원의 거점으로 삼았다. 일본은 '법률'과 '칙령', '제령'과 '부령'을 이용하여 이 같은 목적을 달성하였다.

그동안 조선인 강제 동원에 대한 연구는 많은 한·일 연구자들의

1 일본 정부는 1876년 조선 강제 개항, 타이완 식민지화, 대한제국 보호국화와 가라후토의 편입, 남양군도의 위임통치, 만주국의 괴뢰국화, 관동주의 편입을 통해 섬과 도시를 중심으로 지배권을 형성하였다. 태평양전쟁 이후에는 홍콩, 인도네시아, 싱가포르 등을 점령하여 이른바 '절대국방권'을 형성하였다. 일본 정부의 식민지와 군대에 대한 자세한 것은 坂本悠一 編, 『帝国支配の最前線: 植民地(地域のなかの軍隊7)』, 吉川弘文館, 2015 참조.

헌신적인 노력 속에서 축적되어 왔다.[2] 강제 동원 문제는 노무자 동원을 비롯하여, '위안부' 동원, 군인·군속과 학생 동원 등 여러 분야에서 구체적으로 진행되었다. 하지만 여전히 강제 동원의 전모를 체계적으로 밝힐 수 있는 연구가 필요한 실정이다.

오랫동안 조선인 강제 동원을 연구해 온 히구치 유이치(樋口雄一)는 2016년 「조선인 강제동원 연구의 현황과 과제」에서 새로운 사실을 규명하는 작업이 필요하다는 것과 학계에서 주요하게 다루어져야 한다는 것을 강조하였다.[3] 연구가 필요한 부분은 조선인 동원자 총수, 기업별 희생자 수, 일본 내 작업장, 한반도 내 노동동원, 만주·타이완을 포함한 중국, 남양군도를 포함한 일본 침략지역 등에 대한 연구 등이다. 특히 아시아사, 일본사 속에 강제 동원 문제를 자리매김하는 문제와 강제 동원의 문제를 식민지 지배, 전쟁동원, 전쟁이라는 전체 역사 속에서 바라봄으로써, 이 문제가 갖는 보편적인 의미를 드러내고 연구의 외연을 확장할 수 있을 것이라고 하였다.[4]

여기서 주목해야 하는 것은 지금까지 축적된 연구 실적을 통해 전

---

2 연구성과에 대한 자세한 것은 다음을 참조. 히구치 유이치(허광무 역), 「조선인 강제동원 연구의 현황과 과제」, 『한일민족문제연구』 30호, 2016; 정혜경, 『일본제국과 조선인 노무자공출-조선인강제연행 강제노동연구 I』, 선인, 2006; 『일본제국과 조선인 노무자공출-조선인강제연행 강제노동연구 2』, 선인, 2011; 최영호 편, 『강제동원을 말한다-일제강점기 조선인 피징용 노무자 미수금 문제』, 선인, 2015 등. 남양군도에 대한 연구성과는 다음을 참조. 김명환, 「조선인 이주, 강제동원 역사의 연구: 식민지시기 조선인의 남양군도(南洋群島) 이주 실태(1914~1938)」, 『한일민족문제학회』, 2009, pp. 5~46; 조성윤, 『제국 일본의 남양군도 지배와 연구동향』, 제주대학교 탐라문화연구원, 2010, pp. 127~155; 今泉祐美子, 「南洋群島の日本の軍隊」, 坂本悠一編, 『帝国支配の最前線: 植民地(地域のなかの軍隊 7)』, 吉川弘文館, 2015.

3 히구치 유이치(허광무 역), 위의 책, pp. 237~251.

4 히구치 유이치(허광무 역), 위의 책, pp. 225~228.

시 체제하 일본 정부의 강제 동원이 이루어졌다는 사실이 명백함에도 불구하고 왜 아직도 일본 정부는 강제 동원을 부인하는가 하는 문제이다.[5]

이 문제는 국제정치적 측면과 학술적 측면에서 생각할 수 있다. 첫째, 국제정치적 측면에서 보면, 식민지 지배를 당한 피해 당사자가 없는 상태에서 전후 처리가 진행되어 온 것이 가장 큰 문제라고 할 수 있다. GHQ 체제하 극동국제군사재판소(The International Military Tribunal for the Far East)에서 이루어진 군사재판은 정치적 전범 처리에 그쳤고,[6] 쇼와 일왕은 전쟁책임을 면하였다. 식민지 배상·보상 문제는 국제적 협상테이블에 오르지도 못했다. 특히 노무자 미불금을 GHQ의 관여하에 공탁한 데 이어 1965년 한일회담 당시 이른바 '경제협력'이라는 명목으로 처리한 것은 현재까지도 쟁점이 되고 있다.

둘째, 학술적 측면에서 보면, 일제강점기 피해자 진상 규명에 초점을 맞추어 연구가 진행된 까닭에 일본 내각의 세력권 내 정책과 이를 뒷받침한 법적·행정적 틀에 대해서는 상대적으로 연구가 충분하지 못한 실정이다.

---

5 外村大,「研究ノート 強制ではないことの意味を考える」, 2015. 4. 20. (外村大研究室HP, http://www.sumquick.com/tonomura/note); 外村大,『朝鮮人強制連行』, 岩波新書, 2012 참조.

6 1945년 8월 15일 일본이 연합국에 패하면서 GHQ가 일본의 옛 세력권을 모두 장악하였다. 이후 GHQ 체제하 극동국제군사재판소는 일본의 전범을 재판하는 과정(일명 도쿄재판)에서 최종적으로 도조 히데키를 비롯한 8명을 사형시키고 A급 전범들을 모두 석방하는 것으로 전쟁을 일단락하였다. 이후 도쿄재판의 판결을 기반으로 만주사변에서 아시아태평양전쟁에 걸친 일본의 침략전쟁은 '일부 군국주의자'의 '공동모의'에 의한 침략이라는 인식이 일본인들 사이에 퍼져 나갔다(일명 도쿄재판 역사관). 일본의 진보적인 연구자들은 이 재판으로 인해 쇼와 일왕이나 731부대의 전쟁책임이 면책되었다고 지적하였다. 이에 대한 자세한 것은 秦郁彦,『陰謀史観』, 新潮社, 2012, p. 132 참조.

학술적 차원에서 이 문제를 해결하기 위해서는 두 가지 점에 주의할 필요가 있다. 첫째, 왜, 어떠한 결재 절차를 거쳐 정책을 수립하고 인력을 동원하였는지에 대해 일본과 조선의 중층적 결재 구조를 중심으로 체계적으로 검토할 필요가 있다. 즉, 일본 정부가 전쟁을 일으키고, 식민지 조선인이 전쟁터에 동원되는 시스템이 법률과 칙령, 제령과 부령을 통해 중층적으로 '법적 구속력'을 가지고 만들어졌다는 점에 주목할 필요가 있다.

둘째, 이러한 시스템이 일본의 전쟁터에 어떻게 활용되었는지 알기 위해 일본 세력권 속에서 행해진 당시 중층적 결재 구조를 통해 살펴보아야 한다. 특히 태평양전쟁으로 치달으면서 일본 정부는 제1차 세계대전 이후 위임통치를 맡았던 남태평양제도를 군사적 요충지로 만들고, 중국·동남아시아까지 그 세력권을 넓혔다. 이 과정에서 수많은 인력과 물자를 식민지에서 총동원하는 행정적 시스템을 만들었다. 이때 식민지 조선을 강제 노동력 동원의 거점으로 활용하여 일본군의 전쟁터에 조선인을 강제 동원하였고, 이로 인해 불귀의 객이 된 사람이 많아졌다.

이러한 문제의식을 바탕으로 이 장에서는 중일전쟁, 아시아태평양전쟁기 한국인 강제 동원에 관한 정책을 기록의 출처를 통해 연구함으로써, 당시 일본 내각과 조선총독부가 중층적인 행정 체계로 강제 동원 정책을 시행하였음을 밝힌다. 이를 통해 강제 동원을 세계사적 관점에서 접근할 필요성을 제시하고, 중층적 결재 구조를 통한 '강제'동원의 역사적 책임성을 명확하게 하고자 한다. 이것은 전시 강제 동원 문제가 갖는 보편적인 의미를 드러내고 연구의 외연을 확장하기 위한 하나의 시도라고 할 수 있다.

이를 위해서는 역사학적 실증적 방법과 기록학의 출처주의 연구방법이 필요하다. 출처주의 연구방법은 기록의 라이프사이클(life cycle)에 의해 작성된 기록군을 작성주체 중심으로 체계적으로 인식하는 방법이다.[7] 전시 체제기 일본 정부가 국가총동원법을 본토는 물론 조선, 타이완, 가라후토(樺太, 지금의 사할린), 관동주, 남양군도 등에 실시하였기 때문에 각 식민지 정부가 출처가 된다. 그렇기 때문에 총동원을 어디에서 어떻게 실시하였는지에 대한 시계열적 실태 조사가 체계적으로 선행되어야 한다.

그리고 총동원 정책 이후 '내·외지' 행정 일원화 정책에 따라 일본 내각과 식민지 사이에 행정 일원화 정책이 추진되었다는 점에 주목할 필요가 있다. 이에 따라 일본 세력권의 정책사적 측면을 일국사가 아닌 세계사로 확장할 필요가 있다.

앞에서 논지를 전개했던 것처럼 국가총동원과 강제 동원의 측면에서도 살펴보면, 중층적 결재 구조는 상위 레벨에서 일본 내각이 정책·예산·인사를 결정하고, 하위 레벨에서 식민지 정부가 정책 초안을 작성·시행하는 것으로 구분할 수 있다. 상위 레벨로는 일본 내각 소관의 법률과 칙령, 하위 레벨로는 식민지 조선총독부 소관의 제령과 부령 등을 들 수 있다. 제령은 조선총독부에서만 실시되었다. 상위 레벨에서 국가총동원 법률과 각종 칙령에 대한 기록의 작

---

7 T.R.Schellenberg, "*Mordern Archives-Principles and Techniques*", The Society of American Archives, 1956.

성·유통 과정을 추적해야 한다. 또한 하위 레벨의 제령이 성안되기까지 조선총독부의 초안, 심의, 총독안 결정과 일본 내각 안에서 상신, 기안 및 상주 일왕 결정 등의 중층적인 행정적 절차에 대하여 조사할 필요가 있다.[8]

이렇게 출처주의에 입각하여 조사해 보면, 일본 정부는 식민지 정부와 중층적 결재 구조를 가지고 있었다는 점이 주목된다.[9] 국가기록원에 있는 조선총독부 기록물군은 일본의 국립공문서관에 보존되어 있는 조선총독부 기록물의 하위 레벨인 시행공문이 대다수이다. 일본의 국립공문서관에는 정책 결정·예산·인사 관련 문서가 보존되어 있다. 이러한 중층적 결재 구조를 통해 강제 동원의 시스템을 밝히고 식민지 지배에 대한 역사적 책임 문제를 제기하고자 한다.

전시 체제기 일제 세력권의 통괄 지배

1930년부터 1945년까지 일본의 전시 체제기는 대체로 중일전쟁 시기와 태평양전쟁 시기로 나누어 살펴볼 필요가 있다. 왜냐하면 어떤 국가와 전쟁을 하느냐에 따라 조선의 전략적 위치가 달라지기 때

8 조선에서의 성안에 대해서는 이승일, 「조선총독부 공문서를 통해 본 식민지배의 양상」, 『사회와 역사』 71, 2006; 박성진·이승일, 『조선총독부 공문서: 일제시기 기록관리와 식민지배』, 역사비평사, 2007 참조. 조선과 일본 내각에서의 성안에 대해서는 金慶南, 「帝国と植民地における不均衡残存記録の構造と植民地支配の特徴 - 朝鮮総督府の山林資源記録を中心に」, 『アーカイブズ学研究』 15, 2011, pp. 61~88 참조.

9 자세한 것은 김경남, 「제국의 식민지·점령지 지배와 '전후보상' 기록의 재인식」, 『기록학연구』 39, 한국기록학회, 2014 참조.

문이다. 조선은 일본이 중국과 전쟁을 할 때는 전진대륙병참기지가 되었다. 미국·영국 등 연합국과 전쟁할 때는 후방병참기지가 되었고, 전자의 경우 북한과 만주 방향으로, 후자의 경우는 일본과 남방으로 동원되었다.

그리고 일본 정부는 전쟁에서 이기기 위해 식민지와 점령지에 대한 행정 체계를 통괄 지배할 필요성을 절감한다. 이에 따라 중일전쟁 이후 태평양전쟁으로 전쟁을 확대하면서 내외지 일원화 정책에 입각한 중층적 결재 구조를 체계화하게 된다. 그러면 구체적으로 어떠한 배경하에서 전시 강제 동원이 추진되었는지 태평양전쟁 이전과 이후로 나누어 개략적으로 살펴보자.

먼저 1929년 미국발 세계경제 대공황이 시작되자[10] 미국은 직물 등에 대한 관세를 올리고 자국 경제를 블록 경제 체제로 바꾸었다. 이 때문에 방직 분야에서 세계 수출 1위를 자랑하던 일본 정부는 엔 블록 경제를 확대하는 방향으로 대외 정책을 결정하였다. 그것은 무력전쟁을 통한 것이었다. 이에 따라 일본은 1931년 만주사변을 일으켜[11] 만주에 괴뢰정권을 만들고 식민정부 관동주청을 설치하였다. 그리고 1937년 7월 7일 노구교 사건[12]을 계기로 중일전쟁이 발발하였다.

---

10 1929년에서 1933년 사이 미국의 투자는 70억 달러에서 20억 달러로 감소하였고, 10만 개의 기업이 파산하여 실업자가 1,300만 명에 이르렀다. 수출에 의존하던 미국 정부가 1930년 관세를 인상하자 전 세계가 경제공황에 휩쓸리게 되었다. 대공황은 실업과 빈곤을 양산함으로써 개인들에게 엄청난 고통을 안겨 주었을 뿐 아니라 계급적·인종적 갈등을 야기시켰다. 일본은 이 위기를 무력전쟁으로 해결하려고 하였다. 자세한 것은 다음을 참조. 小林英夫, 『帝国日本と總力戰體制』, 有志舍, 2004.

11 1931년 9월 18일 일본 관동군이 류타오거우(柳條溝) 사건을 조작하여 만주를 식민지화함으로써 중국 침략전쟁의 병참기지로 만들려고 하였다.

12 일본군 중국 주둔군 제3대대와 중국군의 전투. 중국에서는 七七事件(Battle of Marco Polo

한편 일본은 총동원법 실시 이전부터 무력전쟁을 지원하기 위한 동원 체제를 식민지 조선과 타이완, 만주에 구축하려고 하였다. 특히 조선과 관동주에는 물자와 인적 자원이 풍부하였기 때문에 총동원 체제를 더욱 강화하였다. 먼저, 조선을 대륙병참기지로 활용하기 위하여 1934년 「조선시가지계획령」을 제령으로 선포하고, 나진과 부산요새 외곽에 신시가지를 긴급하게 만드는 등 전국적으로 군수동원에 필요한 신도시를 만들었다.[13]

1937년 10월 일본 내각에서는 총력전 체제를 만들기 위해 기획원을 설치하였다. 기획원은 「쇼와13년도물자동원계획」,[14] 즉 본토·조선·만주·중국을 아우르는 국방국토계획을 수립하였다. 그 일환으로 군수·공업기반 건설 등을 위한 공장 부지 확보, 도로 건설 등에 대한 시행령을 제정하였으나 공장기반 건설작업은 본토에서 대장성과 재벌들의 반발로 잠정조치에 그쳤다.[15] 그러나 조선은 '전진대륙병참기지'로 규정되어 군수적 기반을 확충 강화하였다. 주요 추진 담당 총독은 미나미 지로(南次郎), 정무총감 오노 로쿠이치로(大野緑一郎)였다. 이들은 1936년 8월에 부임하여 1942년 5월까지 군수물자 동원 체제를 추진하였다.

미나미 총독 재임시기인 1938년 3월 31일에 쇼와 일왕과 고노에

Bridge)이라고 부르며, 일본에서는 9월 제1차 고노에 내각(近衛内閣)의 각의 결정으로 지나사변(支那事変)으로 호칭하였다.

13 자세한 것은 김경남, 『일제의 식민도시건설과 자본가』, 선인, 2015 참조.

14 小林英夫, 앞의 책, 有志舍, 2004. 126項.

15 일본의 국방국토계획에 대해서는 다음을 참조. 芝村篤樹, 「戦時国土計画の歴史的役割」, 『桃山学院大学 経済経営論集』, 1995.

(近衛) 내각은 국가총동원법을 칙령으로 공포하고, 이 법에 기초하여 각종 후속 법령을 칙령으로 제정함으로써 일본 세력권 내 통제의 틀을 짰다. 이러한 배경이 본토와 식민지의 중층적 결재 구조를 만드는 계기가 된다. 일왕과 내각총리는 일본 본토는 물론 조선·타이완·가라후토·남양군도까지 식민지 학생·여성·노무자를 데려가 노예와 같이 사역하였다.[16] 바로 법률과 칙령, 그리고 제령이라는 '강권적 법'을 통한 강제 동원이었다.

그런데 제2차 세계대전이 시작되고, 쇼와 일왕은 1941년 12월 8일 「미국 및 영국에 대한 선전의 조서(米國及英國ニ對スル宣戰ノ詔書)」를 공포하였다.[17] 아시아태평양전쟁이 시작되었고, 이때부터 미국, 영국, 네덜란드 등이 전쟁에 참전하면서 일본과 전면적으로 대결하게 되었다.

이 전쟁으로 조선군과 군사기지의 역할도 변화하여 북방 지역 수비에서 후방 지역 수비로 군사 전략이 바뀌었다. 일본 정부와 군부는 자국 영토가 연합군의 공격 대상이 될 것을 우려하여 한반도 남부 지역을 주요 전략지로 선정하였다.[18] 1942년 5월 29일부터 1944년 7월 21일까지 고이소 구니아키(小磯国昭) 총독 체제하에 아시아태평양전쟁에 대한 군수 동원을 지휘하였다.[19]

---

16 일본 정부의 조선인 노무자 공출에 대한 것은 다음을 참조. 정혜경, 『일본제국과 조선인 노무자공출-조선인강제연행 강제노동연구 I』, 2006; 정혜경, 『일본제국과 조선인 노무자공출-조선인강제연행 강제노동연구 II』, 2011; 전성현, 「일제말기 경남지역 근로보국대와 국내노무동원」, 『역사와 경계』 95, 2015; 노영종, 「일제강점기 노무자원 조사와 충남지역 강제연행」, 『한국근현대사 연구』 78, 2016; 노영종, 「일제강점기 충남지역의 강제연행 현황」, 『인문학연구』 111, 2018.

17 內閣, 「米國及英國ニ對スル宣戰ノ詔書」, 1941(昭和16年).

18 近藤釼一編, 『太平洋戰爭下終末期 朝鮮の治政』, 朝鮮史料編纂會, 1961, pp. 155~156.

19 그 뒤를 아베 노부유키(阿部信行) 총독이 이었으나 패전으로 조선총독부 폐지와 함께 퇴임하였다.

이렇게 되자, 일본 육군성은 전략적으로 한반도 남부지구를 관리하였다. 먼저 수도 경성과 대구에 사관구(師管区)를 확대·정비하였다. 대구군사관구는 대구는 물론 영천, 포항, 경주, 왜관, 부산, 마산까지 관할하였다. 남해 연안에는 부산요새, 여수요새, 제주요새를 강화하여 수많은 부대가 이동하였다. 이에 따라 일본의 아시아태평양전쟁에서 경성군사령부와 대구군사령부의 후방병참기지로서의 역할이 막중해졌다.[20] 당시 강제 동원이 경상도와 전라도를 중심으로 추진된 이유가 여기에 있다.

일본이 세력권을 확대해 가는 수법은 한적한 곳에 신도시를 만들거나 섬을 기지로 만들어, 초기에는 일본인을, 후기에는 조선인을 이주시키는 수법이었다. 이렇게 하여 이동한 일본 세력권 내 인구는 〈그림 7-1〉과 같다. 이 그림에서 보는 바와 같이, 당시 일본 본토에 살던 64,450,000명, 조선의 인구 21,068,000명 외에도 관동주·타이완·필리핀·중국·가라후토에 이르기까지 많은 사람들이 일본의 세력권을 이동하며 살게 되었다.[21]

일본은 기획원에서 제시한 국방국토계획 법안을 대도시 위주로 추진하려고 하였으나 잠정조치에 그쳤다. 기획원을 중심으로 전개된 국토계획은 전쟁 국면이 악화하면서 '전시즉응체제'로 재편성됨에 따라 전쟁을 수행하기 위해 日(조선 포함)·満·支를 연결하기 위해 긴

20 김경남, 「전시체제기 식민도시 건설과 대구 시가지계획의 특성」, 『대구사학회 학술발표집』, 2016.

21 坂本悠一, 「福岡県における朝鮮人移民社会の成立」, 『青丘学術論集』 第13集, 1998. 〈그림 7-1〉의 이동 수치는 정확한 수치가 아니기 때문에 재검토가 필요하다.

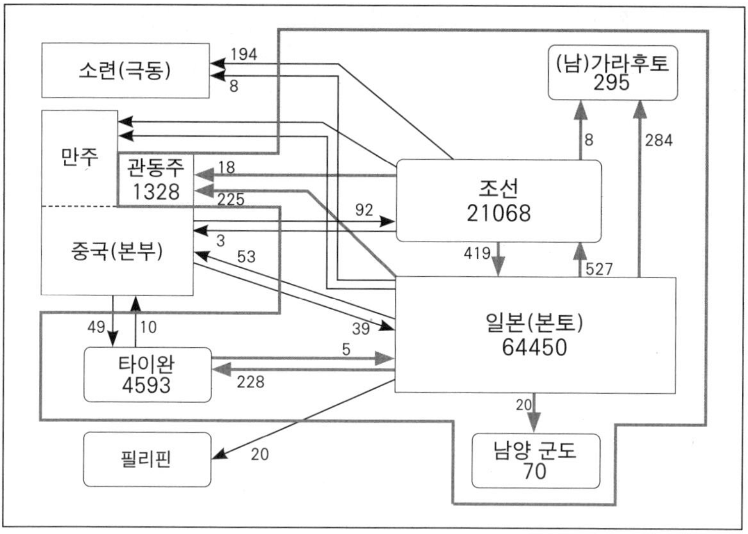

〈그림 7-1〉 일본 세력권 내 인구 이동(1940년대)(단위: 천 명)

출전: 경북대사학과 편집위원회, 『한국사』, 경북대출판부, 2018, p. 171.
원 출전: 坂本悠一, 「福岡県における朝鮮人移民社会の成立」, 『青丘学術論集』 第13集, 1998.

급하게 필요한 지역 위주로 추진되었다.[22] 이에 따라 식민지 조선은 「시가지계획령」을 '방공과 보안'을 위주로 개정하여 '전시즉응체제'로 재편성함에 따라 더욱 군사적 성격을 띠게 되었다.[23]

한편 강제 동원이 세계적으로 연관된 원인은 '내·외지' 행정 일원화 정책과 함께,[24] 전쟁이 아시아-태평양 전역으로 확대되고 전투방

22 内閣官房総務課, 「国土計画の設定に関する件」, 1940. 9. 24.
23 자세한 것은 김경남, 앞의 책, 2015 참조.
24 '내·외지' 행정 일원화 정책에 대한 자세한 것은 水野直樹, 「戰時期の植民地支配と內外地行政一元化」, 『人文學報』 79, 京都大學 人文科學硏究所, 1997 참조. 이 논문은 '내·외지' 행정 일원화를 내무성으로의 업무이관과 내무성의 타이완 총독·조선총독 감독권에 초점을 맞추

식이 항공전으로 완전히 변화함에 따라 일본의 세력권에 항공기지를 만들어야 했기 때문이다. 1941년 2월 3일 '대본영정부연락회의'는 독일과 이탈리아와 함께 식민지를 확보하려고 하였다. 이에 일본 육군은 그해 9월에 '남방작전계획'을 수립하고, 데라우치 슈이치(寺內壽一)를 총사령관으로 하는 남방군을 편성하였다.[25] 필리핀에 제14군, 태국과 미얀마에 제15군, 인도네시아에 제16군, 말레이시아에 제25군을 각각 배치하였다. 그리고 대본영 직할인 남해지대(南海支隊)를 1개 사단과 2개 비행집단으로 구성하였다. 지상부대는 전체 육군 병력의 5분의 1, 항공 병력은 전체 공군 병력의 2분의 1에 해당하는 큰 규모였다.

이와 관련하여 대륙병참 후방기지 역할을 위해 조선의 남부 지역에도 군사항공기지를 만들었다. 〈그림 7-2〉는 각 지역의 항공부대 배치도이다.

그림에서 보는 바와 같이, 경기도의 제1항공부대 경성을 비롯하여 제22항공부대 평택까지 남부 지역에만 22개의 항공부대가 만들어졌다. 경상도가 10개 지구로 가장 많고, 그 외 경기도 6개 지구, 충청도 2개 지구, 전라도 4개 지구 등이다. 이 항공부대를 만들기 위해 군인과 노무자들은 물론 학생까지 동원되었다. 일례로 대구에 소재한 제11항공부대의 경우 시가지계획을 추진하면서 대구역과 동촌

어 분석하고 있다. 하지만 총동원 체제에서 내무성 외 각 성에 내무성의 업무를 분배하였다는 측면에서 재고할 필요가 있다.

25 藤原 彰, 『日本軍事史』, 社會批評社, 2006, pp. 252~253; 今泉祐美子, 「南洋群島の日本の軍隊」, pp. 270~274. 데라우치 슈이치는 데아루치 마시다케의 아들이다.

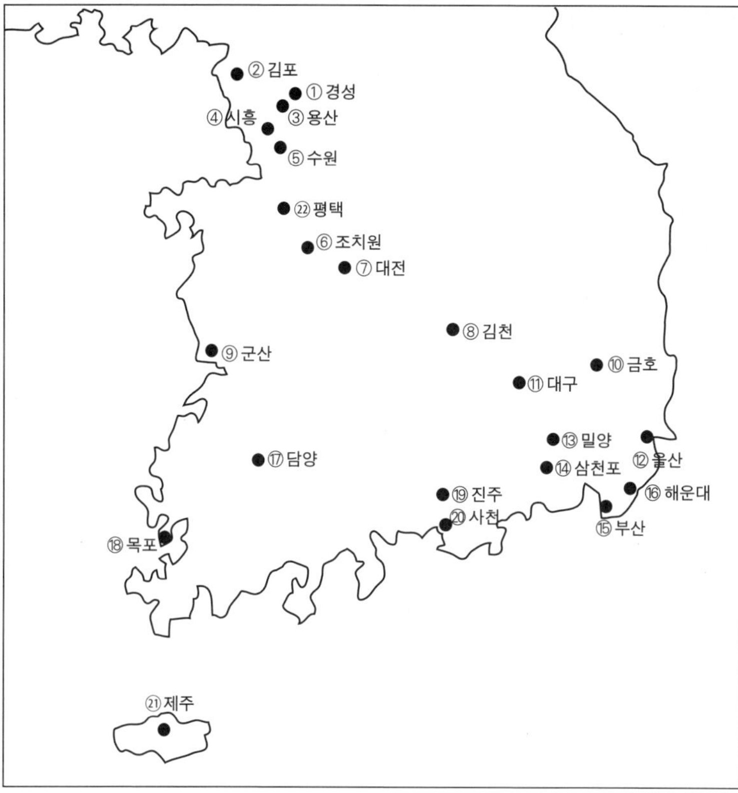

〈그림 7-2〉 전시 항공기지 항공부대 배치 실태
출전: 陸軍省, 「南朝鮮主要兵団配置要図」, 1945.

[표 7-1] 항공부대 명칭과 배치지역

도명	항공부대 명칭과 배치 지역
경기도	제1부대(경성), 제2부대(김포), 제3부대(용산), 제4부대(시흥), 제5부대(수원), 제22부대(평택)
경상도	제8부대(김천), 제10부대(금호), 제11부대(대구), 제12부대(울산), 제13부대(밀양), 제14부대(삼천포), 제15부대(부산), 제16부대(해운대), 제19부대(진주), 제20부대(사천)
충청도	제6부대(조치원), 제7부대(대전)
전라도	제9부대(군산), 제17부대(담양), 제18부대(목포), 제21부대(제주)

비행장을 연결하는 도로와 대구역과 육군보병제80연대를 연결하는 도로를 만드는 작업에 집중하였다. 대구 계성학교 학생들도 1945년 4월부터 동촌비행장과 군수공장 건설에 동원되었다.[26] 이 군사항공기지는 일본의 세력권 내 모든 식민도시들과 연결하는 중요한 라인이 되었다. 대구군 항공기지는 오쓰키 비행장(小月飛行場) 항공부대와 연결되었다.[27]

또한 일본 정부는 남태평양에서 미군과 결전을 준비하기 위해 남양군도의 팔라우와 트럭섬에도 군사기지를 만들었다.[28] 조선인들은 집도 주고 농사 지을 땅도 주고 10년 뒤에는 토지를 불하해 준다는 총독부와 도청의 말에 속아 전쟁터로 동원되었다.[29]

이에 기반하여 일본군은 동남아는 물론 홍콩, 마카오, 싱가포르, 보르네오 등까지 세력권을 확장하고, 식민지와 점령지의 물자와 인적 자원을 최대한 활용하였다. 전쟁이 치달아 갈수록 일본 정부와 기업

26 啓聖中高等學校, 『啓聖八十年史』, 啓聖八十年史編纂委員會, 1989. 향후 항공기지 건설과 관련된 강제 동원에 대한 구체적인 연구가 필요한 실정으로 후고를 기약한다.

27 大邱府, 『大邱市街地計劃に関する件』, 1941. 오쓰키 비행장은 시모노세키 육군비행장(下関陸軍飛行場)이 개칭된 것이다. 후쿠오카현 비행 제4전대가 이주하여 시모노세키·기타큐슈(北九州) 지역의 방공(防空)을 담당하였다.

28 「징용동포 3천명, 트락크섬 비극안고 귀환」, 『조선일보』, 1946. 2. 14. 자세한 것은 다음을 참조. 김도형, 「중부태평양 팔라우 군도 한인의 강제동원과 귀환」, 『한국독립운동사연구』 26, 2006; 일제강점하 강제동원피해진상규명위원회, 『강제동원명부해제집 1』, 선인, 2009; 김명환, 「일제말기 남양척식주식회사의 조선인 동원실태」, 『한일민족문제연구』 18, 2010; 김명환, 「1944년 남양청의 조선인 노무자 동원과 귀환」, 『한국민족운동사연구』 76, 2013; 조성윤, 『남양군도 일본제국의 태평양 섬 지배와 좌절』, 동문통책방, 2015.

29 전후 GHQ는 일본 정부와 기업들에게 미불금(채무)을 공탁하도록 지시하였다. 이 때문에 기업이 가지고 있던 조선인들에 대한 채무가 국제정치적으로 처리되어 '경제협력'으로 둔갑하였다. 대장성에서 밝힌 태평양 전역 및 동남아시아 지역 포함 '남방' 지역 한인 군속 연행자 수는 4만여 명을 추산하고 있다. 大藏省 管理局, 『日本人の海外活動資料に関する歴史的調査 朝鮮編』 第9分册, 1947; 김명환, 「'남양군도귀환자명부'를 통해 본 해방 직후 조선인의 남양군도 재류현황」, 『한국근현대사연구』 85, 2018, pp. 77~116.

은 돈을 주고 일을 시키는 것이 아니라 전표를 주고 일을 시키는 방식으로 전환하였다. 이것이 노무자 미불금 문제가 커지는 원인이 된다.[30] 노무자는 물론 군인, 군속, 일본군 '위안부', 학생까지 더욱 전방위적으로 강제 동원하였다.[31] 현재까지 알려진 연 인원만 7,825,355명('위안부' 미포함)이다.[32] [표 7-2]는 연 인원 강제 동원 수를 나타낸다.

이처럼 일본의 세력권이 확대되고 무력전쟁으로 치달으면서, 조선은 대륙병참기지로 변화하였다. 이 과정에서 도로 정비 공사, 항공기지 건설, 토목공사 등에 군인들과 노무자들이 수시로 동원되었다.[33] 국내와 국외로 동원된 노무자 수는 정부 추산 연 인원

---

30 大藏省, 『經濟協力, 韓國105-朝鮮人に対する賃金未払債務調』. 이 기록은 일본의 강제동원시민네트워크와 함께 발굴한 것이다. 이에 대한 최초의 연구는 金慶南, 「GHQ占領期における供託金の事務手続きと名簿原本の出所について-経済協力˚韓国105分析を中心に」, 強制動員真相究明ネットワーク, 神戸学生青年センター, 2009이다. 이후 이 글은 수정 보완하여 김경남, 「제국의 식민지·점령지 지배와 '전후보상' 기록의 재인식」, 『기록학연구』 39, 2014에 수록되었다. 이후 최영호·정혜경 외 편, 『강제 동원을 말한다 명부편 3-일제강점기 조선인 피징용 노무자 미수금 문제』, 2016이 발간되었기 때문에, 이 책의 184쪽에서 「경제협력 한국105」를 최초로 분석한다는 내용은 수정되어야 한다.

31 경북 지역의 노동력 강제 동원에 대해서는 정혜경, 「日帝末期 慶北지역 出身 强制動員 勞務者들의 抵抗」, 『한일민족문제연구』 25, 2013; 이수환·이광우, 「1939-1945 경북 지역의 노동력 강제동원」, 『민족문화논총』 58, 2014, pp. 35~58 참조. 경남 지역에 대해서는 전성현, 「일제말기 경남지역 근로보국대와 국내노무동원-학생 노동력 동원을 중심으로」, 『역사와 경계』 95, 2015, 전북 지역은 김민영, 「조선인 이주, 강제동원 역사의 연구: 일제강점기 국내 노무동원에 대한 연구: 전북지역의 사례」, 『한일민족문제연구』 16, 2009 참조. 충남 지역은 노영종, 「일제강점기 노무자원 조사와 충남지역 강제연행」, 『한국근현대사 연구』 78, 2016 참조.

32 다케우치 야스히토(竹内康人)의 발표문에 의하면 1944년 9월 현재 이입 조선인 관계 통계 사료(種村氏警察参考資料検収) 43건에 기반하여 조사한 결과, 전시 일본으로 동원된 조선인 노무동원 수는 599,306명(1944년 9월 현재)이다. 1945년 동원 수는 정확하지 않지만 20만 명 이상으로 추정하므로, 도합 80만 명으로 추산된다.(竹内康人) 「내무성 경보국 보안과 내선경찰사료(種村氏警察参考資料)에서 본 노무동원 수」, 2014년 3월 15일 立命館大学 第七回強制動員真相究明全国研究集会(主催 強制動員真相究明ネットワーク資料集). 이 통계 수치와 다네무라 자료에 대한 비판은 정혜경, 「아시아태평양전쟁에 동원된 조선인 관련 통계 자료」, 『한일민족문제연구』 29, 2015 참조.

33 국가기록원은 강제 징용된 조선인 총 480,693명의 명부를 보유하고 있다. 이 중 일본에 간

[표 7-2] 연 인원 강제 동원 수

구분	동원 인원수	비고
합계	연 인원 7,825,355명	군인, 군무원, 노무자(일본군 '위안부' 미포함)
국내 노무자	6,575,862명	노무자 6,508,802명, 군무원 15,112명, 군인 51,948명
해외 노무자	1,249,493명	노무자 1,045,962명, 군무원 48,200명, 군인 155,331명

출전: 「2017년 현재 정부추산 자료」. 김민영, 『강제동원피해자에 대한 인원 추정, 2003년도 일제하 피강제동원 등 실태조사 보고서』, 정신문화연구원, 2003, p. 48[34] 자료에 기반하여 추가된 자료

7,825,355명에 이른다. 이 숫자는 한국 정부에서 파악한 인원수로서, 1952년 일본 대장성 관리국에서 밝힌 265,896명과 크게 차이가 난다.[35] 조선인은 물론 타이완인, 중국인 등은 일본 본토, 사할린, 남양군도, 동남아시아까지 일본의 세력권 내로 강제 동원되어 갔다.

제령 제정의 중층적 결재 구조

그러면 총동원 체제를 구축하기 위해, 일본 제국과 식민지 및 점령지 사이에는 어떠한 행정적 절차를 거쳐 업무를 추진하였는지 그 중

사람이 199,427명, 중국 59,376명, 소련(사할린) 1,089명, 미크로네시아 39,152명, 조선 국내 123,404명, 기타 연행지가 불확실한 사람이 58,245명이다. 그러나 현 정부 추산보다 훨씬 못 미치는 인원이다.

34 김민영 취합 자료는 총 7,326,585명 노무동원 중 국내 6,468,942명, 해외 병력(준병력동원) 614,616명(김민영, 『강제동원피해자에 대한 인원 추정, 2003년도 일제하 피강제동원 등 실태조사 보고서』, p. 43).

35 대장성 관리국 조사에서는 1941년부터 1945년까지 조선 내 징용자가 260,145명, 일본에 간 사람이 222,082명, 남방에 135명이 국민징용된 것으로 밝히고 있다. 大藏省管理局, 『日本人の海外活動に関する歴史的調査』, 朝鮮編 第9分册, 1947, p. 69.

층적 결재 구조에 대하여 살펴보자. 업무에 따라 크게 나누면 일본에는 법령에 입각하여 대장성, 후생성 등 담당 기관이 실시하는 사안이 있었고, 조선에는 제령에 입각하여 실시하는 사안이 있었다. 특히 정책의 근간을 형성하는 관제, 인사, 예산에 대한 것은 모두 칙령에 근거하였다.

먼저, 제령에 입각하여 실시하는 사안을 검토할 필요가 있다. 총동원 정책이 실시되기 이전에도 일본 내각에서 제정하여 식민지 지배 정책을 수행하였다. 당국은 한국을 강제 병합한 직후인 1910년 8월 20일 「일본의 법령을 조선에 실시하는 건」을 바탕으로 제령을 제정하여 정책을 추진하였다.[36] 만주사변 이후 일본 내각은 조선을 '대륙병참기지'로 규정하고, 물적 토대를 만들기 위해 1934년 「조선시가지계획령」(이하 낫표를 생략함)을 제령으로 제정하였다.[37] 이하 이를 사례로 중층적 결재 구조를 살펴보고자 한다.

조선시가지계획령 제령은 조선과 일본에서 총 9단계를 거쳐 성안되었다. 먼저, 조선에서 추진된 것을 보면, 총독부 토목과에서 지방의회 의견을 들어 초안을 잡고, 1934년 4월 14일 총독부 내무국에서 기안하여 정무총감, 조선총독의 결재를 얻었다. 이 총독안을 내각 척무국으로 이첩하였다. 그리고 일본에서 추진된 것으로서, 그해 6월 11일 척무국은 법제국으로 상신하였고, 6월 13일 내각 법무국에서 기안문을 작성하여 각 성 대신들의 협조를 얻어 내각총리대신

36 김경남, 「제국의 식민지·점령지 지배와 '전후보상' 기록의 재인식」, 『기록학연구』 39, 2014.
37 자세한 것은 김경남, 앞의 책, 2015 참조.

[표 7-3] 「조선시가지계획령」 제령 제정의 행정적 과정과 구조

공간	단계	기관 구분	행정 기관·헌법 기관	역할	입법기관
일본	9단계	헌법 기관	쇼와 일왕	최종 결재	
	8단계	내각총리 제국의회	내각총리	결재 상주	제국의회
	7단계	일본 내각	법제국	기안	
	6단계	일본 내각	척무국	상신	
조선	5단계	조선총독	총독	총독안 결정	
	4단계	조선총독부	총독관방 심의실	심의	
	3단계	조선총독부	법제국	기안	
	2단계	조선총독부	내무국	검토	
	1단계	조선총독부	토목과	초안	지방의회 의견

이 상주하고, '쇼와 일왕'이 최종 결재하였다.[38]

이 계획령은 아시아태평양전쟁으로 확전됨에 따라 1941년 4월 '보안'과 '방공'을 중심으로 개정된다. 계획령 제령 제정을 위한 행정적 결재 과정과 구조를 나타내면 [표 7-3]과 같다.

표에서 보는 바와 같이, 조선에서는 총독안을 결정하기 위하여 지방의회의 의견을 들어 내무국 토목과-법제국-총독관방 심의실을 거쳐야 하고, 일본에서는 척무국이 상신하여 법제국에서 다시 기안한 사안을 제국의회에서 심의하여 최종적으로 일왕이 결재하는 중층적 결재 구조로 되어 있다는 것을 알 수 있다.

38 조선총독부와 내각 사이의 중층적 결재 구조에 대해서는 金慶南,「帝国と植民地における不均衡残存記録の構造と植民地支配の特徴 - 朝鮮総督府の山林資源記録を中心に」,『アーカイブズ学研究』15, 2011, pp. 61~88 참조.

이러한 중층적 결재 구조의 특성으로 인해 문서는 일본과 한국에 각각 분산 보존되어 있다. 일본에서 작성된 공문서는 정책 결정 공문서로서 모두 일본의 국립공문서관에 보존되어 있다. 당시 기록물 계층을 보면 내각총리부, 태정관 내각관계, 제6류 공문유취, 제58편 쇼와 9년, 제45권 지리·토지·관상·경찰·행정경찰·위생편에 편성되어 있다.[39] 조선에서 작성된 공문서는 정책을 수립하기 위해 작성한 것과 시행과 관련된 공문서들이 있는데, 현재 한국의 국가기록원에 보존되어 있다. 다만 정책 수립 과정에서 조선총독부 도쿄출장소가 작성한 문서는 외무성 외교사료관에 보존되어 있으나 아직 미공개 상태이다.

통괄 지배를 위한 중층적 결재 구조

일본 정부와 군부는 중일전쟁, 아시아태평양전쟁 등으로 계속 무력전쟁을 확대해 가면서 새로 바뀐 항공전을 대비하기 위하여 일본 세력권 내에서 군수를 위한 물자와 인적 자원을 체계적으로 통괄할 필요성을 절감하였다. 이로 인해 일본과 식민지 간 행정 일원화 정책이 필요하게 되었다.

일본 제국 헌법은 '일왕'에 대한 강대한 군주권을 규정하고, 군의

39 당시 일본 내각 기록군에서 이 기록물이 편성되어 있는 곳은 다음과 같다. 공문유취 제58편, 쇼와 9년·제45권·지리·토지·관상, 경찰·행정경찰, 위생, 1934.

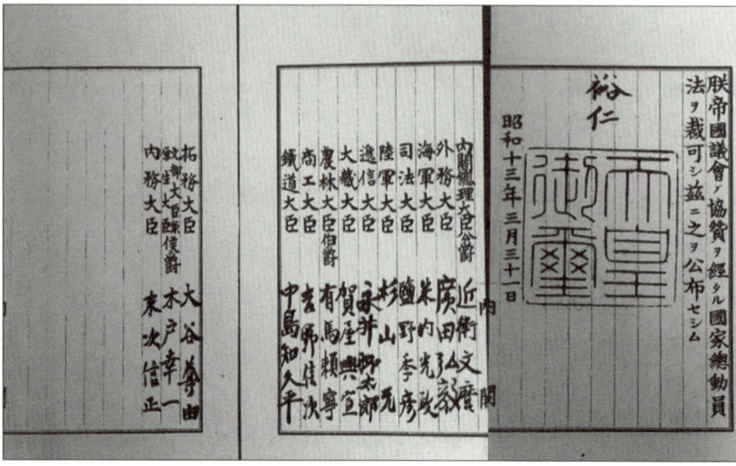

〈그림 7-3〉 국가총동원법 최종 결재문(법률 제55호)
출전: 內閣,「國家總動員法ヲ定ム」, 1938.

통수권을 강화하였다. 특히 전시 체제기에 더욱 강화되어 국가총동원법을 제정할 수 있는 기틀이 되었다. 그러면, 국가총동원법의 결재 구조와 식민지 시행의 중층적 결재 구조에 대해 살펴보자.[40] 〈그림 7-3〉은 최종 결재 공문서 원본이다.

이 공문은 일본 내각 '어서명원본(御署名原本)' 문서군에 편성되어 있다. 공문서 오른쪽에 쇼와 일왕의 옥새가 찍혀 있다. 국가총동원 체제가 만들어진 법적 기반은 제국의회 협찬을 거쳐 1938년 3월 31일 법률 제55호로 만들어졌으며, 최종 결재자는 미치노미야 히로히토(裕仁) 쇼와 일왕이다. 이 공문을 상신한 내각총리대신은 고노에 후미

40 內閣,「國家總動員法ヲ定ム」, 1938.

마로(近衛文麿)이며, 국가총동원법을 견인하고 찬동한 협력자는 외무대신 히로타 고키(広田弘毅), 해군대신 요나이 미쓰마사(米内光政), 육군대신 스기야마 하지메(杉山元), 내무대신 스에쓰구 노부마사(末次信正), 대장대신 가야 오키노리(賀屋興宣)를 비롯한 13명의 각 성 대신들이다. 그리고 이 법안은 양원 의결을 거친 후 귀족원이 검토하는 행정적 절차를 거쳤다. 총동원법 제정으로 군수공업동원법, 군수공업동원법의 적용에 관한 법률은 폐지되었다.[41]

한편 일본 내각은 국가총동원법을 식민지에 엄격하게 적용하기 위하여 칙령을 적극적으로 활용하였다. 칙령으로 제정할 경우에는 제국의회가 관여할 수 없었기 때문이다. 1938년 5월 5일에 쇼와 일왕은 「국가총동원법을 조선, 타이완, 가라후토에 시행하는 건」을 결재하였다.[42]

〈그림 7-4〉의 공문서는 총동원법을 식민지에 시행하는 제316호 칙령이다. 1938년 5월 3일에 쇼와 일왕이 최종 결재하고 5월 5일부터 시행하도록 조치하였다. 주무대신은 내각총리실과 척무국이며, 당시 고노에 총리와 오타니 대신이 식민지 통괄을 주관하였다. 또한 5월 5일에는 남양군도에도 총동원법을 실시하였고, 총동원법을 추진하기 위해 국가총동원심의회 관제를 공포하였다.[43] 심의회 관제는 내각총리 소관이다.

41 국가총동원법을 제정하면서 「軍需工業動員法」, 「軍需工業動員法ノ適用ニ關スル法律」을 폐지함.

42 內閣, 「国家總動員法ヲ朝鮮, 台湾及樺太ニ施行スル件」, 1938.

43 內閣, 「南洋群島ニ於ケル國家總動員ニ關スル件」, 1939. 5. 5.; 內閣, 「国家総動員審議会官制」 勅令 第319号, 1938. 5. 5.

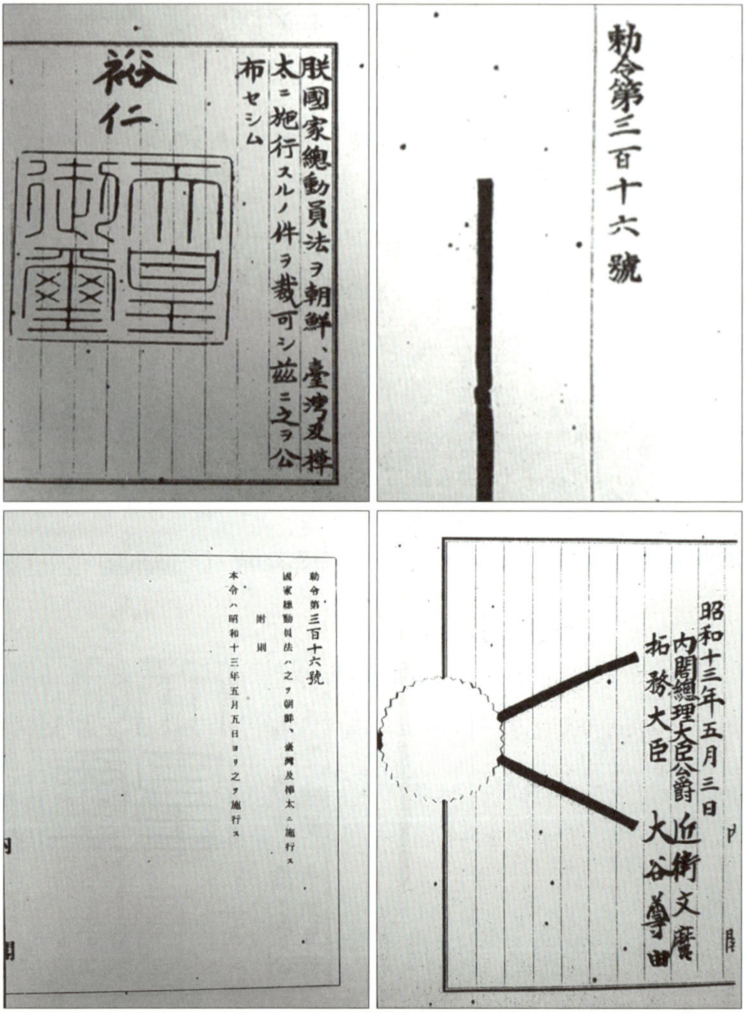

〈그림 7-4〉 국가총동원법을 식민지에 시행하는 칙령(제316호)

출전: 內閣, 「國家總動員法ヲ朝鮮, 台湾及樺太ニ施行スル件」, 1938.

[표 7-4] 쇼와 일왕의 주요 칙령 최종 결재 공문서와 주무 기관

최종 결재일	법령	건명	내각	최종 결재	주무 기관
1938. 3. 31.	법률 제055호	국가총동원법	近衛	쇼와 일왕	내각총리 및 각 성
1938. 5. 3.	칙령 제316호	국가총동원법을 조선, 타이완, 가라후토에 시행하는 건	近衛	쇼와 일왕	내각총리, 후생성
1938. 5. 3.	칙령 제317호	남양군도에서 국가총동원에 관한 건	近衛	쇼와 일왕	내각총리, 척무성
1938. 5. 3.	칙령 제319호	국가총동원심의회관제	近衛	쇼와 일왕	내각총리
1938. 6. 28.	칙령 제450호	직업소개소관제	近衛	쇼와 일왕	내각총리, 후생성
1939. 7. 7.	칙령 제451호	국민징용령을 정함(법 제4호)	平沼	쇼와 일왕	내각총리, 후생성, 척무성
1939. 7. 25.	칙령 제493호	총동원업무 사업주계획령(법 제24조)	東條	쇼와 일왕	내각총리, 각 성
1939. 9. 29.	칙령 제672호	국가총동원법 등 시행의 통할에 관한 건	東條	쇼와 일왕	내각총리, 문부성, 농림성, 척무성, 체신성, 대장성, 상공성, 철도성, 내무성
1940. 3. 5.	칙령 제094호	국민근로동원령을 정함(법 제4·6조)	東條	쇼와 일왕	내각총리, 대동아성, 내무성, 문부성, 군수성, 후생성
1942. 11. 1.	칙령 제729호	조선총독 및 타이완 총독의 감독 등에 관한 건	東條	쇼와 일왕	내각총리, 각 성

그러면 중일전쟁 이후 쇼와 일왕과 고노에 내각에서는 국가총동원법에 기초하여 어떠한 칙령들을 결재하고 공포하였는지 주요한 것들에 대하여 시계열적으로 살펴보자. [표 7-4]는 주요 칙령에 대한 최종 결재 사안과 주무 기관을 나타낸 표이다.

이와 같이, 국가총동원법을 식민지에 시행하는 건을 공포한 뒤, 실질적으로 강제 동원과 관련하여 가장 중요한 칙령은 「직업소개소관제」, 「국민징용령」 등이다.

먼저, 「직업소개소관제」는 원래 다이쇼 연간에 공포하였지만, 국가총동원법을 발효하면서 6월 28일 개정하였다. 주무대신은 총리대

신과 후생대신이다. 강제 동원과 관련하여 가장 강제성을 띤 칙령은 1939년 7월 7일 총동원법 제4호에 입각한 「국민징용령을 정함(国民徴用令ヲ定ム)」이다. 주무 기관은 내각총리, 척무성, 후생성이다. 본령 제25조에는 후생대신 또는 조선총독, 타이완 총독, 가라후토청 장관, 남양청 장관이 총동원업무를 행하고, 육해군 관할을 제외한다고 규정하였다.[44] 문서는 내각·총리부, 태정관·내각관계, 제6류 공문유취 제63편, 쇼와 14년 제80권·군사2·국가총동원1에 편성되었다. 이처럼 고노에 제1차 내각 시기에 중요 법령이 모두 공포되었다. 각각 업무에 따라 담당 대신들이 사인을 하고 있으며, 모든 칙령은 쇼와 일왕이 최종 결재하였다.

총동원 업무를 통괄적으로 시행하기 위해 발효한 칙령은 1939년 9월 29일 도조 히데키(東條英機) 내각 시기, 「국가총동원법 등 시행의 통할에 관한 건」(칙령 제672조)이다. 이 칙령은 일본 세력권의 물자와 인적 동원에 대한 통괄 지배를 할 수 있는 법적 근거가 되었다. 이 때문에 아베 노부유키(阿部信行) 내각총리대신을 비롯하여, 체신대신, 철도대신, 육군대신, 대장대신, 해군대신, 내무대신, 후생대신 등 모든 대신이 사인하고 있다.[45] 1940년 3월 5일 칙령 제94호로 「국민근로동원령」을 공포하여, 대동아성과 내무성, 문부성, 군수성, 후생성 등이 관장하였다.

한편 조선에는 총동원 업무를 신속하게 추진하기 위해 제령으로

---

44 이에 근거하여 육해군 징용 문제는 별도로 다루어야 한다는 것을 알 수 있다. 후고를 기약한다.
45 内閣, 「国家総動員法等施行の統括に関する件」, 勅令 第672號, 1939. 9. 29.

[표 7-5] 조선의 직업소개 관련 법령의 중층적 구조

구분	법률	칙령	제령	부령	업무
건명 (일자 및 소관)	국가총동원법 (1938. 3. 31., 내각총리 및 각 성 소관)	① 직업소개소 관제 (1938. 6. 28., 후생성 소관) ② 조선총독부노무과신설 (1941)	조선직업소개령 (1939. 12. 13.)	직업소개사업시행규칙 (1940. 1. 20.)	① 국민총동원 남양농업이민 (1939. 6.~1939. 12.) ② 대내지구인취업조사(對內地求人就業調) (1942. 12. 31.)
최종 결재	쇼와 일왕	쇼와 일왕	쇼와 일왕	조선총독	조선총독

「조선직업소개령」을 제정하였고, 시행규칙을 부령으로 제정하여 공포하였다. 이에 관한 사항을 정리하여 표로 나타내면 [표 7-5]와 같다.

이와 같이 총동원법에 따라 직업소개소 관제 및 노무과 신설 등 관제와 관련된 각종 칙령이 제정되었다. 특히 식민지 중에서 조선에 가장 많은 노동력이 있기 때문에 「조선직업소개령(朝鮮職業紹介令ヲ定ム)」 제령을 쇼와 일왕이 최종 결재하였다. 이 제령은 1939년 12월 13일 공포한 것으로, 12월 9일 법제국 척(拓)제231호로 척무대신 가네미쓰 쓰네오(金光庸夫)가 내각총리대신 아베 노부유키에게 상신한 문서이며, 내각 법제국에서 기안하여 결정된 문서이다. 이 공문서는 내각·총리부, 태정관·내각관계, 제6류 공문유취 제63편, 쇼와 14년도·제91권에 편성되어 있다.[46]

이에 대한 후속조치로 1940년 1월 19일 조선총독부 직업소개소 관제는 칙령 제17호로 쇼와 일왕이 공포하였다. 그러므로 내각·총리

46 內閣, 「朝鮮職業紹介令制定制令案」, 1939. 12. 12.

부, 태정관·내각관계, 어서명원본에 편성되어 있다.[47] 그해 1월 20일 부령 제8호로 동 시행규칙, 특히 제4장 노동자 모집에 관한 규정에 의하여 동원 업무가 실시되었다. 경성, 대구, 평양, 신의주, 함흥 등 6부에 직업소개소를 설치하고 각 부 일원을 관할구역으로 하여 직업소개사업을 시작하게 된다.[48]

그리고 조선총독부 내에 조선인 강제 동원을 총괄할 행정 기구를 신설하였다.[49] 1941년에는 총독부 내무국 내에 노무과를 신설하여 노동력 동원 업무를 일원화하였다.[50] 이러한 법령에 따라 조선인 노동력은 크게 '모집', '관알선', '징용' 등의 유형으로 동원할 수 있게 되었다.[51] 동원은 제정된 법적 테두리 안에서 추진한 합법을 가장한 강제였다.[52]

이와 같은 법령의 중층적 구조를 통해 총동원 업무는 내각총리가 통괄 관리하며, 후생성과 조선총독부 노무과 소관하에 직업소개라는 명목으로 추진된 것을 알 수 있다. 이처럼 직업소개가 강제 동원으로 둔갑한 것은 총동원법률에 따라 칙령, 제령, 부령 등이 중층적

---

47 內閣, 「朝鮮総督府職業紹介所官制」(第七百四十八号ヲ以テ本号中改正), 1940. 1. 19.(勅令 第17號) 이 공문서에 따르면, 총독부 직업소개소는 조선총독이 관리하고 「직업소개소령」 제2조에 따라 업무를 하도록 규정하고 있다. 소장 1명, 전임 사무관 2명, 전임 서기 26명을 두었다.

48 이상의, 「1930년대 일제의 노동정책과 노동력 수탈」, 『한국사연구』 제94집, 한국사연구회, 1996.

49 김민영, 『일제의 노동력수탈 연구』, 한울아카데미, 1995; 곽건홍, 「일제하 조선의 전시 노동정책 연구」, 고려대학교 박사학위논문, 1999; 김민영, 「강제동원 피해자에 대한조사 및 인원 추정」, 『2003년도 일제하 피강제동원 등 실태조사 보고서』, 정신문화연구원, 2003.

50 안자코 유카, 「총동원체제하 조선인 노동력 '강제동원' 정책의 전개」, 『한국사학보』 제14호, 2003 참조.

51 김민영, 「강제동원 피해자에 대한조사 및 인원 추정」, p. 48.

52 곽건홍, 「일제강점기 '강제동원-강제노동'문제 청산의 현대적 과제」, 『기억과 전망』 4, 민주화운동기념사업회, 2003, p. 96.

으로 구조화되어 추진되었기 때문이다. 실제로 1939년 남양군도로 '이주'한 농민들 가운데는 전쟁터로 가는 줄 모르고 동원되었다 살아 돌아오지 못한 사람이 많으나, 아직도 그 실상을 모두 파악하지 못하고 있는 실정이다.[53] 「직업소개령」 제령의 중층적 결재 구조도 앞에서 제시한 바와 같으며, 다만 조선총독부 노무과에서 1단계 초안을 작성하는 것이 다르다.

일본 세력권의 행정 일원화 정책과 강제 동원

강제 동원의 법적 근거가 다시 한 번 크게 변화한 시점은 미국과 영국이 참전한 이후이다. 1942년 9월 11일 각의가 대동아성관제요강과 함께 「내외지 행정의 일원화에 관한 건(内外地行政ノ一元化ニ関スル件)」 등 8건을 결정하였다. 이때 가장 큰 변화는 척무성을 폐지하고, 조선과 타이완의 행정 사무를 내무성 등으로 이관하도록 정한 것이다. 내각은 '내외지 행정 일원화'를 위해 요강을 정하였다(「内外地行政ノ一元化ニ関スル件ヲ外九勅令案要綱ヲ定ム」). 이 공문서는 1942년 9월 11일에 작성되었으나, 내각·총리부, 대정관·내각관제, 제6류 공문유취 제66편·쇼와 17년·제6권·관직2·관제2(내각2)에 편성되었다. 일원화를

53 조선총독부, 『남양농업이민관계철』, 1939. 이 문서는 1939년 6월부터 11월까지 조선인을 남양군도로 농업 이주시키도록 추진한 사실을 알 수 있는 공문서이다. 원문은 국가기록원에 소장되어 있으며, 이에 대한 자세한 해제는 다음을 참조. 국무총리소속 일제강점하강제동원피해진상규명위원회, 『강제동원명부해제집1』, 2009.

위해 가라후토는 1943년 4월 1일부터 일본 본토로 편입시켜 버렸다.

하지만 일반적인 행정 사무는 이관하였더라도 가장 큰 문제가 된 것은 조선총독에 대한 감독권이었다. 내각의 중앙 정부 측은 조선총독에 대한 감독권을 가지려 하였으나, 조선총독 측에서 강하게 저항하여 행정 사무의 내무성 이관을 완전히 실현할 수는 없었다. 추밀원의 신중론도 정부를 견제하였다고 할 수 있다.[54]

하지만 이때부터 내무대신이 조선총독과 조선총독부 사무의 통리상 필요한 지시를 할 수 있게 되었다. 내무대신이 타이완 총독과 타이완 총독부의 사무 관리를 위해 감독상 필요한 지시를 할 수 있게 된 것과 대비된다.[55]

그리고 무엇보다도 주목해야 할 것은 칙령「조선총독 및 타이완총독의 감독 등에 관한 건(朝鮮總督及臺灣總督の監督等に関する件)」을 통해 일본 세력권 업무를 통괄 지배할 수 있게 되었다는 점이다.[56] 같은 건 제2조에는 내각총리대신 및 각 성 대신이 다음과 같은 사무에 '내·외지' 통할권을 가지고 있었다. 감독을 맡은 담당 업무와 담당 대신은 [표 7-6]과 같다.

표에서 보는 바와 같이 내각총리대신 및 각 성 대신은 조선총독

---

54 水野直樹,「戰時期の植民地支配と內外地行政一元化」,『人文學報』79, 京都大學 人文科學研究所, 1997, p. 97. 이 논고에서는 '내·외지' 행정 일원화 정책에 대해 조선총독 측이 저항하여 감독권이 빠졌다고 다소 과소평가하고 있으나, 칙령을 통해 각 성 대신이 식민지까지 통할 지배할 수 있었다는 측면에서 재고해야 한다고 생각한다.

55 內閣,「朝鮮総督及台湾総督ノ監督等ニ関スル件ヲ定ム」, 1942; 朝鮮総督府鉄道局,「台湾総督府交通局及樺太庁鉄道事務所ノ軍事輸送等ニ関スル件ヲ定ム」, 1942. 7. 18.

56 內閣,「朝鮮総督及台湾総督ノ監督等ニ関スル件ヲ定ム」, 1942. 11. 1. 편성은 다음과 같다. 公文類聚, 第六十六編, 昭和十七年·第四十二巻·官職三十八·官制三十八·朝鮮総督府.

[표 7-6] 내각총리대신과 각 성 대신의 '내 · 외지' 통할권

감독 담당 업무	담당 대신	감독 담당 업무	담당 대신
통계	내각총리대신	화폐, 은행, 관세	대장대신
대학·고등학교 등 교육과 기술(技術)	문부대신	미곡, 기타 주요 식량, 농산물, 해양어업	농림대신
중요 광공업, 무역, 도량형, 계량	상공대신	우편, 전기통신, 해운(연안 항로 제외), 항공	체신대신
철도	철도대신	외국위체 관리	대장대신, 상공대신

출전: 内閣,「朝鮮總督及臺灣總督の監督等に関する件」, 1942.

및 타이완 총독에 대하여 전항의 사무에 감독상 필요한 지시를 할 수 있게 되었다. 제2조는 원안대로 각의를 통과하였다. 그러므로 비록 조선총독 측의 저항에 의하여 내무대신의 감독은 배제하였으나, 내각총리대신 및 각 성 대신에게 각각 업무를 책임지게 함으로써, 일본 본토에서부터 식민지까지 일본 세력권 전체를 아우르는 총괄적 지배 구조를 법적으로 구축하였다고 할 수 있다.

행정 일원화 정책에 따라 일본 세력권에서 필요한 인력 조사를 조선에서 바로 실행하였다. 이러한 실태는 조선총독부가 작성한 1942년 12월 31일 현재 「대내지 구인취직자 취업상황(對內地求人就職者 就業狀況)」을 보면 확인된다. 이 문서철은 1943년 1월부터 8월까지 총독부의 각 기관과 기업들에서 보낸 이른바 취업 관련 보고를 취합한 것으로, 취합한 내용을 통계표로 만들어 총독부 배치계, 사무관, 노무과장, 사정국장이 1943년 8월 20일에 공람하였다는 것을 알 수 있다.

조선총독부 사정국에서는 각 기업과 관공서에서 보낸 공문서를

취합하여 관리하고 있다. 제5해군연료창장(第五海軍燃料廠長), 미쓰비시(三菱)광업주식회사 청진제련소, 인천육군조병창본부, 조선아사노(淺野)시멘트주식회사, 일본화성공업주식회사, 나카가와(中川)광업주식회사, 조선미곡식량주식회사, 조선저축은행, 조선총독부수산시험장, 조선총독부 철도국 등 많은 관공서와 기업에서 일본으로 가는 이른바 '구인자'를 파악하여, 신청자·할당인원·재직자·퇴직자·사망자를 기재하고 있다. 신규 중등학교 졸업자와 신규 초등학교 수료자를 대상으로 조사하였다.

특징적인 것은 전체적으로 신청자는 할당인원보다 1.5배에서 2배수, 많게는 4배 이상도 신청하였다는 점이다. 또 철도청은 퇴직자가 많은데 이들은 일본과 중국, 만주, 남양청 기타로 구분하여 몇 명이 어디로 갔는지 기재하고 있다. 1941년 현재 신청자 31,045명, 할당수 15,079명, 충족 수는 8,749명이라는 것을 알 수 있다. 특히 총독부와 각 기업들은 모집 후 바로 모집자를 퇴직자로 처리하고 퇴직자의 행방에 대하여 일본, 타이완, 남양군도, 가라후토, 기타 항목으로 구분하여 조사하고 있다. 이러한 문서가 체계적으로 남아 있지 않아 전모를 파악하기는 힘들지만, 국내에서 모집한 후 일부는 재직하게 하고 상당수를 퇴직 처리하여 일본의 세력권으로 동원하였다는 것을 알 수 있는 증거가 된다.[57]

다음으로 국가총동원에 따라 일본 본토와 타이완, 중국, 남방총국, 보르네오 사이의 결재 구조를 밝히기 위하여 '위안소' 설치 및

57 朝鮮總督府, 「昭和15年度16年度對內地求人就職者就業狀況調査」, 1943, p. 174.

'위안부'를 동원한 관련 공문서를 살펴보면 다음과 같다.[58] 이를 검토하는 것은 이 공문들이 오가는 내용 중에 조선인이 '위안부'로 동원된 사실을 알 수 있기 때문이다. '전시응전태세'에서 군인과 공무원은 반드시 국가총동원 법률과 쇼와 일왕의 칙령에 따라 업무를 추진하도록 되어 있다. 아래의 내용을 보면 법률의 하위 레벨에서 육군이 '군위안부' 관련 일들을 추진한 사실을 명확하게 알 수 있다.

첫째, 일본 육군성과 중국에 소재한 일본 육군 간의 비밀 기록을 들 수 있다. 육지밀(陸地密) 제2197호 「군위안소와 '군위안부' 모집에 관한 건」을 보면 국가총동원법이 발효되기 이전에 육군이 이미 '위안소'를 설치하고 '군위안부'를 모집하는 경영자들을 허가하고 있다는 것을 알 수 있다.[59] 1938년 3월 4일에 육군성 병무과에서 기안하여 3월 11일에 육군성 차관이 전결로 처리하고 있다. 중국에 소재한 일본 육군의 비밀 기록이다.

둘째, 타이완과 일본, 보르네오 사이에 오간 공문서이다. 이 공문서는 타이완 군참모장이 부관에게 보내는 비밀전보 번역 공문이다. 1942년 6월 13일 타이완 군참모장이 대전(臺電) 제935호로 발신하였다. 내용은 "본년 3월 대전(臺電) 제602호 신청 육아밀전 제188호 인가에 의해 '보르네오'에 파견한 특종 위안부 50명이 현지에 도착했으나, 인원이 부족하니 '위안부' 20명을 증파해 줄 것을 요청"한 것

58 이하에 제시하는 타이완, 중국 소재 육군성 관련 자료 4건은 일본강제동원진상규명네트워크 고바야시 히사토모(小林久公) 사무국장이 제공한 것이다. 이 자리를 빌려 감사드린다.

59 내용에는 허가된 경영자 이외에 군을 사칭하여 '군위안부'를 모집하는 업자가 있으니 단속하라는 내용이 포함되어 있다. 陸軍省, 「軍慰安所と'軍慰安婦' 募集に関する件」, 1938.

이다. '절대 비밀' 문서 취급표시가 되어 있다.

셋째, 타이완 군사령관과 일본 육군 사이에 오간 문서로 타이완 군사령관이 육군대신에게 보내는 비밀전보 번역문이다. 1942년 3월 12일 육밀전 제13호 '보르네오'행 위안토인 50명을 파견하였다는 내용이다. "남방총군으로부터 요구가 있어 육밀전 제623호에 따라 헌병조사 선정하는 아래 경영자 3명 도항 인가를 신청함. ○○○ 42세, ○○○ 35세 ○○○ 61세."[60] 육군성과 타이완 사령부 사이에 오간 공문으로 남방총군과 관련된 내용이다. 이 공문을 통해 일본군이 '위안부'를 조직적으로 보낼 수 있도록 경영자를 지정하였다는 사실을 알 수 있다.

넷째, 일본 세력권이 궤멸한 뒤에 작성된 공문서 가운데 일본, 타이완, 호주군, 조선인이 관련되어 있는 공문으로 1946년 제48사단 종전처리상황 보고 문서를 들 수 있다. 이 자료에는 패전 시 상사지령에 의한 문서 처리와 행동경과, 장교직원표, 타이완인 및 조선인 사역 상황, 현지 주민 사역 등에 대한 내용이 수록되어 있다. 주목되는 것은 1943년 후반기 특별지원병으로서 도착한 약 450명 중 조선인이 위안행자(慰安幸者) 관계로 약 50명 정도 있었다는 내용이 있다.[61] 위의 내용을 표로 정리하면 [표 7-7]과 같다.

---

60 기관에서 공문서를 공개할 때 개인정보보호법에 따라 먹칠을 하여 이름을 알 수 없다. 육밀전 제13호「전보」. 1942년 3월 12일.

61 현지 주민 5만 명을 군인 보조, 도로 구축 및 농경 작업 기타 잡무에 사역하였고, 타이완인은 편성 당초부터 주로 사령부에서 약 100명을 사역하였다고 한다. 육군성,『第48師団終戦処理状況』, 1945.

[표 7-7] 육군의 '군위안부' 동원 관련 시행 공문서

시행일자	구분	기록물 건명	작성자	최종 결재 및 수신자
1938. 3. 4. 1938. 3. 11.	기안 시행	육지밀(陸地密) 제2197호「군위안소와 '군위안부' 모집에 관한 건」	육군성 병무과	육군성 차관 전결 중국 소재 육군 수신
1942. 3. 12.	기안 시행	육민전 제13호「보르네오행 위안토인 파견」(경영자 지정)	육군성 대신	타이완 사령부
1942. 6. 13.	기안 시행	대전(臺電) 제935호「비밀전보」(위안부 증파 요청)	타이완군 참모장	부관, 육군성-보르네오
1943	보고	「제48사단 종전처리상황」(1943년 특별지원병 450명 중 조선인 위안행자 약 50명 포함)	육군성	육군성

표에서 보는 바와 같이, 육군성 대신이 타이완 사령부에게, 타이완 군참모장이 부관에게, 종전 후 육군성이 군부에 보고한 문서를 통해 '군위안부'를 강제 동원하였다는 사실을 확인할 수 있다. 이 문서를 통해 조선인 등을 중국, 보르네오, 타이완 등 일본 세력권의 전쟁터에 '군위안부'로 증파하고 있었다는 것을 알 수 있다.

강제 동원의 세계적 연관성과 식민지 지배에 대한 역사적 책임

이처럼 당시 일본 정부와 조선총독부는 중층적인 결재 구조와 행정 체계를 통해 강제 동원 정책을 시행하였다. 이 과정에서 특히 아시아태평양전쟁기에 한국인은 일본의 제국주의 전쟁과 관련하여 '부(否)의 측면'에서 세계사적 연관을 가지게 되었다. 일본은 전쟁기지를 만들기 위하여 조선인뿐만 아니라 타이완인, 중국인 등을 강제 동원

했던 것이다.

일본 정부는 만주사변, 중일전쟁, 아시아태평양전쟁으로 확전하는 과정에서 다층에 걸친 강력한 법 제정을 통해 식민지 및 점령지 지배 체제를 통괄하고자 하였다. 총동원시스템을 구축하기 위해 일본 내각은 1938년 4월부터 국가총동원 법률을 제정하고, 바로 조선·타이완·가라후토에 적용하는 칙령을 공포하였다. 집권 세력은 제국의회의 관여를 막기 위하여 관제·인사·예산 관련 사안은 모두 칙령으로 공포하여 상위 레벨의 법적·행정적 시스템을 만들었다. 그리고 식민지 조선에는 제령과 부령 등으로 하위 레벨의 행정적 시스템을 만들었다.

그런데 조선에만 실시된 제령이 성안되는 과정 또한 중층적 절차가 필요하였다. 대륙병참기지의 물적 토대를 만드는 조선시가지계획령과 강제 동원의 법적 토대를 만드는 「조선직업소개소령」과 같은 제령은 조선총독부에서 초안-심의-총독 결재를 거쳐, 일본 내각의 척무-법무국에서 다시 상신-기안-상주라는 행정적 절차를 거쳐야 하는 중층적 결재 구조를 가지고 있었다.

한편 미국과 영국이 참전한 1941년에는 일본 본국과 식민지, 식민지와 식민지 간에도 '내·외지' 일원적 행정 절차로 통제하고자 하였다. 이에 따라 내무성이 조선총독에 대한 감독권을 확보하지는 못했지만 타이완 총독에 대한 감독권을 확보하였으며, 내각총리대신과 각 성 대신들은 거의 모든 사안의 통괄권을 부여받았다. 통계를 비롯하여 중요 광공업, 화폐, 은행, 주요 식량, 항공, 외국위체 등이다. 또한 식민지 업무를 관장하던 척무성이 폐지되었고, 후생성은 「직업소개령」과 「국민징용령」의 주무 기관이자 강제 동원의 컨트롤 타워로 기능할 수 있었다. 한국 정부가 일본 정부로부터 받은 명부 가운데 후생성이 작성한 것이 많은 이유는 여기에 있다.

이러한 시스템은 국민징용은 물론 당국의 이른바 '직업소개'가 강제 동원으로 둔갑해 버리는 법적 장치라고 할 수 있다. 따라서 일본 내각과 조선총독부는 이러한 중층적 결재 구조를 이용해 한국인은 물론 일본 세력권 내 물자와 인력을 강제 동원할 수 있었다는 것을 알 수 있다. 총동원 법률은 물론 칙령과 제령은 모두 쇼와 일왕이 최종 결재한 사안이었다. 그러므로 식민지 지배의 최종적인 책임이 어디에 있는지 명확히 알 수 있다.

강제 동원에 대한 사안은 국제정치적 해결을 제쳐 두고, 학술적 차원에서만 봐도 여전히 체계적인 정리가 필요하다. 역사적 사실을 규명하기 위해서는 총동원법과 칙령, 제령, 부령 등 중층적 결재 구조에 따라 기록이 산재해 있다는 사실에 기반하여 기록물을 체계적으로 추적할 필요가 있다. 특히 주의를 기울일 것은 일본 참모본부와 육해군이 남방작전을 계획함에 따라 조선은 물론 일제 세력권의 인적·물적 자원을 총동원하였기 때문에 일본 방위성과 후생성이 소장한 자료를 적극적으로 발굴해야 한다는 것이다. 하지만 일본 정부와 후생성, 방위성은 불리한 문서는 공개하지 않고 명부만 한국 정부에 제공하고 있다. 그러므로 기록의 열쇠를 일본 정부가 쥐고 있는 한, 강제 동원의 정확한 진상은 여전히 명백히 규명하기 어려운 측면이 있다.

일본 세력권의 총동원 관련 문서는 일본의 국립공문서관과 후생성, 법무성, 방위성 방위연구소, 외무성 외교사료관, 각 현립 공문서관, 대학교 등에 산재하여 있다. 그리고 전쟁을 하면서 생산되거나 몰수당한 기록물이 미국, 중국, 타이완, 호주, 네덜란드, 필리핀, 인도네시아 등 여러 나라에 분산·보존되어 있는 실정이다. 향후 강제동원과 관련된 기록물을 세계적인 차원에서 통합 관리할 필요성이 여기에 있다.

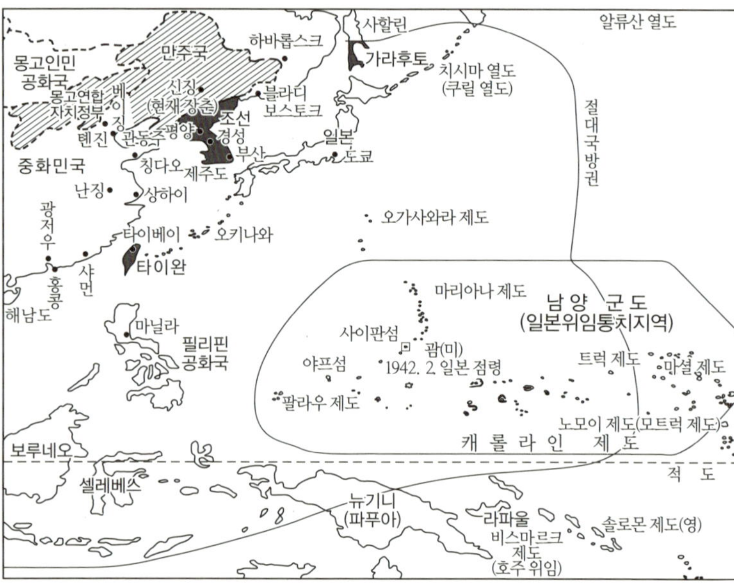

〈그림 7-5〉 1940년대 일본제국의 세력권

출전: 坂本悠一 編,『帝国支配の最前線: 植民地(地域のなかの軍隊 7)』, 吉川弘文館, 2015.

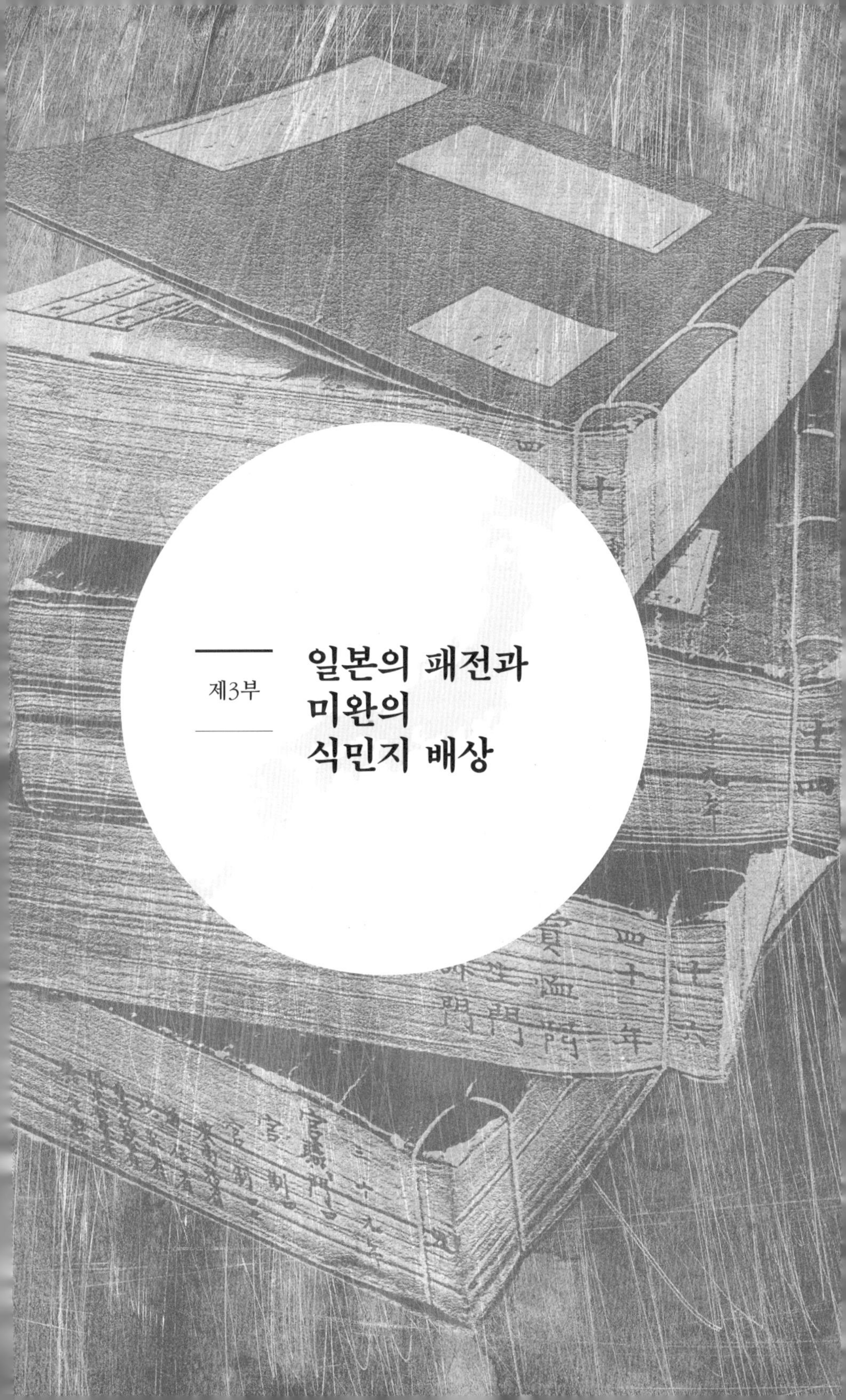

제3부

일본의 패전과 미완의 식민지 배상

제8장

GHQ 점령하 노무자 미불금 처리를 위한 결재 구조

아시아태평양전쟁으로 일본은 중국·동남아시아·호주까지 점령하면서 이른바 '대동아공영권'을 형성하였다.[1] 이러한 일제의 세력권 확대 정책은 1945년 8월 미국을 중심으로 한 연합군의 원폭투하와 대공습에 의해 저지되었다.[2]

일본 패전 후, 세계질서는 미국과 소련(옛 소비에트연방공화국, 현재 러시아·우크라이나 등)을 중심으로 자본주의와 사회주의로 대별되는 냉

1 '대동아공영권'에 대해서는 다음을 참조. 小林英夫, 『「大東亜共栄圏」の形成と崩壊』, 御茶の水書房, 2006; 內海愛子·田邊壽夫, 『アジアからみた「大東亞共榮圈」』, 梨の木舍, 1983; 피디 도우스, 「植民地なき帝國主義—大東亞共榮圈」の構想」, 『思想』 814, 1992; 역사학회, 『전쟁과 동북아의 국제질서』, 일조각, 2006; 임성모, 「대동아공영권 구상에서의 '지역'과 '세계'」(이내영·이신화, 『동북아지역 질서의 형성과 전개』), 아연출판부, 2011; 김경일, 『제국의 시대와 동아시아 연대』, 창비, 2011; 박태균·유용태·박진우, 『함께 읽는 동아시아 근현대사 2』, 창비, 2011.

2 일본의 항복 조건은 비무장, 평화헌법의 제정, 미국에 의한 일왕(天皇)의 면책(免責)이었고, 1945년 9월 27일 포츠담 선언으로 귀결되었다. 그러나 극동국제군사전범재판(東京裁判)에서 일왕을 전쟁범죄인으로 재판하지 않기로 한 것은, 미국이 일본 군부와 우익세력의 반란 방지, 일본 국민의 혁명적인 행동과 공산주의화를 막기 위함이었다. 이러한 일본의 항복 조건은, 전후의 일본 사회에 전쟁책임 문제, 식민지 보상 문제를 포함하여 커다란 영향을 끼치게 된다.

전 체제로 재편되었으며, 영국·프랑스·독일 등 유럽을 중심으로 하던 전전(戰前)의 세계질서가 와해되었다. 일본과 그 세력권에 있던 아시아는 연합국군 최고사령관 총사령부(General Headquarters, Supreme Commander for the Allied Power, 이하 GHQ로 약칭)의 점령 체제로 재편되었다.[3] 일본에 강제 편입되어 식민지로 전락했던 조선은 해방 후 다시 미소의 군정하로 각각 들어가게 되어 남북이 분단되었다.

전쟁에 대한 책임을 묻기 위해, 국제전범재판소는 도조 히데키 등 A급 전범 28명과 BC급 전범에 대한 재판을 진행하였다(일명 도쿄재판). 그러나 미국 정부와 일본 정부의 비밀 담판으로 쇼와 일왕의 책임에 대해서는 면죄부를 주고, 도조 히데키 등 8명을 사형시키는 것으로 전쟁책임 문제는 일단락되었다. 법정에는 조선총독 미나미 지로와 조선군사령관 이타가키도 있었지만, 식민지 지배에 대해서는 심문조차 받지 않았다.

또한 일본은 패전국으로서 연합군에 배상금을 지불해야만 했다. 그러나 미소를 중심으로 한 세계의 냉전 체제 대결에서, 한국전쟁이 터지자 미국은 필리핀·중국·러시아 등에게 배상금을 받지 말 것을 요청하였으며, 일본의 군수산업은 점차 부활하였다. 이렇게 하여 미국의 묵인하에 배상금은 '경제협력'으로 변화되었고, 한국은 물론 과거 일본 세력권이었던 곳에 도로가 놓이고 플랜테이션이 설치되었

3 GHQ 연구는 일본의 정치학자 다케마에 에이지가 독보적이다. 竹前栄治, 『占領戦後史 対日管理政策の全容』, 双柿舎, 1980; 竹前栄治, 『GHQ』, 岩波新書黄版, 1983; 竹前栄治, 『GHQの人びと 経歴と政策』, 明石書店, 2002; 竹前栄治, 『日本占領 GHQ高官の証言』, 中央公論社, 1988 등. 한국에서는 송병권, 「일본의 전후 경제재건 구상과 조선 인식의 연속성」, 2010; 송병권, 「미국의 전후 한일 간 경제분리정책의 형성과 변용」, 2010 등 참조.

다. 일본의 한국에 대한 식민지 지배 문제, 즉 영토 문제·강제 동원 노무자 미불금 문제·국적 문제·문화재 반환 문제·BC급 조선인 전범 재판 문제 등도 국제정치 정세 속에서 처리되어 버렸다.[4]

이러한 여러 문제가 일단락된 시점은, 일본이 샌프란시스코 회담에 의해 자주권을 회복하는 1952년이다. 그러나 식민지 지배에 대한 배상 문제는 거론조차 되지 않았으며, '전후보상'[5] 처리 문제는 아직까지도 진행형이다.[6] 즉 한국의 경우, 1965년 '한일회담'에서 한국인

---

4 '위안부' 문제는 당시에 부각되지 않았으며, '전후보상' 문제는 한국뿐만 아니라 일본의 세력권에서 점령 내지 식민 지배를 받은 여러 국가의 피해자들에게 해당되는 문제이므로 여기에 포함시키지 않았다. '전후보상' 처리의 전체적인 개요에 대해서는 荒井信一,『戰後補償と戰後責任 過去の清算 - 戰後日本占領と戰後改革5』, 岩波書店, 1995; 山田昭次,『植民地支配·戰争·戰後の 責任—朝鮮·中国への 視点の模索』, 創史社, 2005; 内海愛子,『戦後補償からみたアジアと日本』, 山川出版社, 2002(우쓰미 아이코 저·김경남 역,『전후보상으로 생각하는 일본과 아시아』, 논형, 2010) 참조. 각론에 대해서는 다음을 참조. 内海愛子,『朝鮮人BC級戰犯の記録』, 勤草書房, 1982; E.E. Dunlop, *The War Diaries of Weary Dunlop: Java and the Burma-Thailand Railway, 1942-1945*, Thomas Nelson Australia: Sydney, 1986; 塚本孝,『韓國の對日平和條約 署名問題 - 日朝交涉, 戰後補償 問題に關連して』, 國立國會圖書館 調査立法考査局, 1992; 田中宏,「これでは, 戰後50年の區切りはつかない - 戰後補償問題の檢証」,『世界』606, 1995; 李鎬勳,「韓國に求められる新たな戰後補償運動」,『法學セミナ-』, 日本評論社, 1995; 藍谷邦雄,「戰後補償裁判の現狀と課題」,『季刊戰爭責任硏究10』, 日本の戰爭責任資料センタ-, 1995; Lester I. Tenney, *My Hitch in Hell: the Battaan Death March*, Brassey's Inc.: USA, 1995; 今村嗣夫·高木喜孝·鈴木五十三 編著,『戰後補償法 - その思想と立法』, 明石書店, 1999; 高木健一,『今なぜ戰後補償か』, 講談社, 2001; 지명관 외 저·김영필 역,『전후보상과 한일의 상호이해』, 한양대출판부, 2008; 朴洪圭,「第2次 世界大戰의 戰後補償과 植民地支配에 대한 國際社會의 論議」,『韓日民族問題硏究 2』, 韓日民族問題學會, 2002; 金廣烈,『1990年代 日本에서의 戰後補償論과 韓國人의 訴訟』, 위의 책, 2002; 최철영,「강제 동원 관련 한인(조선인) 소송에 있어 개인배상 청구권 연구」,『동북아 역사논총』, 2008; 이원덕,「일본의 전후 배상외교에 관한 고찰—국제비교의 관점」,『東北亞歷史論叢』22호, 2008; 김명섭·김승배,「20세기 '전후보상' 개념의 형성과 변용: 한국과 일본 간 보상문제를 중심으로」,『한국과 국제정치』제25권 제3호, 2009; 박배근,「대일전후 보상소송과 국제인도법」,『東北亞歷史論叢』25호, 2009 등.

5 '전후보상'이라는 용어는 통상 일제의 조선 식민지 지배 시 벌어진 위법행위로 인한 손해를 회복하기 위한 배상까지 포함하는 의미로 사용된다. 이 책에서도 이러한 의미를 따른다.

6 최근의 한일 간 과거청산소송에 대해서는 다음 논고를 참조. 김창록,「한일 간 과거청산에 있어서 국가의 논리와 개인의 권리」,『法史學硏究』30, 韓國法史學會, 2004; 김창록,「일

이 강제 동원되어 일한 대가를 못 받아 공탁으로 처리한 노무자 미불금을 대상으로 정치적 협상 과정을 거쳐 '경제협력'으로 둔갑시켰다. 이를 근거로 일본 정부는 이 문제를 한국 정부와 '이미 완전히 해결하였다.'고 한다. 하지만 피해자들은 일본 정부와 기업의 공식적인 사과와 보상을 요구하며 일본과 한국의 법원에 재소하고 있다.[7] 최근 한국의 대법원에서는 피해자들에게 승소판결을 내린 상태로서, 피해자들은 직접 일본 기업 앞에 가서 피해보상을 하라고 항의하고 있다. 북한의 경우는 아직 일본과 국교조차 성립되지 않았고, 일부 노무자 미불금 문제가 처리되었다고 해도 식민지 지배 처리 문제는 남북한 모두 그대로 남아 있는 상황이다.

이 장에서는 일본 제국의 식민지 지배에 대한 전후 보상처리 문제와 관련하여 기록을 작성·보존하는 구조를 이해하는 데 있어 두 가지 측면에서 문제를 제기하고 있다.

첫째, 시간적인 측면의 인식이다. 즉 일본 제국이 1910년부터 36년 동안 조선을 식민지로 지배하였지만, 1945년 8월 15일 일본의 연합국에 대한 항복 선언으로 한반도에 대한 식민지적 관련 구조가

본에서의 대일과거청산소송—한국인들에 의한 소송을 중심으로」, 『法史學研究』 第35輯, 2007; 최봉태, 「일제강점하 강제 동원 한국인 피해자들의 권리구제 현황과 쟁점」(현대송, 『한국과 일본의 역사인식』), 나남, 2008; 김창록, 「한일 과거청산의 법적 구조」, 『법사학연구』 47, 2013.

7 일본에서는 1990년대부터 현재까지 조선인, 타이완인 등의 미불금 청구권소송을 진행하였으나, 타이완인과 중국인의 경우는 화해로 해결되는 경우가 있었지만, 한국의 경우는 모두 패소하였다(우쓰미 아이코, 앞의 책, 2010, 부록 참조). 최근에는 한국에서 재판이 진행되고 있는데, 법원에서 미쓰비시(三菱)와 신일본제철(新日本製鉄)기업은 강제 동원 노무자들에게 배상금을 지급하라는 판결이 내려졌지만, 아베 일본 수상은 이미 한일회담을 통해 청산된 것이라고 주장하면서 한일 간 정치 문제화하고 있다(「한국의 급소를 찌른다(韓国の'急所'を突く)」, 『週刊文春』, 2013. 11. 21.)

모두 종료된 것은 아니라는 것이다. 이는 일본 패전 후 한반도 조선은 미국과 소련이 점령하게 되었고, 일본은 GHQ 점령하에서 간접통치 체제로 전환되었기 때문이다. 이때부터 한반도 조선과 일본(일본 세력권 아시아 포함)은 각각 GHQ 관리 체제로 들어간다.

1952년 샌프란시스코 조약(San Francisco 講和條約) 이후 폐지되기 전까지 GHQ는 식민지 지배의 청산, 즉 영토 문제, 국적 문제, 노무자의 임금체불 문제, 문화재 반환 문제 등에 대한 대응을 결정하고 일본 정부에 지령을 내렸다. 국제적인 관점에서 보면 일본이 조선과 타이완 등의 영토를 최종적으로 포기한 것은 1952년 샌프란시스코 조약(대일강화조약)을 체결한 시점이다. 따라서 식민지 지배 문제와 그 보상 처리 문제를 1952년까지 확장해 연속적으로 인식할 필요가 있다.

둘째는 공간적인 측면의 인식이다. 즉 1945년 9월부터 1952년까지, GHQ 점령기 식민지 지배에 대한 보상 문제를 처리하던 시기의 결재 구조를 인식하는 것이다. 이 시기 한반도는 해방공간이라 불렸지만, 국제적으로는 일본과 한반도 남북한이 GHQ 점령제체로 들어가 행정적 명령 체계가 만들어지는 시기였다. 이 때문에 이 시기 식민지 처리에 대한 정책 결재 구조는 GHQ의 지령과 일본 정부의 시행이라는 상명하달식 결재 구조 형태를 띠었다.

이러한 공간적 측면을 생각해야 하는 것은 GHQ와 점령된 일본 정부 사이에서 '전후보상' 문제가 처리되는 결재 구조와 기록 보존 구조도 이에 따라 만들어졌기 때문이다. 조선인 송환 문제, 강제 동원된 노무자에 대한 임금 지급 문제, 영토 문제 등이 이 시스템 속에서 처리된다. 따라서 1945년부터 1952년까지 GHQ와 일본 종속 정부의 식민지 지배에 대한 처리 과정을 시야에 넣고 중층적 결재 구조를 인식할 필요가 있다. 그것은 우리의 의지와 상관없이 미국과 연합국, 일본이 우리 민족의 권리를 좌지우지하기 때문이다.

이러한 문제의식에 따라, 이 장에서는 1945년부터 1952년까지 GHQ와 일본 종속 정부의 식민지 지배 처리에 대한 중층적 결재 구조 및 원본 출처를 검토하고자 한다. 이를 통해 GHQ의 종속적 지배 체제하에서 진행된 일본의 식민지 지배 처리 구조를 명확하게 밝힐 수 있을 것이다.

연구방법은 역사학적 방법과 기록사료학적 관점에서 원본의 출처를 탐구함으로써 실증적·구조적으로 분석한다. GHQ 점령기 결재 구조에 대해서는 최근 일본 국립공문서관에서 공개된『경제협력-한국105(経済協力-韓国105)』철을 활용하여 분석하고자 한다. 먼저, 식민지 지배에 대한 '전후보상' 처리의 배경을 살펴보고. 둘째, GHQ 점령기(1945~1952년)에 GHQ와 일본 종속 정부가 추진한 식민지 지배 처리에 관한 결재 구조를 조선인 미불금 문제 처리 사례를 통해 밝히고자 한다.

그러면, 일본 제국 정부와 조선총독부의 결재 구조는 일본이 연합국에 패전함에 따라 어떻게 달라지는가. 패전으로 GHQ의 점령지이자 종속국의 입장으로 바뀐 일본에서, 식민지 지배 처리에 대한 결재 구조와 원본의 출처가 어떻게 변화되는지 살펴보자.

식민지 지배에 대한 '전후보상' 처리의 배경

1945년 8월 15일, 나가사키·히로시마에 투하된 미국의 원폭에 놀란 일본 정부는 연합국에 무조건 항복을 선언했다. 1941년부터 시작된 아시아태평양전쟁이 끝났다. 항복 2년 전인 1943년 11월 27일 영국·미국·프랑스 등 열강은 카이로선언에서 '드디어 조선의 자유 독립을 결의'하였다. 1942년 충칭(重慶)[8]에 있던 독립운동가들도 조선의 독립과 자유를 쟁취하기 위해 힘을 결집하였다. 그러나 일본 정부는 계속 무력으로 아시아태평양으로 세력권을 넓혀 갔고, 미국은 비밀리에 맨해튼 프로젝트를 완수하여 나가사키와 히로시마에 원폭을 투하, 이곳의 군수기지를 폭파하였다. 그곳에 살던 무고한 일본인들과 돈 벌러 가거나 강제 징용으로 끌려간 조선인들도 폐허 속에서 죽어 갔다.

이 가공할 만한 파괴력에 놀란 일본 정부와 히로히토 일왕은 1945년 8월 14일 포츠담 선언을 수락하고 길고긴 전쟁을 끝냈다. 이 선언에서 열강은 일본의 주권을 홋카이도·혼슈(本州) 등 현재의 영토에 국한할 것, 일본의 전쟁범죄를 엄히 다스릴 것, 배상금을 지불할 것 등을 결정하였다.

국제법상 전쟁이 끝나면 패전국은 전쟁에 대한 책임을 져야 하며, 승전국에 배상금을 지불하여야 한다. 전쟁은 아시아-태평양 지역에 걸쳐 있기 때문에 배상금도 막대할 것이 예상되었다.

---

8 중국 쓰촨성 동부, 양쯔강과 자링강의 합류점에 있는 해항도시.

먼저, 포츠담 선언의 조문을 근거로 연합군은 전쟁 재판(극동국제군사재판)을 추진하였다. 침략전쟁의 최고 결정자는 히로히토 일왕이기 때문에 당연히 전쟁에 대한 책임을 져야 한다. 그러나 일본 정부는 일왕을 처단할 경우 우익의 폭동이 우려된다는 논리로 미국 정부를 설득하여, 도조 히데키 수상 등 정치가·군인 28명에 대한 전쟁 범죄를 묻는 것으로 담판을 지었다. 연합국인 2차 대전 뒤 독일과 일본의 전쟁범죄자를 A·B·C 세 등급으로 분류하였다. A급은 침략전쟁을 기획한 사람, BC급은 포로를 학대·약탈하거나 상급자의 명령에 따라 고문 및 살인 행위를 한 사람이 대상이었다.[9]

A급 전범으로 지목된 피고 가운데는 조선의 전쟁동원 체제를 확립한 미나미 지로 총독과 고이소 구니아키(小磯國昭) 총독, 조선군사령관 이타가키 세이시로(坂垣征四郎)도 있었다. 이 사람들의 공통된 죄명은 침략 전쟁의 공동 모의, 침략 전쟁의 계획 준비, 침략 전쟁의 수행, 통례의 전쟁 범죄 및 인도(人道)에 대한 죄이다. 피고석에는 미나미·고이소 등을 변론하기 위한 증인으로 전 조선총독부 정무총감 오노 로쿠이치로, 다나카 다케오 등도 출정하였다. 도쿄 재판 법정에는 조선 식민지 지배의 최고책임자들이 모두 모습을 드러냈다. 그런데 일본의 조선 식민지 지배에 대한 재판은 심의 대상에서 빠졌다.[10]

극동국제군사재판은 영국·미국·네덜란드·프랑스의 식민지나 중국에 대한 일본군의 침략에 대해서는 재판했지만, 조선·타이완의 식민지 지

9 林博史,『裁かれた戰爭犯罪』, 岩波書店, 1998.

10 内海愛子,『朝鮮人BC級戦犯の記録』, 勁草書房, 1982.; 우쓰미 아이코 저·김경남 역,『전후보상으로 생각하는 일본과 아시아』, 논형, 2010.

배에 대해서는 심의조차 하지 않았던 것이다. 식민지 지배에 대한 책임 문제를 추궁하지 않았다는 것 또한 전후 일본인의 조선에 대한 인식을 크게 왜곡하는 원인이 되었다. 일본 정부는 식민지 지배를 청산하지 않은 채 전후의 이른바 '평화와 민주주의'를 구가해 온 것이다.

그런데 BC급 전범 중 태평양전쟁 시 포로감시원으로 동원된 조선인들이 포로 학대라는 죄명을 덮어쓰게 되었다.[11] 한국인들은 일본군의 명령을 받아 연합국 포로들을 최일선에서 강제 노동시키거나 학대하였다는 죄목으로 즉시 사형당하거나 오랫동안 스가모 형무소에서 억울하게 복역하였다.[12] 전쟁 재판에서는 식민지 지배 문제와 한국인의 피해 문제는 전혀 다루어지지 않았다. 일본의 전쟁범죄를 재판하는 법정에서 한국인 피해자는 완전히 무시당했다.

일본 정부는 1876년 개항부터 시작하여 식민지 지배 기간 동안 자신들의 세력권을 확대하여 이익을 얻고자 한국인들에게 정신적·물질적으로 많은 피해를 끼쳤다. 그들은 청일전쟁, 러일전쟁 과정에서 외세에 저항한 동학농민군과 의병들을 이른바 '폭도토벌' 정책에 따라 살상하였다. 또한 1910년 8월 19일 '대일본 제국은 대한제국을 강제로 '병합'하고 조선반도를 자신의 영토로 한다.'라고 히로히토 일왕이 선언한 이후 국가적인 차원에서 인력과 물자를 총동원하

---

11 채영국, 「해방 후 BC급 戰犯이 된 한국인 포로감시원」, 『한국근현대사연구』 29, 2004, pp. 7-36.

12 内海愛子, 『スガモプリズン 戦犯たちの平和運動』, 吉川弘文館, 2004. 한국인 전범 피해자 이학래 씨(2019년 현재 93세)는 '동진회'라는 모임을 만들어 일본 정부에게 사죄와 배상을 요구하고 있다. 전후 한국인 포로감시원은 일본 국적이 아니라는 이유로 지원 대상에서도 제외됐다.

였다. 전쟁이 막바지에 이르렀을 때는 많은 한국인들이 초근목피로 삶을 견뎌야 했고, 총동원 체제하에서는 탄광으로, 전쟁터로 내몰려 죽어 쓰러졌다. 한국인들은 독립운동을 위해 떠나거나 2등 국민으로서 치욕스런 삶을 살아야 했다. 이러한 식민지 지배에 대해 극동 전범재판 법정에서는 어떠한 조치도 취해지지 않았다. 식민지 지배에 대한 배상(보상) 문제는 현재까지도 완전히 해결되지 않았다.

한편, 일본은 패전국이므로 전승국에 대하여 배상금을 지불해야 했다. 이것은 패전국이 국제사회에 복귀하기 위한 처리방식이다. 패전국 일본에도 무거운 배상금이 부과될 것으로 예상되었다. 그러나 1950년 6월 25일 한국전쟁이 발발하자 미국은 일본에 있는 군수기지와 군수물자를 이용하기 위해 재군비와 경제를 부흥시키는 것이 절박해졌다. 이 때문에 같은 해 11월 24일 미국 국무성은 '대일강화 7원칙'을 발표하여, 모든 교전국이 일본에 대한 배상청구권을 포기한다는 원칙을 밝혔다. 필리핀 등 아시아 각국이 이에 반대하자, 샌프란시스코 강화조약의 배상 조항 제14조에서는 일본이 배상하도록 승인하였다.[13]

그런데 지불 형식을 돈이 아니라 역무(役務) 또는 생산물이나 가공품을 주는 방식으로 제한하였다. 이 때문에 피해자들이 받아야 할 보상금은 공장을 짓거나 다리를 놓거나 호텔을 세우는 데 사용되었다. 더욱이 이 공사를 일본 기업들이 수주하고, 일본에서 생산된 기계를 사용함으로써 도리어 일본 기업이 다시 동남아시아로 진출할

13 우쓰미 아이코 저·김경남 역, 위의 책, 2010, pp. 35~46 참조.

수 있는 계기를 마련하였다. 일본 경제는 다시 호황을 이루었고 무역이 확대되었다. 배상 부담금은 일본인 1인당 1만 1천 엔 정도에 불과했고 지불시기도 경제부흥기에서 고도성장기로 늦춰져, 많은 일본인들이 배상을 인식할 새도 없이 미국 등 열강이 정한 배상금 징수가 끝나 버렸다.

이것은 미국이 아시아에서 이른바 '안전보장 강화'를 하기 위해 생각해 낸 배상 지불방식이다. 이 방침으로 일본 정부는 안도의 한숨을 내쉬었다.[14] 이에 따라 일본 정부는 연합국의 도시 공습으로 폐허가 된 도시를 정비할 수 있었고, 재군비도 갖출 수 있었다. 이렇듯 미소 냉전 체제 속에서 일본은 다시 세계무대로 나설 수 있는 기회를 되찾았다.

같은 패전국이지만 독일은 일본과 전혀 다른 배상과 보상 과정을 거쳐 피해자들에게 다가가고 있다. 독일 정부는 피해국이나 피해자 들을 조사하여 찾아가 보상해 주는 정책을 취한다. 1990년 12월 31일까지 피해 국가들에게 864억 2,700만 마르크를 보상해 왔으며 2030년까지 1,200억 마르크(96조 원)를 넘을 것이라고 알려져 있다. 기억·책임·미래기금에서는 강제 노동을 한 사람에게 1인당 5,000마르크에서 15,000마르크(약 270~800만 원)을 보상하기 시작하였다.

왜 일본 정부는 식민지 지배에 대해 사죄하거나 보상하지 않는가. 총리별로 사죄했다가 또다시 번복하면서 한일관계가 악화되었다가

---

14 우쓰미 아이코 저·김경남 역, 『전후보상으로 생각하는 일본과 아시아』, 논형, 2010, pp. 1~16 참조.

호전되었다 한다. 전쟁 책임을 져야 할 일왕은 진심으로 사과하는 마음을 공식적으로 표명하지 않고 있다. 아시아의 피해자들은 일본 정부를 상대로 여러 가지 보상을 요구해 왔다. 중국과 한국은 강제 노동에 대한 미불 임금을 지불하라고 요구하고 있다. 옛 일본군 병사였던 한국인이나 타이완인 들은 군인은급법(軍人恩給法)이나 전상병자·전몰자 유족 등 원호법을 자신들에게도 적용할 것을 요구하였다. 상하이에서는 일본군 점령 중에 강제로 교환한 군표를 현재의 통화로 바꿔 지불하라는 운동도 계속되고 있다. 더구나 1991년 8월에는 김학순 할머니가 침묵을 깨고 자신이 일본군의 '위안부'였음을 증언하였다. 아시아태평양전쟁 피해자들의 증언은 이후 계속되어 아시아태평양전쟁이 지나간 과거의 일이 아님을 가르쳐 준다.[15]

한편 일본이 국제사회에서 공식적으로 식민지 영토를 포기한 것은 1952년 샌프란시스코 조약(이른바 대일평화조약)의 시점이다. 히로히토 일왕(裕仁天皇)은 1952년 4월 28일 '일본국과의 평화조약 및 관계 문서를 여기에 공포한다.'[16]라고 최종 결재하였다. 이 공문의 제2장 제2조에는 '일본은 조선의 독립을 승인하고 제주도, 거문도, 울릉도를 포함한 조선에 대한 모든 권리, 권한 및 청구권을 포기한다.'라고 기재되어 있다. 그리고 같은 문장에서 타이완 등의 식민지 영역도 포기하고 있다.

그런데 일본 정부는 미국의 비호하에 '역무' 방식의 배상을 거치면서 고도성장하게 되었다. '역무' 방식이라 함은 일본 기술자가 현지

15 우쓰미 아이코 저·김경남 역, 위의 책, 2010, pp. 28~29.
16 內閣, 日本国との平和条約及び関係文書をここに公布する, 1952. 4. 28.

에 가는 방식을 통해 이른바 '경제개발'을 해 주는 것으로서, 패전 이후 남아돌던 많은 일본인 기술자들이 해외로 재진출하게 되는 계기가 되었다. 식민지 지배는 이렇듯 '경제협력'으로 탈바꿈하여, 일본이 국제사회에서 다시 경제적·군사적 힘을 갖게 되는 계기로 작용하였다. 일본이 한국·북한과 풀어야 할 식민지 지배 문제는 영토 문제뿐만 아니라 국적 문제, 조선인노무자 임금 미지급금(이하 미불금으로 약칭) 문제, 문화재 반환 문제, BC급 전범 문제 등이다.

특히 복잡한 문제는 미불금 문제이다. 일본은 1939년부터 조선인·타이완인뿐만 아니라 중국인과 남양군도 사람들을 군인·군속·노무자로 강제 연행하였다. 이 문제에 대한 처리는 1952년에 일단락되었다. 그러나 1952년은 일본 제국의 입장에서는 전쟁의 종결점인 동시에 전후의 새로운 세계질서에서 옛 식민지, 옛 점령지와의 새로운 관계가 전개된 시삭점이기도 하다.

1945년 조선은 일본으로부터 해방되었지만, 세계는 자본주의와 사회주의라는 냉전 체제로 재편되었다. 이러한 세계정세 속에서 냉전 논리로 인해 한반도는 불행하게도 남북으로 분단되었고, 일본은 한국전쟁 협력 과정부터 극동지역 안보 면에서의 중요성이 높아져 갔다. 미국은 일본 경제를 살리고 자국의 부담을 경감하기 위해 아시아 각국에 대한 배상금을 '경제협력'으로 전환시키는 정책을 취하게 되었고, 이 과정에서 식민지 지배에 대한 보상 문제도 유야무야 처리되었다.[17] 강제로 연행되어 죽도록 노무활동을 강요당한 조선인

17 전후보상의 부조리에 대한 상세한 것은 林博史, 앞의 책, 1998.; 内海愛子, 앞의 책, 2002 참조.

·타이완인 등의 미불금은 어떻게 처리된 것일까. 이 문제의 처리와 관련된 원본 기록의 출처를 찾기 위하여 미국을 비롯한 GHQ와 종속된 일본 정부의 결재 구조를 제시하고자 한다.

GHQ와 일본 정부가 작성한 조선인 채무 관련 공문서(1945~1953년)

이러한 국제적 상황하에서, 해방 이전 일본에 강제 동원되거나 돈벌러 간 한국인의 노무자 미불금도 GHQ와 패전한 일본 정부의 정치적 타협에 의하여 처리되었다. 이 절에서는 1945년부터 GHQ가 폐지되는 1953년까지 GHQ와 종속 일본 정부의 결재 구조 및 결재 문서의 원본 소장처를 추적하여 일본에서 일한 한국인 노무자 미불금 문제[18]에 대한 처리 과정을 밝히고자 한다.

이 과정을 밝히는 것은, GHQ가 일본을 점령하고 있던 시기에, SCAPIN(Supreme Command for Allied Powers Instruction Note) 지령에 의해 일본 정부가 식민지 지배의 처리를 둘러싸고 진행한 정책의 결재 구조를 이해할 수 있는 실마리가 된다. 자료는 일본의 국립공문서관

18 한일회담 이후 박정희정권기에 일제강점기 강제 연행된 노무자(혹은 그 유족)에게 일차적으로 피해보상을 하였다. 미완결로 끝난 이 조치는 다시 노무현정권기에 과거 청산 정책의 일환으로 특별법이 발효되면서 재개되었다. 관련 위원회는 '일제강점하 강제 동원 피해 진상규명 위원회'로 출발, 현재는 '대일항쟁기 강제 동원 피해 조사 및 국외 강제 동원 희생자 등 지원위원회'로 활동하고 있다. 이로 인해 강제 연행 노무자에 대한 많은 조사가 행해졌다. 여기에 대한 것은 당해 기관의 각종 보고서와 정혜경의 아래 문헌을 참고하길 바란다.(정혜경, 『일제 말기 조선인 강제 연행·강제 노동1.일본편』, 선인, 2006; 정혜경, 『일본 '제국'과 조선인 노무자 공출』, 선인, 2011; 정혜경, 『강제 동원을 말한다1. 이름만 남은 절규: 명부편』, 선인, 2011; 정혜경, 『강제 동원을 말한다2. '제국'의 끝자락까지: 명부편』, 선인, 2012.)

이 공개한『경제협력-한국105』(이하『한국 105』로 약칭)를 활용한다.[19]

『한국 105』는 1953년 일본 대장성 금융국이 작성한 공문서이다. 본래는 1953년 당시 조선인에 대한 채무금액과 채권자의 숫자가 달라 이를 확인하기 위해 작성한 문서이다. 이 문서철에는 그 처리 과정을 알 수 있는 문서가 첨부되어 있다.

첨부 문서를 토대로 문서 작성의 경위를 구체적으로 살펴보면 다음과 같다. 1949년 7월 9일 GHQ의 SCAPIN2030 "국외 귀환 외국인 등에 대한 채무를 변제하기 위하여(国外帰還外国人等に対する債務弁済のために)"라는 제목의 지령을 받고, 노동부가 12월 21일 GHQ에 보낸 금액과 1953년 대장성이 확인한 금액이 다른 이유를 확인하기 위해 1953년 시점까지 관련 자료를 모은 것이다.

그런데『한국 105』철의 겉표지와 속표지, 옆 표지를 보면, 두 개의 문서 제목을 확인할 수 있다. 속표지에 처음 작성된 문서명은 "조선인에 대한 미불금 채무변제(朝鮮人ニ対スル未払債務返済)"이지만, 겉표지에는 그 위에 새로 "경제협력-한국 105"로 표기되어 재편철되어 있다.[20] 〈그림 8-1〉의 표지가 그 증거이다.

---

19 『경제협력-한국105』 문서철을 최초로 발굴 분석한 연구는 필자에 의한 것이다. 2009년 7월 25일 강제동원진상규명시민네트워크 주최, 고베학생청년센터에서 발표한「공탁금의 사무절차와 명부 원본 출처에 대하여(供託金の事務手続きと名簿原本出所について)」이다. 이후 다음과 같은 전문학술지에 각각 수록하였다. 김경남,「제국의 식민지 점령지 지배와 전후보상 기록의 재인식 - 조선의 식민지 지배 보상처리 결재구조와 원본출처를 중심으로-」,『기록학연구』 39, 2014.; 金慶南,「帝国の植民地·占領地支配と「戦後補償」記録の再認識:植民地朝鮮支配·戦後処理の決裁構造と原本出所を中心に」,『アーカイブズ学研究』 23号, 2015. 그러므로 2015년도에 출간한 최영호·정혜경 외 편,『강제 동원을 말한다 명부편 3-일제강점기 조선인 피징용 노무자 미수금 문제』, 184쪽.『경제협력-한국105』에 대한 최초의 연구라는 말은 수정 필요.

20 국립공문서관에는『경제협력-한국』 시리즈가 109권 소장되어 있지만, 신문 스크랩 등이 포

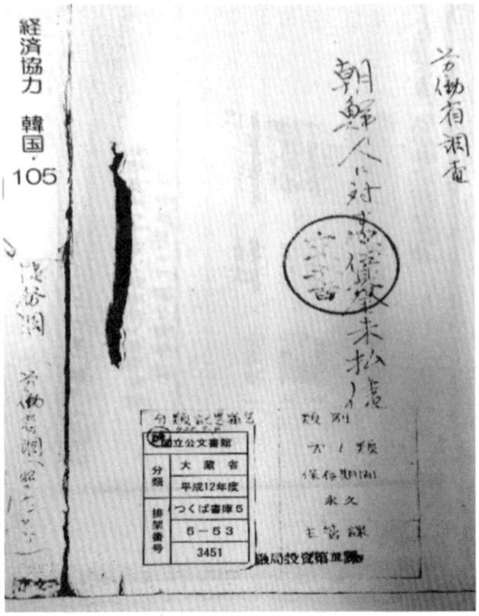

〈그림 8-1〉 일본 노동성 작성 『경제협력-한국 105(経済協力-韓国105)』철 속표지

위의 문서 표지를 분석해 보면, 패전 후 후생성 노동국은 조선인에 대한 미불금을 채무 미불금으로 인식하고 관리하고 있었다는 것을 알 수 있다. 뒤에 자세하게 살펴보겠지만, 그것이 1952년 샌프란시스코 조약 이후에 '경제협력'으로 업무가 바뀌어 대장성의 관리로 전환되었다. 미국의 극동 아시아 전략의 수정으로 인해 채무가 경제협력으로 둔갑해 버린 것이다.

이번 연구가 가능하게 된 것은 이러한 역사적 과정에서 전해 내려온 기록들이 발견되었기 때문이다. 이 기록물의 발견은 일본의 '강제동원시민네트워크' 활동 과정에서 강제 동원을 규명하기 위한 기록물 조사반이 연구활동의 일환으로 추진한 결과이다. 첨부된 참고 문서를 보면 1945년부터 1953년까지 조선인 미불금에 대한 GHQ의 정책과 일본 정부의 사무처리 과정을 대체적으로 알 수 있다. 또한 이 과정에서 미불금 명부 원본의 행방도 추적할 수 있다.[21]

함되어 있는 문서 이외에는 거의 비공개로 관리되고 있다.

21 GHQ/SCAP 관련 기록(1945~1952년)은 주로 미국 NARA, 맥아더 기념관, 미국의회도서관 등에 분산 보존되어 있다. 최근 일본의 국회도서관에서는 장기간에 걸친 다량의 미국 기록물을 복사·수집하고 있다. 자세한 것은 일본 국회도서관 홈페이지(http://www.ndl.go.jp/) 참조.

[표 8-1] 1945~1948년 GHQ와 일본 정부가 작성한 공문서

연번	실시 시기/지령 연도	담당 부서 (문서 번호)	제목(원문 그대로)과 내용	시행문 소장처 (결재 원본 소장처)
1	1945. 09. 04.	GHQ (SCAPIN-7)	「연합군 예금구좌 개설에 관한 각서(連合軍預金口座開設に関する覚書)」	일본 국립공문서관 (미국 NARA)
2	1945. 10. 22.	GHQ-ESS AG30 (SCAPIN45)	「금융취급통제(Control of financial Transactions)」	일본 국립공문서관 (미국 NARA)
3	1945. 10. 29.	GHQ	「일본의 탄광에서 조선인 노동자의 예·저금 및 임금의 조선에서의 지불에 대하여(日本の炭鉱における朝鮮人労働者の預貯金及び賃金の朝鮮での支払いについて)」 ※ 최초의 지령	일본 국립공문서관 (미국 NARA)
4	1945. 11. 24.	GHQ ESS/FI AG260 (SCAPIN338)	「연금과 수당(Pensions and Benefits)」	일본 국립공문서관 (미국 NARA)
5	1945. 11. 28.	GHQ-ESS/LA AG230-14	「노무자의 임금, 퇴직수당 처리(労務者の賃金˙退職手当処理)」	일본 국립공문서관 (미국 NARA)
6	1946. 01. 10.	후생성(厚生省令第2号)	「쇼와 20년 칙령 제542호에 의한 노무자의 취직 및 종업에 관한 건(昭和20年勅令第542号によって労務者の就職及び縱業に関する件)」	일본 국립공문서관
7	1946. 01. 10.	후생성(厚生省発勤第2号)	「쇼와 21년 1월 10일 후생성령 제2호 사무취급에 관한 건(昭和21年1月10日厚生省令第2号事務取扱に関する件)」	일본 국립공문서관
8	1946. 03. 01.	GHQ(SCAPIN-638A)	「일본은행에 SCAP 명의의 감정을 개설하는 건(日本銀行にSCAP名義の勘定を開設する件)」	일본 국립공문서관 (미국 NARA)
9	1946. 03. 11.	후생성(厚生省給発第15号)	「종전에 따른 조선인 노무자 해고수당에 관한 건(終戦に伴う朝鮮人労務者解雇手当に関する件)」 ※ 재일조선인연맹(在日本朝鮮人連盟) 등 제3자에게 지불하지 않도록 통고	후생성(국립공문서관에는 복사본이 있음)
10	1946. 06. 17.	후생성(厚生省厚発第58号)	「조선인 기타 외국인 노무자의 급여 등에 관한 건(朝鮮人その他の外国人労務者の給与などに関する件)」	후생성(국립공문서관에는 복사본이 있음)
11	1946. 06. 21.	후생성(厚生省厚発第36号)	「조선인·타이완인 및 중국인 노무자의 급여에 관한 건(朝鮮人·台湾人及び中国人労務者の給与に関する件)」	후생성(국립공문서관에는 복사본이 있음)
12	1946. 07. 03.	후생성(厚生省給第60号)	「조선인·타이완인 및 중국인 노무자의 급여에 관한 건(朝鮮人·台湾人及び中国人労務者の給与に関する件)」	후생성(국립공문서관에는 복사본이 있음)
13	1946. 07. 11.	후생성(厚生省給発第62号)	「조선인 노무자 등의 급여에 관한 건(朝鮮人労務者などの 給与に関する件)」	후생성(국립공문서관에는 복사본이 있음)
14	1946. 08. 26.	법무성(法務省民事第516号)	「조선인 노무자 등에 대한 미불 등의 공탁에 관한 건(朝鮮人労務者等に対する未払等の供託に関する件)」	법무성(국립공문서관에는 복사본이 있음)
15	1946. 10. 12.	후생성(厚生省厚発第572号)	「조선인 노무자 등에 대한 미불금 기타에 관한 건(朝鮮人労務者等に対する未拂金その他に関する件)」	후생성(국립공문서관에는 복사본이 있음)
16	1947. 07. 04.	후생성(厚生省基発第113号)	「조선인 노무자 등에 대한 미반환 우편저금통장에 관한 건(朝鮮人労務者等に対する未返還郵便預金通帳に関する件)」	후생성(국립공문서관에는 복사본이 있음)

1945. 10. 29.자 출전은 2008년 1월 24일 '강제 연행 강제 노동 희생자를 생각하는 홋카이도 포럼(強制連行·強制労働犠牲者を考える北海道フォーラム)'이 재일본미국대사관 존 토마스 시퍼(John Thomas "Tom" Schieffer) 대사에게 보낸 질의서. 이 외 출전 명기하지 않은 경우는 『経済協力-韓国105』를 참조하여 작성.

[표 8-1]은 이 공문서철을 처리 절차 순으로 재구성한 것이다. 즉 대한민국 정부수립 직후인 1949년부터 미불금 처리 사안이 추진되었기 때문에 이것을 감안하여 1945년부터 1948년까지, 1949년부터 1953년까지로 나누어 연도 순으로 재편철하였다.

GHQ 점령하 1945~1948년의 공문서

GHQ 점령하 일본의 행정 조직 시스템은 GHQ가 지령을 내리면 일본 정부가 시행하는 형태였다. 일본 제국 정부와 조선총독부가 직접적인 관련하에 이중적 결재 구조를 만든 것에 비해, GHQ와 일본 정부 사이에는 상명하달식 종속적 결재 구조가 만들어진 것이 이 시기 결재 구조의 특징이다.

GHQ 각 부서에서 기안된 총사령부(総司令部) 각서는 서명, SCAPIN 번호의 기입 및 송달을 위해 먼저 부관부(副官部, Adjutant General's Section)에 보내진다. 이곳에서 연락조정 중앙사무국(連絡調整中央事務局, Central Liaison and Coordination Office)으로 보내져, 주관 관청으로 이첩된다.[22] 일본 정부에서는 각 사안의 관련 주무 부서가 이를 재기안한 공문을 각급 관련 기관으로 보냈다.

그러면 조선인 미불금의 경우는 어느 부서에서 담당했으며, 어떻게 처리되었는가. 그 처리시기는 1948년, 즉 '대한민국'과 '조선민주

22 1945년 9월 3일 지령 제2호(福島鑄郎,『1946年9月GHQの組織と人事』, 巖南堂, 1984).

주의인민공화국'이라는 두 개의 정부가 한반도에 설립된 직후를 기점으로 2단계로 나눌 수 있다.

[표 8-1]에서 보는 바와 같이, 미불금 처리는 1945년 GHQ의 명령을 받아(일련번호 1, 2, 3, 4, 5번) 1946년에 일본 정부가 처리 수속을 밟는다(일련번호 6, 7, 9~15번). 담당 부서는 GHQ의 경제과학국(経済科学局)과 일본 정부의 노동성(労働省), 후생성(厚生省), 법무성이다.

위 문서의 주요 내용을 요약하면 다음과 같다. 1945년 10월 29일에 GHQ로부터 「일본의 탄광에서 조선인 노동자의 예·저금 및 임금의 조선에서의 지불에 대하여(日本の炭鉱における朝鮮人労働者の預貯金及び賃金の朝鮮での支払いについて)」라는 지령이 있다([표 8-1] 문서 3). 일본 정부는 1946년 1월부터 10월까지, 조선인, 타이완인, 중국인 등에 대한 미불금에 대해, 각 지방 기관과 관계 기관에 처리 방법을 통달하였다. 아시아태평양전쟁을 거치면서 일본의 식민지나 반식민지 지역인 조선, 타이완, 중국에서 강제 동원한 노무자들의 임금, 해고수당, 예금, 저금 등의 처리에 대한 내용이었다.

여기서 주목되는 것은 GHQ가 미불금에 대해 지령한 내용, 즉 전후 처리와 관련하여 '앞으로 일본 정부에 대한 전반적인 요구 중의 한 항목이 될지 모르기 때문에, 사업주와 노무자 간의 문제로 개별 처리하지 않도록' 통보한 점이다. 특히 재일조선인연맹(在日朝鮮人連盟) 등 제3자에게 지불하지 않도록(문서 9 참조) 몇 번이나 강조하여 지시하고 있다.

이처럼 1945년 8월 해방이 되었지만, 한반도 남북에 미 군정과 소 군정이 들어서 다시 종속국으로 전락하게 되는 상황에서 건국준비위원회가 통일된 정부를 세우지 못하게 되어 일본에서 벌어진 일이다. 한국에서 미소 군정을 거치지 않았다면, 해외에서 일한 임금을 받을 수 있도록 외교부에서 바로 처리해야 하는 일이었다.

일본 점령기 GHQ의 주무 부서와 상명하달 구조

그러면 어떠한 구조 속에서 일본에서 일한 노무자들의 임금이 처리되었는지 알기 위해, 당시의 GHQ와 일본 정부의 행정 명령 하달 구조를 살펴보자.

조선인 미불금의 주무 부서는 처음에는 GHQ 고급부관부(高級副管部) 경제과학국이었다. 1946년 3월부터 민간자산관리국(CPC, Civil Property Custodian)으로 바뀌었다. 이곳에서 연합국, 연합국민, 구적국(舊敵國) 등이 소유한 재산에 관한 제반 사항을 담당했다.

당시 GHQ의 사무직제는 5개 과로 각각 행정과(Executive Division), 회계검사과(Comptroller Division), 외국재산과(Foreign Property Division) 재외자산국(External Division), 약탈자산과(Looted Property Division)였다. 미불금 담당과는 외국재산과였다.[23]

일본 정부의 미불금 주무 부서는 후생성 노정국 급여과(厚生省労政局給与課)이다. 1947년 9월 1일을 기점으로 노동성(労働省, 주로 労働基準局給与課)으로 바뀐다. 이 부서가 GHQ로부터 지령을 받아, 일본 정부의 관계부처·지방장관에게 그 임무와 사무 요령을 내려보내고, 각 지방

23 福島鑄郎, 『1946年9月GHQの組織と人事』, 巖南堂, 1984, p. 31.

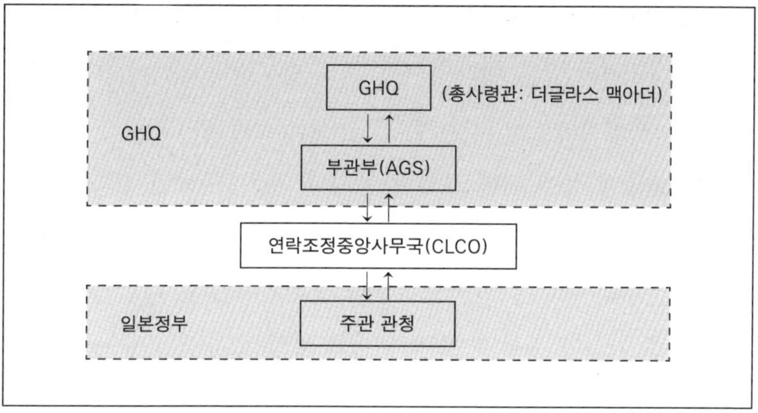

〈그림 8-2〉 GHQ와 일본의 명령 하달 체계

장관은 각 사업장에 지시하는 형태로 행정 명령 체계가 만들어졌다.

이처럼 1945년부터 1948년까지는 GHQ의 정책 결정, 지령에 의한 일본 종속 정부의 시행처리라는 상명하달식 이중 결재 구조로 정책이 시행되었다는 것을 원본의 출처를 통해 알 수 있다. 이에 따라 원본 소장처의 행방을 추적하면, 정책 결정 문서는 GHQ가 미국으로 가져가 현재 미국의 NARA에 보존되어 있으며, 시행 문서는 일본의 국립공문서관, 후생성, 법무성 등에 분산 보존되어 있다는 것을 알 수 있다.

GHQ 점령하 1949~1952년 공문서와 이승만의 클레임

다음은 1949년부터 1952년까지의 공문을 통해 미불금 처리 절차를 살펴보자. 『한국 105』에는 1949년부터 1952년까지의 공문서 총

25건이 편철되어 있다. 여기에는 1949년에 한국으로부터의 클레임 등 6건, 1950년 일본 내각의 정령(政令)·법무성령(法務省令)·대장성령(大蔵省令)·후생성(厚生省) 기발 제917 등 9건, 1951년 GHQ가 한국 정부에 미불금 사용에 대해 제언한 문서 등 5건, 1952년 평화조약 관련 문건 등이 포함되어 있다.

먼저 문제의 발단은 한국으로부터 클레임이었다. 대한민국 정부 수립 직후 이승만 정부가 보낸 문서를 바탕으로, 1949년 3월 12일 GHQ는 「한국으로부터의 클레임(Claims from Korea)」이라는 공문을 일본 정부에 보낸다. 조선인 미불금 2,370,000엔에 대한 당시의 실태를 보고하라는 지령이다([표 8-2] 문서 1).

[표 8-2]는 그에 관한 GHQ, 일본 정부, 한국 사이의 처리 실태를 알 수 있는 기록으로서, 처리 경과를 시간 순으로 정리한 것이다.

1949년 3월 12일 GHQ는 SCAPIN 2030-1호로, 한국으로부터 '미불금'에 대하여 클레임이 걸려 왔다는 것을 알리고, 미불금을 조사하라고 일본 정부에게 명령하였다. 이에 대하여 일본 재정국에서는 9개월이 지난 12월 21일에야 비로소 한국에서 온 클레임에 대하여 일부를 조사하였다는 공문을 작성하였다. 일본 정부는 1950년 1월 16일 각 기관에 '한국으로부터의 클레임에 대한 정보를 제공하라(「Claims from Korea」に対する情報を提供せよ).'라고 지령을 내리고 있다([표 8-2] 문서 7). GHQ는 1년에 4회 보고를 명령하였다. 요컨대, 'GHQ의 지령→일본 정부의 접수 및 정령에 의한 시행→지역 기관·해당 지역 공탁소→사업주'의 순서로 공탁금 정책이 시행되었다.

이에 따라 원본의 출처를 통해 문서의 보존 장소를 살펴보면, 미국

[표 8-2] 1948~1953년 GHQ와 일본 정부가 작성한 미불금 처리 공문서

연번	작성 연도	작성 부처/문서 번호	제목과 내용	시행문 소장처(원본 소장처)
1	1949. 03. 12.	GHQ CPC/FP091	「한국으로부터의 클레임(Claims from Korea)」	일본 국립공문서관(미국 NARA)
2	1949. 03. 17.	GHQ AG260 SCAPIN2030-1	「조선인 및 다른 외국인 선원에 대한 미불금(Unpaid Money to Korean and other Foreign Seamen)」	일본 국립공문서관(미국 NARA)
3	1949. 06. 07.	GHQ CPC/FP 091(1949. 5. 12.)	「한국으로부터의 클레임(Claims from korea)」	일본 국립공문서관(미국 NARA)
4	1949. 07. 19.	GHQ CPC/FP AG130 SCAPIN2030	「외국인 채권자의 엔 예금 계정(Foreign Creditos' Yen Deposit Account)」	일본 국립공문서관(미국 NARA)
5	1949. 08. 04.	GHQ CPC/FP AG260	「외국인 채권자의 엔 예금 계정에서 외국인 선원 공탁금으로의 전환(Transfer of Foreign Seamen Beneficiary Funds to the foreign creditors' Yen deposit Account)」	일본 국립공문서관(미국 NARA)
6	1949. 12. 21.	재정국	「한국으로부터 온 클레임에 대한 조사 보고(Report on the investigation of Claims from korea)」	일본 국립공문서관
7	1950. 01. 16.	GHQ CPC/FP 091(1949.3.12.)	「한국으로부터의 클레임에 대한 정보를 제공하라(Claims from Koreaに対する情報を提供せよ)」	일본 국립공문서관(미국 NARA)
8	1950. 01. 20.	GHQ Diplomatic Section	「지령의 확인(Copy of directive)」	일본 국립공문서관(미국 NARA)
9	1950. 02. 28.	일본내각 정령 제22호	「국외 거주 외국인 등에 대한 채무 변제를 위한 공탁 특례에 관한 건(国外居住外国人等に対する債務弁済のための供託の特例に関する件)」	일본 국립공문서관
10	1950. 02. 28.	법무성령 대장성령	「국외 거주 외국인 등에 대한 채무변제를 위한 공탁 특례에 관한 정령 시행에 관한 건(国外居住外国人等に対する債務弁済のための供託の特例に関する政令の施行に関する件)」	일본 국립공문서관
11	1950. 06. 12.	대장성 장관(蔵管) 제402호	「조선인의 재일자금에 대하여(朝鮮人の在日資金について)」	일본 국립공문서관
12	1950. 07. 11.	법무성 민사 갑1899호	「국외 거주 외국인 등에 대한 채무변제를 위한 공탁 특례에 관한 정령 운용에 대하여(国外居住外国人等に対する債務弁済のための供託の特例に関する政令の運用について)」	일본 국립공문서관
13	1950. 07. 15.	GHQ CPC/FP FCO1619/50	「기금은 조선인을 위해 책정됨(Funds Earmarked for Korean Nationals)」	일본 국립공문서관(미국 NARA)
14	1950. 10. 06.	후생성 기발(基発) 제917호	「귀국조선인에 대한 미불 임금 채무 등에 관한 조사 집계(帰国朝鮮人に対する未払賃金債務などに関する調査集計)」	일본 국립공문서관
15	1950. 10. 21.	GHQ-한국 APO	2,300,000엔에 대한 처리 방안-한국에 통보	일본 국립공문서관(미국 NARA)
16	1951. 01. 06.	Korea-GHQ	「조선인 채권자의 엔 예금 계정(Korean Creditors' Yen Deposit Account)」	미국 NARA[24](한국 추정)

24 이 기록물의 결재 원본은 국가기록원 대통령기록관 이승만대통령기록군에 있어야 하지만, 현재까지 확인한 바에 따르면 발견되지 않았다. 추후 외교부사료관, 연세대 이승만콜렉션 등을 조사할 필요가 있다.

연번	작성 연도	작성 부처/ 문서 번호	제목과 내용	시행문 소장처 (원본 소장처)
17	1951. 02. 07.	GHQ	「회계 보고(Statement of Account)」	일본 국립공문서관 (미국 NARA)
18	1951. 04. 04.	법무성 민사 갑(民事甲)1899호	「국외 거주 외국인 등에 대한 채무변제를 위한 공탁 특례에 관한 정령의 공탁사무 취급에 대하여(国外居住外国人等に対する債務弁済のための供託の特例に関する政令の供託事務の取扱について)」	일본 국립공문서관
19	1951. 05. 08.	GHQ	「외국인 채권자의 엔 예금 계정(Foreign Creditors' Yen Deposit Account)」	일본 국립공문서관 (미국 NARA)
20	1951. 07. 31.	GHQ-Korea	[일본 은행으로부터 보고서 발췌(Excerpt from statement by Bank of Japan)]	일본 국립공문서관 (미국 NARA)
21	1952. 04. 28.	일본내각 조약 제5호	「일본국과의 평화조약 및 관계문서를 여기에 공포한다(日本国との平和条約及び関係文書をここに公布する)」	일본 국립공문서관
22	1953. 06. 26.	노동성	[노동성-사법성, 노동성-외무성, 노동성-GHQ에 보낸 숫자를 수정]	일본 국립공문서관
23	1953. 07. 07.	노동성	[노동성이 GHQ에 보낸 보고에 대한 재검토 실시]	일본 국립공문서관
24	1953. 07. 20.	기발(基発) 제917호	1950. 10. 6. 재작성.「귀국조선인노무자에 대한 미불금-채무 등에 관한 조사 집계(帰国朝鮮人労務者に対する未払金—債務等に関する調査集計)」	일본 국립공문서관

* 법무성 민사국(民事局)의 문서(12, 18번)는 2008. 11. 27. 도쿄 법무국 민사행정부 공탁(東京 法務局 民事行政部 供託) 제2과장이 강제 동원 진상규명 시민 네트워크(強制動員 真相究明 市民ネットワーク) 사무장 고바야시 히사토모(小林久公)에게 보낸 자료를 참조.
* 중요한 사안에 밑줄 표시함.

NARA에는 [표 8-2]에서 제시된 공문서 중 1, 2, 3, 4, 5, 7, 8, 13, 15, 16, 17, 19, 20번이 소장되어 있다. 이 가운데 조선인 미불금이 공탁금으로 변하는 터닝 포인트가 되는 것을 알 수 있는 문서인 SCAPIN 2030(문서 6)이 포함되어 있다.

그런데 GHQ는 일본 정부에게 '한국에서 클레임이 걸려 오지만 앞으로 크게 쓸 날이 올 것이므로 공탁금을 돌려주지 말라.'고 지령하였다. 특히 일본에 있는 재일조선인연맹이 조직적으로 관여하기 시작하자 당국의 태도는 돌변한다. 조선총연맹은 해방 직후 일본에서 살고 있는 조선인들의 권익을 위해 만들어진 단체이다. 이러한 지시는 일본 정부가 미불금을 공탁금으로 전환하는 계기가 된다. 한편으로 GHQ는 연맹을 '폭력단체'로 지목하여 해산시켰다. GHQ는 일본 정부가 미불금을 공탁금으로 전환시키는 데 성가신 존재를 없애 버린 것이다.[25]

이렇게 GHQ의 지령에 의해 일본 국내에서는 미불금을 공탁금으로 전환시키기 위해 내각의 결재 절차를 거치게 되었다.

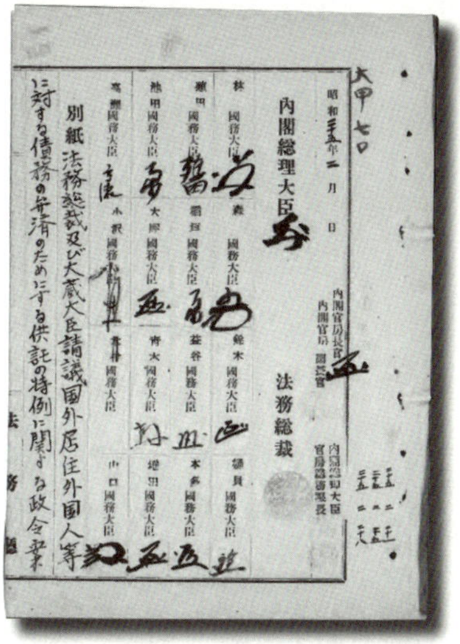

昭和二五年二月 日

内閣総理大臣

法務総裁

別紙 法務総裁及び大蔵大臣請議国外居住外国人等に対する債務の弁済のためにする供託の特例に関する政令案

〈그림 8-3〉 내각, 「국외 거주 외국인 등에 대한 채무 변제를 위한 공탁 특례에 관한 정령」, 1950. 2. 28.

〈그림 8-3〉은 정령(政令) 제22호로서, 공문유취(公文類聚)·제75편(第七十五編)·쇼와 25년(昭和二十五年)·제74권(第七十四巻)·법무1(法務一)에 편성되어 있다.[26] 이 문서에는 연합국최고사령관의 각서에 기초하여, 국외 거주 외국인 등에 대해 채무를 지고 있는 자의 채무 변제를 위한 공탁에 관하여, 공탁의 방법, 공탁물 환부 청구권의 소멸 시효, 공탁물의 보관 정리 등에 대한 특례를 만들 필요가 있기 때문이라고 이유를 밝히고 있다.

---

25 남북이 완전히 분단된 후 두 개의 단체가 만들어졌다. 1955년 재일조선통일민주전선이 결성되어 재인본조선인총연합회(약칭 조총련)으로 명칭이 바뀌어 현재에 이르고 있다. 또 하나는 재일본대한민국민단이다.

26 内閣, 「国外居住外国人等に対する債務の弁済のためにする供託の特例に関する政令」, 1950. 2. 28.

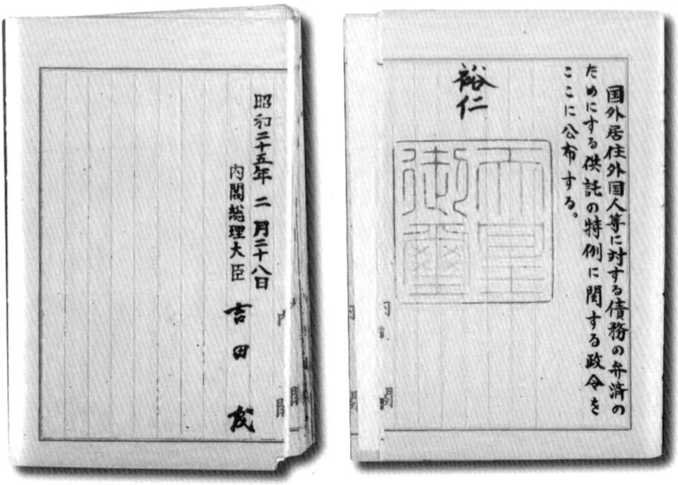

〈그림 8-4〉 쇼와 일왕,「국외거주 외국인 등에 대한 채무 변제를 위한 공탁 특례에 관한 정령 · 어서명원본」, 1950. 2. 28.

또한 요시다 내각총리의 상신에 의하여, 패전 이후 연합국의 종속 체제하에서도 일왕은 이 공탁 건을 〈그림 8-4〉와 같이 서명하여 최종 결재하였다.[27]

이 문서에는 '내각은 포츠담 선언의 수락에 따라 발하는 명령에 관한 건(쇼와 20년 칙령 제542호)에 기반하여, 이 정령을 제정한다'고 쓰여 있다. 이 문서는 정령 22호로서, 어서명원본(御署名原本, 쇼와 22년 5월 3일 이후) 쇼와 25년, 정령(政令)에 편성되어 있다. 패전 이전과 일왕의 문서 취급상 다른 점은 어서명원본이라 하더라도 패전 이전의 칙령

27 昭和天皇,「国外居住外国人等に対する債務の弁済のためにする供託の特例に関する政令·御署名原本」, 1950. 2. 28.

이 아니라 정령으로 강등되었다는 것이다.

따라서 〈그림 8-3〉, 〈그림 8-4〉에서 보는 바와 같이, 포츠담 선언에 기반하여 연합국사령부의 명령에 따라, 조선인들이 노동하여 벌었으나 기업이나 국가로부터 받지 못한 돈, 즉 채무가 일본 국내법으로 공탁 처리되었다는 것을 알 수 있다. 식민지 지배 시기에 자의 혹은 강제로 동원된 조선인, 타이완인, 중국인 등이 노동하여 벌어들인 임금이나 보험금 등이 국가나 기업의 채무였던 것을 공탁하여 처리했다. 이 문서 결정 사항은 그달 28일 시행되었다. 구체적으로 첨부되어 있는 문서는 「조선인 노무자 등에 대한 미불금 기타에 관한 건」으로서 미국 NARA 관리번호 NWCTM-331-4056-37로 관리되고 있다.

여기서 내용적인 면에서 중요한 포인트는, 일제강점기 일본·남방 등으로 끌려간 노무자들이 일한 대가인 봉급과 연금 등이 미국의 지령에 의해 일본 국내법상 공탁금으로 처리되어 버린 것이다. 한마디로 '미불금이 세탁되었다'는 것이다. 이 공탁금과 경제협력자금이 구체적으로 어떻게 관련되어 있었는지에 대해서는 아직 일본 정부가 정보를 공개하지 않고 있어 정확하게 알 수 없다. 하지만 현재 일본 내각이 이 문제가 '한일회담'에서 완전히 처리되었다고 주장하는 것을 감안하면, 이른바 일본 기업들이 공탁한 것은 '경제협력'으로 처리했을 가능성이 높다.

개인이 일한 품삯을 국가가 공탁금으로 처리하거나 한일회담으로 처리한다는 것은 한·미·일의 헌법에 보장된 개인의 기본재산권을 완전히 무시한 처사이다. 더구나 일본에서 강제 동원되어 죽거나 살아서 돌아온 피해자들의 피해금액은 돈으로 계산할 수 없을 만큼 아픈

설움과 피땀이 서린 목숨 값이다. 현재 일본 은행이 관리하고 있는 공탁금을 조선·타이완·중국에 흩어져 있는 피해 당사자 및 그 유족에게 돌려주어야 하는 것은 당연한 일이다.[28] 또한 주목해야 되는 것은 그들이 '경제협력'이라 하며 애써 둔갑시킨 무상차관조차도 돈이 아니라 '역무'나 생산품으로 지급했기 때문에 기술력 면에서 일본에 다시 종속되는 결과를 초래하였다는 것이다.

GHQ의 일본 점령 시기 담당 부국

[표 8-2]의 각 문서 분석 결과에 따르면 이 시기의 담당 부서는 GHQ의 민간자산관리국 외국자산과이다. 그 시행과 관련이 있는 기관은 일본 정부의 대장성 재정국·관재국(管財局), 노동성 노동기준국, 법무성 민사국 및 각 지역 기관이다. 1952년 일본이 자주권을 회복한 뒤로는 대장성 금융국 이재과(理財課) 외채담당, 대장성 금융국 투자 제2과, 노동성 노동기준국 급여과로 바뀌었다. 이 시기까지는 조선인 미불금은 '경제협력' 자금이 아니라, '조선인 미불채무(朝鮮人未

---

28 미불금 공탁 문제는 원칙적으로 전후보상 처리대상이 아니라, 조선인 노동자의 노동에 대한 대가, 즉 채무를 변제하는 문제이다. 냉전 체제하에서 개인의 재산을 미국의 지휘하에 한국 정부와 일본 정부가 제멋대로 국제정치 차원에서 처리한 것이다. 이는 한·미·일 국가가 헌법에서 보장하고 있는 개인의 기본재산권을 위배하는 행위이다. 최근 한국의 대법원에서, 한일 양국의 미불금 처리의 대응은 개인의 기본재산권을 침해한 것이라는 판결이 내려졌다(「在日旧植民地出身者に関する 戦後補償及び人権保障法案」 발표. 이때, 공식적으로는 처음 '전후보상'이라는 용어 사용. 아시아에 대한 일본의 전쟁책임을 묻는 민중법정준비회, 「戦争責任, 過去から 未来へ」, 緑風出版, 1998, p. 42).

拂債務)'라 불리고 관리되었다.

특히 공탁금 명부의 원본 출처와 관련하여 생각해 볼 때, 터닝 포인트는 1950년 2월 28일 정령 22호([표 8-2]의 문서 9)에 의해 미불금을 도쿄법무국에 일괄 공탁하게 된 시점이다. 이 시기부터 공탁금 명부는 도쿄법무국에서 일괄 관리하게 되었다. 그전까지는 공탁금을 해당 지역의 공탁소에 맡기고 있었기 때문에 명부 원본도 해당 지역의 공탁소에 보관되어 있었다.

또한 법무국 공탁소뿐만 아니라 사업주·해당 기관도 각각 공탁서 1부씩을 보관하도록 되어 있었다. 당시 해당 지역은 홋카이도(北海道), 이와테(岩手), 도쿄(東京) 등 42개 지역이다.[29] 이 외에 명부 원본이 작성되어야 할 기관은 1946년 7월 4일 후생성 노정국(労政局) 급여과의 문서를 보면 알 수 있다. 관계 관청은 내무성 경보국 공안과, 사법성 민사국 제1과, 대상성 이재국 외지과 등 16개소이다.[30] 통제 단체는 7개소로, 일본통운(주) 노무과, 일본철강 경영자연맹 노무과, 일본건설공업 통제조합, 석탄통제회 근로부, 전국광산 근로부,

---

29 42개 지역: 北海道, 岩手, 宮城, 秋田, 山形, 福島, 茨城, 栃木, 群馬, 埼玉, 東京, 神奈川, 新潟, 富山, 石川, 福井, 長野, 岐阜, 静岡, 愛知, 三重, 滋賀, 京都, 大阪, 兵庫, 奈良, 和歌山, 鳥取, 島根, 岡山, 広島, 山口, 徳島, 香川, 愛媛, 高知, 福岡, 佐賀, 長崎, 熊本, 大分, 宮崎(厚生省 労政局 厚発 第572号, 「朝鮮人労務者等に対する未拂金その他に関する件」, 1946. 10. 12.) 이 문서에 따르면 현재의 일본 행정 구역 가운데 千葉, 山梨, 鹿児島, 青森, 沖縄에는 공탁되어 있지 않지만, 이에 대해서는 재조사할 필요성이 있다.

30 16개 기관: 内務省 警報局 公安課, 司法省 民事局 第一課, 大蔵省 理財局 外資課, 大蔵省 理財局 経済課, 商工省 鉱山局 鉱業課, 商工省 商務局 総務課, 石炭庁 労務課, 運輸省 陸運監理局 監理部 業務課, 運輸省 海運總局 海運局 港政課, 遞信省 總務局 勞務課, 外務省 管理局 北方課, 終戰連絡事務局 管理部 国内課, 復員庁 第一復員局 文書課, 復員庁 第二復員 局 主計課, 関信地方行政事務局 庶務課, 日本銀行 営業局(厚生省労政局 給与課 給第60号, 「朝鮮人·台湾人及び中国人労務者の給与などに関する件」, 1946. 7. 3.)

항운협회 근로부, 화학공업연맹 근로부이다.[31]

요컨대 위의 문서를 보면, 공탁금 명부는 일본 전국 65개소의 관련 기관에 보관되어 있다. 그러나 폐지된 기관이나 전쟁 공습으로 없어진 지역도 있기 때문에 현재 소재를 모두 파악하기는 상당히 어려운 실정이다. 다행히 도쿄 법무성 기록은 남아 있지만, 구체적인 보존실태에 대해서는 공개하지 않고 있다. 현재 개인정보보호라는 명목으로 인명, 기업명 등 정보를 검게 칠해 관련자에게 제한 공개하고 있는데, 그나마도 '강제 동원 진상규명 시민네트워크'의 정보공개 청구활동으로 인한 성과로 제공된 것이다. 이후 한국 정부의 노력으로 상당한 기록이 일본으로부터 입수되었다.

위에서 살펴본 바와 같이 일본은 1952년까지 GHQ의 간접 지배를 받고 있었기 때문에, GHQ의 총사령관 맥아더에 의해 지령을 받아 정령을 작성·시행하였다. 따라서 식민지 지배 청산 기록의 원본은 GHQ와 일본 정부에 각각 보존되는 구조가 만들어졌다. GHQ가 만든 원본은 기관 폐지 후 미국으로 이관되어 미국 NARA, 맥아더 기념관 등에 보존되어 있으며, 일본의 후생성·법무성에서 작성된 원본은 아직까지 일본 국립공문서관으로 이관되지 않고 후생성과 법무성이 각각 보존하고 있다. 공개청구를 하여도 미정리 상태라 답변하며 실질적인 비공개로 일관하고 있다.

31 7개 기관: 日本通運(株) 労務課, 日本鉄鋼業経営者聯盟 労務課, 日本建設工業統制組合, 石炭統制会 勤労部, 全国鉱山会 勤労部, 航運協会 勤労部, 化学工業連盟 勤労部(일본 財政局, 「Report on the investigation of "Claims from Korea"」, 1949. 12. 21.)

강대국의 결정과 손해배상의 책임소재

지금까지 GHQ 점령기의 원본출처 분석을 통해 한국, 일본, 미국 등에 시간적·공간적으로 분산 보존되게 된 결정적인 결재 구조를 조선 미불금 문제를 중심으로 밝혔다.

GHQ 점령기의 '전후보상' 처리에 대힌 결재 원본은 한국, 일본, 미국 등에 분산 보존되어 있다. 그 최대의 원인은 GHQ와 일본 종속 정부의 중층적 결재 구조에 있다. 즉, 중요 정책·인사·예산에 대한 결재는 지배국 본국에서 처리하고, 그 시행에 관한 결재는 종속국에서 처리하는 상명하달식 이중 결재 구조 때문이다. 이에 따라 결재 원본도 일국의 완결 구조가 아닌 지배국과 종속된 일본 정부에 각각 분산 보존되게 되었다.

그러므로 GHQ와 일본 종속 정부의 식민지 지배 처리 과정에 대한 기록의 인식은 시간적 측면과 공간적 측면에서 연속적·구조적으로 재인식될 필요가 있다. 이를 종합해 보면 다음과 같은 점을 알 수 있다.

첫째, 시간적인 측면에서 보면, 1945년 8월 일본은 제2차 세계대전(아시아태평양 전쟁)에서 패전했지만, 식민지의 영역을 포기하는 시점은 1952년 4월 28일 샌프란시스코 조약이다. 따라서 GHQ 점령하에 추진된 일본 종속 정부의 식민지 지배 처리 문제는 일제강점기의 식민지 지배 문제와 함께 고려되어야만 하며, 이 시기까지 연속성을 가지고 연구가 진행되어야 할 것이다. 따라서 이 시기의 기록도 같은 이유로 인식의 지평을 확장할 필요성이 있다. 그것은 1945년 8월은 일본 식민지 지배의 종결점이지만, 미국을 비롯한 연합군의 극동

아시아 지배의 출발점이기도 하기 때문이다. GHQ에 의한 정책 결정과 일본 종속 정부에 의한 시행이라는 상명하달식 종속 결재 시스템은 미국과 일본에 각각 원본이 분산 보존되는 결과를 초래하게 되었다. 한국인의 미불금도 이러한 결재 시스템 속에서 처리되었다는 것이 아직까지 계속되고 있는 '일제강점기 노무자 미불금 문제'의 핵심이다.

심지어 이 장에서 살펴본 공탁금은 일본에 강제 동원된 사람들을 대상으로, 공탁을 한 기업에 한정되어 있다. 하지만 식민지 지배에 대한 책임은 일본이 식민지 지배 기간 동안 한반도에서 동원한 피해자는 물론, 그들이 만주로, 남양군도로, 중국으로 내몬 한국인들에 대한 피해자 보상을 포함하는 것이어야 한다. 이들의 죽음과 미불금 채무에 대해서는 해방 후 70년이 지난 지금까지 조사조차 되지 않은 실정이다. 피해자들이 가져가야 할 당연한 몫은 강대국들의 이익을 위한 희생의 시스템 속에 여전히 방치되어 있다.

둘째, 공간적인 관점에서 보면, GHQ 점령기에는 일본 정부가 종속된 상황하에서 GHQ가 한국·타이완 등 식민지 지배에 대한 '전후 보상' 정책을 결정하고 일본 정부에 지령을 내리는 상명하달식 체제가 만들어졌다. 패전에 따라 일본은 승전국에게 배상금을, 식민지에는 보상금을 지급해야 했다. 그렇지만 세계 체제는 냉전 체제로 치닫고, 한국전쟁이 발발하면서 미국은 일본을 극동 아시아 안보에서 중요한 파트너로 다시 채택하였다. 적에서 파트너로 변한 것이다.

이에 따라, 일본은 미국의 비호하에 배상금도 보상금도 '경제협력'이라는 명목으로 변경할 수 있었고, 한국인 노무자에 대한 미불금도 채무금이 아닌 경제협력금으로 둔갑시킬 수 있었다. 일제강점기 일본·남방 등으로 끌려간 노무자들이 일한 대가인 봉급과 연금 등이 미국의 지령에 의해 일본 국내법상 공탁금으로 처리되어 버린 것이다. 이 공탁금은 현재 일본 은행에 예치해 버렸다.

이처럼 일본 내 한국인 미불금은 GHQ의 정책 결정과 일본 정부의 정령 시행으로 처리되있다. 특히 한국인 미불금에 대한 처리는 GHQ의 지령(1949년 3월 12일)→일본 정부의 접수 및 정령에 의한 시행(1950년 1월 16일, 1952년 2월 28일 정령 22호)→지역 기관·해당 지역 공탁소→사업주의 순서로 명령이 내려졌다.

채무가 공탁금으로 변경된 터닝 포인트는 1950년 2월 28일 정령 22호에 의해 도쿄법무국에 일괄 공탁하게 된 시기이다. 이때부터 공탁금 명부는 도쿄법무국에서 일괄 관리하게 되었다. 공탁금 명부 원본과 관련하여 원본 출처를 분석해 볼 때, GHQ에 정책 결정 문서가 작성·보존되고, 그 시행과 관련된 결재 문서는 일본 정부의 후생성, 법무국과 도쿄, 이와테, 후쿠오카 등 총 65개 기관에서 작성되었다는 것을 알 수 있다. 하지만 도쿄 법무국 등은 개인정보 보호를 이유로 아직도 이 문서를 전면공개하지 않고 있으며, 남북한으로 분단된 현실은 조선인노무자 미불금에 대한 문제 해결을 더욱 어렵게 만들고 있는 실정이다.

GHQ의 정책 결정 원본 문서가 일본을 떠나게 되는 시점은 1952년이다. 샌프란시스코 조약으로 GHQ는 폐지되고, 이 기관이 작성한 문서는 기관 폐지 후 미국연방센터, 의회도서관, 맥아더 기념관 등으로 옮겨지게 되었고, 미국연방센터의 기록은 다시 미국 NARA

로 이관되어 현재에 이르고 있다.

이처럼 지배국과 점령지 기록은, 그 지배와 처리를 둘러싸고 지배자와 피지배자, 승전국과 패전국 간의 결재 시스템 속에서 작성된 특성을 가지고 있다. 그리고 노무자 미불금의 예에서 볼 수 있듯이 식민지 지배를 당한 국가의 피해자 보상 문제는 자국의 의지와는 전혀 상관없이 국제정치적인 흥정의 수단으로 변화할 수 있다는 것을 알 수 있다. 따라서 지배국과 점령지 기록은, 역사적으로 시간적·공간적인 측면으로부터 종합적으로 고찰해야만 할 것이다. 이 기록들은 일국사적으로 파악하는 것은 한계가 있으므로 세계사적인 시야를 가지고 그 구조를 파악해야 할 것이다.

맺음말

이상에서 청일전쟁부터 아시아태평양전쟁기까지 일본 내각과 조선총독부의 결재 구조를 분석하여, 식민지에서 시행되는 정책에 대한 상하 레벨의 중층적 결재 구조에 대하여 알아보았다. 이를 통해 기본적으로 관제, 예산, 인사와 관련된 주요 공문서는 일본 정부의 행정 결재 시스템 속에서 작성되고 관리되었다는 것을 알 수 있다. 그동안 총독부 자료가 그다지 남아 있지 못한 것에 대해 전쟁으로 공문서가 소실되었다는 측면이 부각되었지만, 실상은 일본 제국과 조선 식민지 간의 중층적 결재 구조를 파악하지 못하고 있었음을 알 수 있다.

일본 정부가 중층적 결재 구조를 필요로 했던 것은 중국을 침략하기 위한 교두보로서 한국의 기록 관리 제도를 활용할 필요가 있었기 때문이다. 일본 정부가 1876년 강제 개항 시기부터 한국에 일본인 거류지를 만들고, 청일전쟁, 러일전쟁을 통해 한국을 이른바 '보호국화'하고 그 과정에서 수많은 의병들을 '폭도'로 몰아 대토벌작전을 지시한 것도 한·일 간의 중층적 결재 구조를 통한 것이었다. 일본 정부가 전쟁에 필요한 정책을 입안하고, 그 공문을 한국에서 시행하는 그런 구조였다. 그것은 갑오개혁기에 공문서 규정을 일본식으로 바꾸면서 더욱 구체화하였다. 을사늑약이 체결된 1905년 이후에는 고종에게 올라가는 모든 기록을 통제하였다. 그러므로 한·일 간의 중층적 결재 구조야말로 일본이 한국을 식민지화하는 주요한 수단이 되었던 것이다. 그야말로 수십 년을 거쳐 만들어 낸 소리 없는 총성이었다.

이러한 기반 위에 일본 정부는 시기별로 영국과 미국 등 강대국과 밀약하여 전쟁을 도발하거나 국내외적 법적 장치를 통해 '조선왕조'-'대한제국'-'조선'을 유린하였고, 우리 민족에 대한 인적·물적 수탈을 자행하였다. 특히 주요 정책의 법률적 수립과 칙령의 공포, 예산 배정과 결산, 인사 결정 등은 모두 일본 내각과 일왕이 최종 결정한 것이다. 일왕은 표면적으로 내세운 '신의 영역'이 아니라 '인간의 영역'에서 행정 결재 시스템의 최종 결재자로 기능하였던 것이다.

이것은 무엇을 의미하는가. 바로 일본 제국 정부를 계승하고 있는 일왕과 일본 정부는 식민지 지배를 통해 한국 민중들에게 피해를 입힌 책임을 져야 한다는 것을 의미한다. 한 나라의 왕비를 죽인 범인은 일본 육군 소위였으며, 의병전쟁을 진압하는 권한을 준 것도 일본 내각과 일왕이며, 강제 동원을 명령한 것도 일본 내각이고 일왕이다. 그것도 조약과 국내법 체제와 무력을 통해 추진한 '작전명령'이었다.

강제 '병합' 이전 일본 내각과 일왕은 청일전쟁, 러일전쟁 등 전쟁 수행 과정에서 한반도를 활용하기 위해 한국주차군사령부를 두었고, 한국 정부를 컨트롤하기 위해 통감부와 이사청을 설치하였다. 일왕은 통감부 제4조에 유사시 발포명령을 할 수 있도록 했다. 한국 의병들이 전국에서 창궐하자 군인과 헌병을 배치하여, 이른바 한국인 의병을 '폭도'로 몰아 토벌을 시작하고 '남한대토벌작전'을 수행함으로써 의병의 '씨'를 말렸다. 이 모든 움직임을 수행하기 위해서 전면에 나선 것은 주차군사령부와 통감이었으나, 상위 레벨의 조약, 칙령에 최종적으로 결재한 것은 일본 내각과 일왕이었다.

강제 '병합' 이후 일본 내각과 메이지 일왕은 일본 법률을 조선에 실시하기 위하여 칙령과 제령으로 컨트롤하였다. 칙령과 제령은 제국의회의 심의를 거치지 않아도 되기 때문에 집권세력의 의지를 바로 관철할 수 있는 법적 장치였다. 메이지 일왕, 다이쇼 일왕, 쇼와 일왕은 최종 결재자로서 법률, 제령, 칙령을 통해 한국을 식민 지배하였던 것이다. 일본은 이 법령을 통해 한국인들과 일본 세력권을 아시아 사람들을 군인·군속으로, 노무자로, '위안부'로 강제 동원함으로써 그들의 삶을 송두리째 뒤흔들었다. 민중은 일본의 전쟁을 위하여 죽고 죽이고, 폭행을 당하였다. 조선인이라는 이유로 아프고 시린 긴 역사를 감내해야 했다.

일제로부터 해방이 되었어도 상하이, 광저우, 충칭을 전전하며 독립군의 힘을 결집해 온 한국 임시정부는 국제사회에서 인정을 받지 못하였고, 일본의 식민지 배상 문제는 거론조차 되지 않았다. 그간 미국과 소련을 중심으로 한 냉전세계질서가 만들어졌으며, 아시아에는 GHQ가 중심이 되어 재편 작업을 실시하였다.

식민지하에서 일본 정부에 의해 자행된 한국인 강제동원자들의 미불금은 일본 정부와 GHQ 사이에 만들어진 중층적 결재 구조에 의해 처리되었다. GHQ는 SCAPIN을 통해 정책을 결정하고, 일본 정부가 거기에 종속하는 문서를 만들어 시행하는 그런 구조였다. 이러한 중층적 결재 구조에 의해 한국 정부의 의사와 상관없이 한국인과 관련된 중요한 사안이 결정되어버렸다. 대표적인 사례로 GHQ의 명령으로 일본 정부가 만들어, 일본 기업에서 일하던 한국인 노무자들의 임금, 보험금, 저축금 등 '미불금'을 공탁하여 일본 은행에 예치하였다. 그리고 이 자금을 기반으로 1965년 한일정상회담을 통해 한국인 노무자들에 대한 채무를 이른바 '경제협력'으로 둔갑시켜버렸다.

이러한 구조 속에서 전후 미국과 연합국이 중심이 된 국제전범재판 최종심에서 도조 히데키 등 8명이 전쟁에 대한 모든 책임을 안고 자살하거나 형장의 이슬로 사라졌다. 이후 일본군 군속으로 근무했던 BC급 조선인 전범들은 인도네시아 자바 등에서 사형을 당하거나 도쿄의 스가모 형무소에서 형을 살았다. 전범재판 당시 임시정부나 건국준비위원회가 국가의 대표로 인정되지 않았기에, 식민지 지배에 대한 배상 문제를 거론할 국가 기구가 없는 상태였고, 따라서 이 문제가 전범재판에서 다루어지지도 않았다. 해방 이후 한반도가 찬탁·반탁 문제로 어수선할 때, 쇼와 일왕과 맥아더를 내세운 미국 대통령의 담판으로 식민지 배상 문제는 유야무야되어 버렸다.

그 이후에도 한국전쟁과 남북 분단의 고착화로 식민지 지배에 대한 배상·보상 문제는 완전히 해결되지 않았다. 일본은 이 문제를 남한과 이른바 '경제협력'으로 둔갑시켜 풀어 나가고 있고, 북한과는 미수교 상태에서 새로운 국면을 맞이하고 있다.

일본 정부는 과거의 부끄러운 진실을 외면하고 감추고 있다. 극동 지역에서 일본의 위상이 공고해지면서, 과거 식민지 혹은 점령지로 피해를 준 국가들에게 '돈 정치'로 일관하고 있다. 현재 남북한은 협력관계로 변화하였지만, 정권이 바뀌면 또 어떻게 변할지 미지수이다.

우리 민족은 식민지를 겪고, 수없이 많은 전쟁의 상처를 안고도 끈질기게 살아남아 역사를 이어 가고 있다. 일제의 식민지 지배에 대한 배상(보상) 문제를 해결하기 위한 증거 자료는 일본과 한국과 미국에 너무나 많이 남아 있다. 그리고 각 분야별로 중층적인 결재 구조에 입각한 세부적인 연구가 계속 필요한 상황이다.

한일 간 역사 문제 해결이 다양한 측면에서 시도되고 있지만, 궁극적으로 양국에 보존되어 있는 역사자료의 공유를 통해 새로운 역사 문제 해결의 발걸음을 내디딜 수 있지 않을까 생각된다. 한국 국가기록원과 일본 국립공문서관(후생성, 방위성, 외무성 등 포함), 북한 국립공문서관, 미국 국가기록청의 기록 공유가 필요한 실정이다.

일제강점기 일왕과 일본 내각은 우리 민족은 물론 타이완, 중국, 남양군도, 태평양제도, 사할린, 필리핀, 말레이시아, 오키나와 등을 점령·식민화하여 수많은 사람들에게 피해를 입혔다. 그들을 계승한 일본 정부와 일왕이 마음으로부터 깊이 사죄하고 역사적 책임을 분명히 할 때, 상처받은 사람들의 마음의 문이 열릴 것이며 역사 문제를 풀고 그야말로 새로운 미래를 만들 수 있을 것이다. 그 첫걸음이 식민지 지배 배상을 위한 TF팀을 만들어 구체적으로 조사하는 것일 것이다.

참고문헌

[1차 사료]

『日本外交文書』
『官報』(統監府, 朝鮮總督府)
『旧韓國外交文書』
『陸軍省大日記』
『滿密大日記』
『参謀本部雑綴(秘)』
『大韓每日申報』
『時事新報』
『朝鮮日報』
『馬山港誌』
『昌原雜牒』
大韓帝國議政府, 『統監府来志案』, 1905-1910.
大韓帝國議政府, 『統監府来案一』, 1905-1910.
統監府, 『統監府例規綴』, 1905-1910.
日本内閣総理府, 『公文類聚』. 1894-1945.
日本内閣総理府, 『公文雑纂』, 1894-1945.
日本内閣総理府, 『御署名原本』, 1894-1945.
日本内閣総理府, 『任免裁可書』, 1894-1945.
参謀本部(編), 『明治廿七八年役 日清戦争 実記』 上(2) 7月 26日, 1894.
参謀本部(編), 『明治廿七八年日清戦史』(一), 1907.
内閣陸軍省兵站総監, 「朝鮮国大邱等に電信架設の件」, 『着電綴(三)』, 1894.
内閣陸軍兵站部, 「朝鮮国大邱等に電線架設の件」, 1894.
内閣宮内省, 『清国ニ対シ宣戦·御署名原本·明治二十七年·詔勅八月一日』, 1894.
内閣陸軍省, 『明治33年分 韓國馬山地所 第 2 の編冊 機密』, 1900.
内閣外務省, 『外務省記録, 5門 軍事, 1類 国防, 7項 軍港·要塞·根拠地』, 1900.
内閣宮内省, 「役事ニ際シ功アル者一時賜金ノ件」, 『御署名原本·明治二十八年·勅令第百十五』, 1895.
内閣, 「外國政府に聘用セラレタル管理ニスル件」, 1900.
内閣, 「韓國政府ニ於テ架設ニ着手シタル釜山馬山間直通線客月二十九日ヲ以テ工事落成同日ヨリ直ニ通信開始ノ件」, 1901.

內閣,「韓國馬山駐屯領事へ三浦彌五郎御委任御下付ノ件」, 1902.
內閣,「大阪商船株式會社へ寄港補助命令書下付ノ件」, 1903.
內閣外務省,『韓國各地ニ帝國陸海軍要地買収関係雑件』, 1905.
內閣大藏省,「統監府の設置と財政顧問の権限」, 1905.
內閣,「統監府及理事庁官制」,『御署名原本·明治三十八年·勅令第二百六十七号』, 1905.
內閣,「統監府事務南坂町一番地帝室制度調査局官ニ於テ取扱ノ件」,『公文類纂·明治三十八年·第百三·遞信省』, 1905.
內閣,「韓國ニ統監府及理事ヲ置クノ件」,『御署名原本·明治三十八年·勅令第二百四十』, 1905.
內閣,「統監府及通信管理局高等官賞ノ件」, 1906.
內閣,「統監府技師村田素一賞ノ件」, 1906.
內閣,「統監府務長官鶴原定吉外六十名賞ノ件」, 1906.
內閣,「統監府通信管理局長池田十三外二十三名賞ノ件」, 1906.
內閣,「統監着任韓國駐軍司令官男爵長谷川好道ヲシテ臨時代理セシムルノ件」, 1906.
內閣,「韓國ニ於ケル鐵道ヲ統監府ノ所管トス」, 1906.
內閣,「韓國ニ於ケル暴徒ノ兵力ヲ使用ス」, 1906.
內閣陸軍省,「釜山練浜場の件」,『明治32年起 機密文書編冊』, 1907.
內閣,「統監府機密費ヲ臨時事件予備費ヨリ支出ス」, 1907.
內閣,「韓國事件費」, 1907.
內閣,「韓國事件費ヲ第二予備金ヨリ支出ス」, 1907.
內閣,「韓國各道ニ於ケル火賊又ハ義兵トスル匪徒ノ成立及根地等ニスル況ノ件」, 1906.
內閣,「関東都督府陸軍部例, 韓國駐箚軍司令部例ヲ定ム」, 1906.
內閣,「元務書記官兼統監府書記官久保田政周賞ノ件」, 1906.
內閣, 「滿洲及韓國ニ在テ服務スル軍人軍及雇員傭人等ニシテ匪徒其他危ノ業務ニ事シ傷疾ヲ受ケ死歿シタル者ノ遺族ヘ一時賜金ヲ賜ス」, 1907.
內閣,「軍人軍屬及雇員傭人ニシテ韓國暴徒事件ニ事シ公務ノ疾病ヲシ三年以ニ死歿シ」, 1907.
「明治四十年四十一年韓國暴徒事件ニ事シ功アル者ニ明治二十八年勅令第百十五ノ準用ノ件」, 1908.
內閣,「韓國暴徒事件者賞賜規程及費支出方」, 1908.
內閣,「間島ニ在勤シ同地ノ守備及暴徒ニ事シタル者ニ行賞ス該費支出方」, 1908.
內閣,「大韓國人宋敬祚外八名へ賜金ノ件」, 1909.
內閣,「統監府臨時機密費ノヲ庫余金ヨリ支出ス」, 1910.
內閣,「事件ニシ第五師附兵站司令部設ニ要スル費支出方」, 1910.
內閣,「韓國北部守備區內賊徒ノ件」, 1910.
內閣,「森林令を定ム」, 1911.
內閣,「臺灣森林令律令案」, 1911.
內閣,『公文類聚·第五十八編·昭和九年·第五巻·官職四·官制四』, 1934.
內閣,「國家總動員法ヲ定ム」, 1938.
內閣,「國家總動員法ヲ朝鮮, 台湾及樺太ニ施行スル件」, 1938.
內閣,「國家動員審議官制」1938.
內閣,「國家總動員法ヲ朝鮮臺灣及樺太ニ施行スル件」, 1938.

內閣陸軍省, 「軍慰安所と'軍慰安婦' 募集に関する件」, 1938.
內閣, 「國家動員法等施行の統括にする件」, 1939.
內閣, 「国家総動員法等施行の統括に関する件」, 1939.
內閣, 「南洋群島ニ於ケル國家總動員ニ關スル件」, 1939.
內閣, 「朝鮮職業紹介令制定制令案」, 1939.
內閣, 「朝鮮総督府職業紹介所官制」(第七百四十八ヲ以テ本中改正), 1940.
內閣, 「朝鮮総督府職業紹介所官制」, 1940.
內閣, 「米國及英國ニ對スル宣戰ノ詔書」, 1941.
內閣, 「朝鮮督及台督ノ監督等ニスル件ヲ定ム」, 1942.
內閣, 「朝鮮総督及台湾総督ノ監督等ニ関スル件ヲ定ム」, 1942.
朝鮮總督府, 『昭和15年度16年度對內地求人就職者就業狀況調査』, 1943.
內閣, 「朝鮮林業開発株式会社並朝鮮重要物資営団理事長任命に関する件」, 1943.
朝鮮總督府, 『朝鮮鐵道史』, 1937.
大邱府, 『大邱市街地計劃に関する件』, 1941.
朝鮮總督府, 「昭和15年度16年度對內地求人就職者就業狀況調査」, 1943.
朝鮮総督府鉄道局, 「台湾総督府交通局及樺太庁鉄道事務所ノ軍事輸送等ニ関スル件ヲ定ム」, 1942.
陸軍省, 『第48師団終戦 処理状況』, 1945.
厚生省労政局 給与課, 「朝鮮人·台湾人及び中国人労務者の給与などに関する件」, 1946.
內閣財政局, 「Report on the investigation of "Claims from Korea"」, 1949.
大藏省管理局, 『日本人の海外活動に関する歴史的調査』, 朝鮮編 第9分冊, 1947.
大藏省, 『經濟協力, 韓國105-朝鮮人に対する賃金未払債務調』, 1953.
大藏省, 『經濟協力, 韓國105-朝鮮人に対する賃金未払債務調』, 1953.

[국문 도서]

강만길, 『고쳐 쓴 한국근대사』, 창작과비평사, 2001.
강창석, 『조선통감부연구』, 국학자료원, 2004.
啓聖中高等學校, 『啓聖八十年史』, 啓聖八十年史編纂委員會, 1989.
고려대 아세아문제연구소, 『구한국외교문서』, 고려대 아세아문제연구소, 2010.
구완회, 『영원한 의병장 운강 이강년』, 지식산업사, 2015.
국립전주박물관, 『大韓帝國期 古文書』, 국립전주박물관, 2003.
국무총리소속 일제강점하강제동원피해진상규명위원회, 『강제동원명부해제집1』, 2009.
국사편찬위원회 편, 『일제강점기 경성지방법원 형사사건기록 해제』, 국사편찬위원회, 2009.
국회도서관 입법조사국, 『구한말 조약휘찬』(상·중·하), 1964.
金慶南·廣瀨順浩, 『조선총독의 편지』, 선인, 2015.
김건우, 『근대 공문서의 탄생』, 소와당, 2008.
김경남, 『일제의 식민도시건설과 자본가』, 선인, 2015.
김경일, 『제국의 시대와 동아시아 연대』, 창비, 2011.

김문식 외, 『규장각-그 역사와 문화의 재발견』, 서울대학교출판문화원, 2009.
김민영, 『강제동원피해자에 대한 인원 추정, 2003년도 일제하 피강제동원 등 실태조사 보고서』, 2003.
김민영, 『일제의 노동력수탈 연구』, 한울아카데미, 1995.
김백영, 『지배와 공간』, 문학과지성사, 2009.
金祥起, 『韓末義兵硏究』, 一潮閣, 1997.
김용섭, 『한국근대농업사연구(하)』, 일조각, 1988.
김용욱, 『한국조계에 관한 연구』, 태화출판사, 1967.
김의환, 『의병운동사』, 박영사, 1974.
마산상공회의소, 『마산상공회의소백년사』, 마산상공회의소, 2000.
박성진·이승일, 『조선총독부 공문서 : 일제시기 기록관리와 식민지배』, 역사비평사, 2007.
박태균·유용태·박진우, 『함께 읽는 동아시아 근현대사 2』, 창비, 2010.
박희윤, 『개항 이전 마산시 도시형성 및 변화과정에 관한 연구』, 2000.
배재수, 『일제강점기 조선의 산림 이용: 산업용재와 연료재의 수급 추이 및 영향』, 국립산림과학원, 2005.
변태섭, 『한국사통론』, 삼영사, 2007.
부경역사연구소, 『시민을 위한 부산인물사 (근현대편)』, 선인, 2004.
손정목, 『일제강점기 도시화과정연구』, 일지사, 1996.
손정목, 『한국 개항장 사회구조변화연구』, 일지사, 1986.
손정목, 『한국개항기 도시변화과정연구』, 일지사, 1982.
손정목, 『한국개항기 도시사회경제사연구』, 일지사, 1982.
역사학회, 『전쟁과 동북아의 국제질서』, 일조각, 2006.
왕현종, 『한국 근대국가의 형성과 갑오개혁』(역비한국학연구총서 20), 역사비평사, 2003.
우쓰미 아이코 저·김경남 역, 『전후보상으로 생각하는 일본과 아시아』, 논형, 2010.
이규성·허정도, 『20세기초 원마산 도시공간의 복원적 연구』, 2000.
이우연, 『한국의 산림 소유제도와 정책의 역사 1600~1987』, 일조각, 2010.
이태진 편, 『한국병합, 성립하지 않았다』, 태학사, 2001.
이현희, 『정한론의 배경과 영향』, 대왕사, 1986.
일제강점하 강제동원피해진상규명위원회, 『강제동원명부해제집 1』, 선인, 2009.
鄭肯植, 『韓國近代法史改』, 博英社, 2002.
鄭肯植, 『韓國近代法史攷』, 서울 博英社, 2002.
정일균, 「갑오·을미개혁기 학부의 공문서관리제도」, 서울대학교 규장각 한국학연구원 편, 『高宗時代 公文書 硏究』, 태학사, 2009.
정재정, 『일제침략과 한국철도』, 서울대학교출판부, 1999.
정혜경 편, 『강제 동원을 말한다 1. 이름만 남은 절규: 명부편』, 선인, 2011.
정혜경 편, 『강제 동원을 말한다 2. '제국'의 끝자락까지: 명부편』, 선인, 2012.
정혜경, 『일본 '제국'과 조선인 노무자 공출』, 선인, 2011.
정혜경, 『일본제국과 조선인 노무자공출-조선인강제연행 강제노동연구 I』, 선인, 2006.
정혜경, 『일본제국과 조선인 노무자공출-조선인강제연행 강제노동연구 II』, 선인, 2011.
정혜경, 『일제 말기 조선인 강제 연행·강제 노동1. 일본편』, 선인, 2006.
조동걸, 『한말의병전쟁』, 한국독립운동사연구소, 1989.

조성윤, 『남양군도 일본제국의 태평양 섬 지배와 좌절』, 동문통책방, 2015.
조성윤, 『제국 일본의 남양군도 지배와 연구동향』, 제주대학교 탐라문화연구원, 2010.
지명관 외 저·김영필 역, 『전후보상과 한일의 상호이해』, 한양대출판부, 2003.
지수걸·김익한·설문원·김정인, 『조선총독부 공문서의 분류기술방법론』, 한국국가기록원, 2004.
채미하, 『일본 근대 역사기록물의 분류와 기술』, 한국국가기록연구원, 2004.
최덕규, 『제정러시아의 한반도정책 1891~1907』, 경인문화사, 2008.
최병택, 『일제하 조선임야조사사업과 산림 정책』, 푸른역사, 2009.
최영호 편, 『강제동원을 말한다 - 일제강점기 조선인피징용 노무자 미수금 문제』, 선인, 2015.
최영호·정혜경 외 편, 『강제 동원을 말한다 명부편 3-일제강점기 조선인 피징용 노무자 미수금 문제』, 2015.
한국국가기록연구원, 『조선총독부 도시계획 공문서와 기록 평가론』, 진리탐구, 2008.
한국국가기록연구원, 『조선총독부의 도시계획기록의 이해』, 진리탐구, 2008.
한국국가기록원 편, 『기록사료관리와 근대』, 진리탐구, 2005.
한국임업연구원, 『한국의 근현대 산림소유권 변천사』, 한국임업연구원, 2001.
허정도, 『전통도시의 식민지적 근대화 일제강점기의 마산』, 신서원, 2005.
홍순권, 『한말 호남지역 의병운동사 연구』, 서울대출판부, 1994.
홍영기, 『대한제국기의 호남의병연구』, 일조각, 2004.

[외국 도서]

T.R.Schellenberg, "*Mordern Archives - Principles and Techniques*", The Society of American Archives. 1956.
E.E. Dunlop, *The War Diaries of Weary Dunlop: Java and the Burma-Thailand Railway, 1942-1945*, Thomas Nelson Australia: Sydney, 1986.
大宅儀一, 『公文起案の実際』, 朝鮮図書出版株式会社, 1941.
高秉雲, 『近代朝鮮租界史の研究』, 雄山閣, 1987.
石渡隆之, 「公文類聚の構成」, 『北の丸. 14. 国立公文書館報』, 国立公文書館, 1975.
石垣幸子, 『朝鮮の千葉村物語 房総から渡った明治の漁民たち』, 崙書房, 2010.
竹前栄治, 『GHQの人びと 経歴と政策』, 明石書店, 2002.
朝日新聞社, 『日露と第1次世界大戦, 朝日クロニクル20世紀 第1巻 明治34年—大正5年』, 朝日新聞社, 2000.
岡本眞希子, 『植民地官僚の政治史—朝鮮·台湾総督府と帝国日本』, 三元社, 2008.
高木健一, 『今なぜ後補償か』, 講談社, 2001.
高秉雲, 『近代朝鮮租界史の研究』, 雄山閣, 1987.
古野直也, 『朝鮮軍司令部: 1904~1945』, 図書刊行会, 1990.
宮田節子編·解説, 『朝鮮軍概要史』, 不二出版, 1989.
近藤釼一編, 『太平洋戰爭下終末期 朝鮮の治政』, 朝鮮史料編纂會, 1961.

今村嗣夫·高木喜孝·鈴木五十三 編著,『戰後補償法 – その思想と立法』, 明石書店, 1999.
內閣官房記錄課 編,『現行法令輯覽 上』, 帝國地方行政學會, 1927.
內海愛子,『戦後補償からみたアジアと日本』, 山川出版社, 2002.
內海愛子,『朝鮮人BC級戦犯の記録』, 勁草書房, 1982.
內海愛子·田邊壽夫,『アジアからみた「大東亞共榮圈」』, 梨の木舍, 1983.
大江志乃夫,『世界史としての日露戦争』, 立風書房, 2001.
大江志乃夫,『日本の参謀本部』, 中央公論社, 1985.
大宅儀一編,『公文起案の実際』, 朝鮮図書出版株式会社, 1941.
大藤修 · 安藤正人,『資料保存と文書館学』, 吉川弘文館. 1986.
瀧井一博,『伊藤博文』, 中央公論新社, 2010.
福島鑄郎,『1946年9月GHQの組織と人事』, 巖南堂, 1984.
山田昭次, 植民地支配·戦争·戦後の責任—朝鮮·中国への視点の模索』, 創史社, 2005.
石垣幸子,『朝鮮の千葉村物語 房総から渡った明治の漁民たち』, ふるさと文庫, 2010.
小林英夫,『大東亜共栄圏」の形成と崩壊』, 御茶の水書房, 2006.
小林英夫,『帝國日本と總力戰體制』, 有志舍, 2004.
安藤正人·久保亨·吉田裕 編,『歴史学が問う公文書の管理と情報公開』, 大月書店, 2015.
安藤正人,『アジアのア-カイブズと日本-記録を守り記憶を伝える』, 岩田書院, 2009.
安藤正人,『日韓近現代歴史資料 の共用化のために:ア-カイブズ学からの接近』, 国文学資料館, 2005.
永桶由雄,『国立公文書館, 講座 Ⅱ(近代編Ⅲ)』, 国立公文書館, 1979.
外山操·森松俊夫編著,『帝國陸軍編制総覧』, 芙蓉書房出版, 1987.
外村大,『朝鮮人強制連行』, 岩波新書, 2012.
戦前期官僚制研究 会編·泰郁彦,『戦前期日本官僚制の制度·組織·人事』, 東京大学 出版会, 1981.
井口和起,『日露戦争の時代』, 吉川弘文館, 1998.
井口和起,『日本帝國主義の形成と東アジア』, 名著刊行会, 2000.
朝鮮重砲兵聯隊史 編輯委員會,『朝鮮重砲兵聯隊史』, 1999.
竹前栄治,『GHQ』, 岩波新書, 1983.
竹前栄治,『日本占領 GHQ高官の証言』, 中央公論社, 1988.
竹前栄治,『占領戦後史 対日 管理政策の全容』, 双柿舎, 1980.
秦郁彦,『陰謀史観』, 新潮社, 2012.
秦郁彦編,『日本陸海軍総 合事典』第2版, 東京大学出版会, 2005.
秦郁彦編,『日本陸海軍合事典』第2版, 東京大出版, 2005.
坂本悠一·木村健二,『植民地都市釜山』, 櫻井書店, 2007.
坂本悠一編,『帝國支配の最前線: 植民地 (地域のなかの軍隊7)』, 吉川弘文館, 2015.
和田春樹,『日露戦争 起源と開戦(上)』, 岩波書店, 2009.
荒井信一,『戦後補償と 戦後責任 過去の清算 – 戦後日本占領と戦後改革5』, 岩波書店, 1995.

[국내 논문]

강정원, 「1930년대 일제의 조선공업화와 산림정책」, 『한국 근현대사 연구』 79, 2016.
강정원, 「일제 전시체제기 朝鮮林業開發株式會社의 설립과 운영」, 『역사문화연구』 66, 2018.
강정원, 「일제시기 산림에서 신고의 의미와 소유권 '법인'」, 『역사문화연구』 70-1, 2019.
강정원, 「일제의 조선 산림 관습조사와 그 성격」, 『한국민족문화』 68, 2018.
강정원, 『일제의 山林法과 林野調査 연구: 경남지역 사례』, 부산대학교 박사학위논문, 2014.
강정원, 『한말 일제초기 산림정책과 소유권 정리』, 부산대학교 석사학위논문, 2001.
곽건홍, 「일제강점기 '강제동원-강제노동'문제 청산의 현대적 과제」, 『기억과 전망』 4, 2003.
곽건홍, 「일제하 조선의 전시 노동정책 연구」, 고려대학교 박사학위논문, 1999.
국문학연구자료관보고서.
권태억, 「갑오개혁 이후 공문서 체계의 변화」, 『奎章閣』 17, 1994.
金容旭, 「馬山浦滋福洞, 月影洞 및 栗九味의 土地事件-露国單獨租界를 중심으로」, 『法史學研究』 6, 1981.
金義煥, 「朝鮮을 둘러싼 近代露日關係研究-馬山浦事件과 港民의 抵抗을 중심으로」, 『亞細亞研究』 11-3, 1968.
김건우, 「갑오개혁기 「공문식」과 공문서의 변화」, 『古文書研究』 29, 2006.
김건우, 「구한말 궁내부의 공문서 관리 규칙에 관한 일고찰」, 『한국기록관리학회지』 7(1), 2007.
김건우, 「통감부시기 토지·가옥 증명문서에 관한 고찰」, 『法史學研究』 37, 2008.
김경남, 「1894-1930년 '전통도시' 전주의 식민지적 도시개발과 사회경제구조 변용」, 『한일관계사연구』 51, 2015.
김경남, 「日帝强占期 釜山地域 市街地計劃公文書」, 『港都釜山』 21, 2005.
김경남, 「일제하 근대도시 인천에 관한 공문서」, 『인천학연구』 2-1, 2003.
김경남, 「전시체제기 식민도시 건설과 대구 시가지계획의 특성」, 『대구사학회 학술발표집』, 2016.
김경남, 「제국의 식민지·점령지 지배와 전후보상 기록의 재인식 조선의 식민지지배·보상처리 결재 구조와 원본출처를 중심으로」, 『기록학연구』 39, 2014.
김경남, 「한말 일제의 진해만 요새 건설과 식민도시 개발의 변형」, 『항도부산』 28, 부산광역시 사편찬위원회, 2012.
김경남, 「조선해협의 요새 군항건설과 국제관계」, 坂本悠一(編), 『地域と軍隊 帝國の最前線』, 吉川弘文館, 2015(일문).
김경남, 「GHQ점령기 사무절차와 명부원본의 출처에 대하여- 경제협력 한국 105분석을 중심으로」, 강제동원신상규명네트워크, 2009(일문).
김경남, 「전시체제기 근대도시부산의 식민지적 성격」, 『근대식민지부산의 도시형성: 「일본제국」에서 식민지와 사람의 이동을 둘러싸고, 九州國際大論文集』 181, 2011(일문).
김경남, 「제국과 식민지에서불균형잔존 기록의 구조와 식민지 지배의 특징-朝鮮 総督府 山林資源記録을 중심으로」, 『아카이브즈학연구』 15, 2011(일문).
김경남, 「조선해협의 요새·군항건설과과 국제관계」, 坂本悠一(編), 『지역과 군대, 제국의 최전선』, 吉川弘文館, 2015(일문).
金廣烈, 「1990年代 日本에서의 戰後補償論과 韓國人의 訴訟」, 『한일민족문제연구』 2권, 2002.

김도형, 「일제하 총독부 박물관 문서와 관리체계」, 『기록학연구』 3, 2001.
김도형, 「중부태평양 팔라우 군도 한인의 강제동원과 귀환」, 『한국독립운동사연구』 26, 2006.
김동철, 「박기종 내달리지 못한 근대의 꿈」, 『시민을 위한 부산인물사(근현대 편)』(부경역사연구소), 선인, 2004.
김명섭·김숭배, 「20세기 '전후보상' 개념의 형성과 변용: 한국과 일본 간 보상문제를 중심으로」, 『한국과 국제정치』 25-3, 2009.
김명환, 「'남양군도귀환자명부'를 통해 본 해방 직후 조선인의 남양군도 재류현황」, 『한국근현대사연구』 85, 2018.
김명환, 「1944년 남양청의 조선인 노무자 동원과 귀환」, 『한국민족운동사연구』 76, 2013.
김명환, 「일제말기 남양척식수식회사의 조신인 동원실태」, 『한일민족문제연구』 18, 2010.
김명환, 「조선인 이주, 강제동원 역사의 연구: 식민지시기 조선인의 남양군도(南洋群島) 이주실태(1914~1938)」, 『한일민족문제학회』 16, 2009.
김민영, 「강제동원 피해자에 대한조사 및 인원 추정」, 『2003년도 일제하 피강제동원 등 실태조사 보고서』, 정신문화연구원. 2003.
김민영, 「조선인 이주, 강제동원 역사의 연구: 일제강점기 국내 노무동원에 대한 연구: 전북지역의 사례」, 『한일민족문제연구』 16, 2009.
김상기, 「전기의병의 일본군에 대한 항전」, 『한국근현대사연구』 20, 2002.
김상기, 「한말 의병투쟁과 일본군의 학살」, 『근현대사 항일민족운동의 역사적 경험과 일본의 우경화』, 한국학중앙연구원, 2004.
金祥起, 「한말 일제의 침략과 義兵 虐殺」, 『역사와 담론』 52, 2009.
김상호, 「일제시기 조선총독부의 문서관리에 관한 연구」, 『한국문헌정보학회지』 26, 1994.
金相湜, 「朝鮮時代의公文書管理」, 『書誌學硏究』 창간호, 1986.
김순덕, 「경기지방 의병운동 연구(1904~1911)」, 한양대학교 박사학위논문, 2002.
김용삼, 「韓末 乙未義兵에 관한 考察: 嶺南 地域의 義兵活動을 중심으로」, 慶星大學校 教育大學院 석사학위논문, 1998.
김익한, 「불균형 잔존 행정기록의 평가방법시론-조선총독부 공문서의 평가절차론 수립을 위하여」, 『기록학연구』 13, 한국국가기록연구원, 2006.
김인덕, 「일본의 정한론과 대원군정권의 대응」, 성균관대학교 석사학위논문, 1987.
김재순, 「국가기록 분류체계의 변천과 개선방향」, 『기록보존』 10, 1997.
金才淳, 「일제의 公文書制度 장악과 운용의 실제」, 『韓國文化』 16, 1995.
김재순, 「韓國 近代 公文書管理制度의 變遷」, 『기록보존』 5, 1992.
김재순·이진영·김형국·이경용·이승일, 「조선총독부 공문서제도-기안부터 성책까지의 과정을 중심으로」, 『기록학연구』 9, 2004.
김창록, 「일본에서의 대일과거청산소송-한국인들에 의한 소송을 중심으로」, 『法史學研究』 第35輯, 2007.
김창록, 「한일 간 과거청산에 있어서 국가의 논리와 개인의 권리」, 『法史學研究』 30, 2004
김창록, 「한일 과거청산의 법적 구조」, 『법사학연구』 47, 2013.
김태웅, 「甲午改革 前後 地方公文書管理의 변화」, 『奎章閣』 23, 2000.
김태웅, 「甲午改革期 全國 邑事例 편찬과 '新定事例'마련」, 『國史館論叢』 66, 1995.
김태웅, 「대한제국의 역사적 위치」, 『大韓帝國期 古文書』, 國立全州博物館. 1995.
김헌주, 「후기의병의 사회적 성격에 관한 연구」, 고려대학교 박사학위논문, 2018.

김현숙, 「한말 조선정부의 고문관정책(1882-1904)」, 『역사와현실』 33, 1999.
김호성, 「政治社會運動으로서의 韓末義兵運動研究」, 한양대학교 박사학위논문, 1986.
김호성, 「韓末義兵運動研究(I): 政治社會運動으로서의 義兵運動」, 『論文集』 18, 1985.
노영종, 「일제강점기 노무자원 조사와 충남지역 강제연행」, 『한국근현대사 연구』 78, 2016.
노영종, 「일제강점기 충남지역의 강제연행 현황」, 『인문학연구』 111, 2018.
이상찬, 「규장각 소장 자료의 公文書分類圖章에 대하여」, 『書誌學報』 20, 1997.
박경룡, 「통감부 이사청 연구」, 『한국사연구』 85, 1994.
박배근, 「대일전후 보상소송과 국제인도법」, 『東北亞歷史論叢』 25, 2009.
박성준, 「갑오개혁~대한제국기 공문서 보존기관 起算과 책정기준」, 『韓國史學報』 35, 2009.
박성준, 「갑오개혁～대한제국기 공문서 보존기관 起算과 책정기준」, 『韓國史學報』 35, 2009.
박성준, 「대한제국기 公文書의 편철과 분류」, 『서지학연구』 41, 2008.
박성진, 「일제하 조선총독부의 공문서 분류방식」, 『기록학연구』 5, 2002.
박수형, 「韓末 義兵戰爭의 性格 變化」, 慶星大學校 教育大學院 석사학위논문, 1997.
박준호, 「『經國大典』 체제의 문서 행정 연구」, 『古文書研究』, 28, 韓國古文書學會. 2006.
朴洪圭, 「第2次 世界大戰의 後補償과 植民地支配에 대한 國際社會의 論議」, 『韓日民族問題研究』 2, 2002.
배성준, 「조선총독부 공문서 분류체계의 복원」, 『기록학 연구』 9, 2004.
배재수, 「일제하 관습적인 산림이용권의 해체과정」, 『한국산림과학회지』 87-3, 1998.
배재수, 『日帝의 朝鮮山林政策에 관한 研究: 國有林政策을 中心으로』, 서울대학교 대학원 박사학위논문, 1997.
서태원, 「대한제국기 원주진위대 연구」, 『역사와 담론』 37, 2004.
설문원, 「조선총독부 기록물을 위한 기능분류체계개발연구」, 『정보관리학회지』 20-1, 2003.
송병권, 「미국의 전후 한일 간 경제분리정책의 형성과 변용」, 『한국 근현대사 연구』 53, 2010.
송병권, 「일본의 전후 경제재건 구상과 조선 인식의 연속성」, 아세아연구 141, 2010.
시귀선, 「대한제국시기 기록문화」, 『大韓帝國期 古文書』, 국립전주박물관, 2003.
신병주, 「왕실에서의 기록물 생산과 보존」, 『고문서연구』 28, 2006.
신병주, 「조선후기 기록물 편찬과 관리」, 『기록학연구』 17, 2008.
신석호, 「한말의병(韓末義兵)의 개황(槪況)」, 『사총』 1, 1955.
신용균, 『日帝下 山林經營에 對한 研究와 造林의 緊要性』, 고려대학교 석사학위논문, 1964.
심철기, 「1907년 원주의병의 쇠퇴와 새로운 항일투쟁의 전개」, 『역사와 교육』 22, 2016.
심철기, 「1907년 의병전쟁 참여세력의 존재양상과 일제의 대응: 경기·강원·충청 재판기록을 중심으로」, 『한국민족운동사연구』 90, 2017.
심철기, 「한말 원주 의병의 발전과정과 운동 방략」, 연세대학교 박사학위논문, 2014.
심철기, 『원주지역 전기의병의 학문적 배경과 참여세력』, 『韓國思想史學』 38, 2011.
안자코 유카, 「총동원체제하 조선이 노동력 '강제동원' 정책의 전개」, 『한국사학보』 14, 2003.
여박동, 「조선총독부중추원 조직과 조사편찬사업에 관한 연구」, 『일본학연보』 4, 1992.
오영섭, 「한말의병운동의 발발과 전개에 미친 고종황제의 역할」, 『동방학지』 128, 2004.
유장근·허정도·조호연. 「대한민국시기 마산포 지역의 러시아조차지 성립과정과 각국공동조계지역의 도시화」, 『인문논총』 16, 2003.
柳漢喆, 「柳麟錫의 義兵 根據地論」, 독립기념관 한국독립운동사연구소, 1994.
이경용, 「조선총독부기록관리제도」, 『기록학연구』 10, 2004 .

이경용, 「한국의 근현대 기록관리제도사 연구(1894~1969)」, 중앙대학교 대학원 박사학위논문, 2002.
이경용, 「한말 기록관리제도: 공문서 관리 규정을 중심으로」, 『기록학연구』 6, 2002.
이구용, 「한말 의병항쟁에 대한 고찰」, 『국사관논총』 23, 1991.
이상의, 「1930년대 일제의 노동정책과 노동력 수탈」, 『한국사연구』 94, 1996.
이상찬, 「1896년 의병운동 통설에 대한 비판적 검토」, 『역사비평』 45, 1998.
이송순, 「조선총독부 도시계획의 정책변화와 기구 구성」, 한국국가기록연구원 심포지움 발표문, 2006.
이수환·이광우, 「1939-1945 경북 지역의 노동력 강제동원」, 『민족문화논총』 58, 2014.
이승엽, 「일본 국회도시관 헌정자료실 및 공문서관 소장 이왕가 관련문서의 현황과 연구」, 『藏書閣』 31, 2014.
이승일, 「국가기록원소장 조선총독부 법무문서군의 분류방안」, 『서지학연구』 35, 2006.
이승일, 「조선총독부 공문서 제도- 起案에서 成冊까지의 과정을 중심으로」, 『기록학연구』 9, 2004.
이승일, 「조선총독부 공문서를 통해 본 식민지배의 양상」, 『사회와 역사』 71, 2006.
이승일, 「조선총독부의 기록수집활동과 식민통치」, 『기록학연구』 15, 2007.
이승희, 「일제의 침략과정과 관련된 국내외 인물들에 관한 연구」, 한국연구재단 보고서.
이승희, 「통감부 초기 일본군헌병대가 운용한 한국인 밀정: 한국주차군(韓國駐箚軍)의 기밀비 자료에 대한 분석을 중심으로」, 『일본학연구소』 44, 2017.
이영학, 「갑오개혁시기 기록관리 제도 변화」, 『역사문화연구』 27, 한국외국어대학교 역사문화연구소, 2007.
이영학, 「통감부의 기록장악과 조선침탈」, 『기록학연구』 41, 한국기록학회, 2014.
이우연, 『朝鮮時代-植民地期 山林所有制度와 林相變化에 關한 硏究』, 성균관대학교 박사학위논문, 2006.
이원덕, 「일본의 전후 배상외교에 관한 고찰—국제비교의 관점」, 『東北亞歷史論叢』 22, 2008.
이원순, 「한말 일본인 고빙문제 연구」, 『한국문화』 11, 서울대학교 규장각한국학연구원, 1990.
임성모, 「대동아공영권 구상에서의 '지역'과 '세계'」(이내영·이신화, 『동북아지역 질서의 형성과 전개』), 아연출판부, 2011.
전성현, 「일제말기 경남지역 근로보국대와 국내노무동원 - 학생 노동력 동원을 중심으로」, 『역사와 경계』 95, 2015.
정일균, 「갑오·을미개혁기 학부의 공문서관리제도」, 『高宗時代 公文書 硏究』(서울대학교 규장각 한국학연구원 편), 태학사, 2009.
정일균, 「갑오개혁기 정부의 공문서제도」, 『사회와 역사』 101, 한국사회사학회, 2014.
정혜경, 「아시아태평양전쟁에 동원된 조선인 관련 통계 자료」『한일민족문제연구』 29, 2015.
정혜경, 「日帝末期 慶北지역 出身 强制動員 勞務者들의 抵抗」, 『한일민족문제연구』 25, 2013.
지수걸, 「총론 한국의 '근대'와 기록관리」, 한국국가기록연구원 편, 『기록사료관리와 근대』, 서울: 진리탐구, 2005.
최봉태, 「일제강점하 강제 동원 한국인 피해자들의 권리구제 현황과 쟁점」(현대송, 『한국과 일본의 역사인식』), 나남, 2008.
최원규, 「1900년대 日帝의 土地權侵奪과 그 管理機構」, 『釜大史學』 第19輯, 1995.

최원규, 「19세기후반 20세기초 경남지역 일본인지주의 형성과정과 투자사례」, 『韓國民 族文化』 14, 1999.
최철영, 「강제 동원 관련 한인(조선인) 소송에 있어 개인배상 청구권 연구」, 『동북아 역사논총』 19, 2008.
한동환, 「19세기 '정한론'의 허구성에 대한 비판적 연구」, 『인문과학연구』 34, 강원대학교 인문과학연구소, 2012.
한석호, 「천황제 이데올로기의 재생산에 관한 연구」, 전북대학교 박사학위논문, 2014.
허정도·이규성, 「일제강점기 원마산의 도시공간 변천과정 연구-1912년부터 1945년까지」, 『건축역사연구』 11-2, 2002.
홍순권, 「1909년 가을의 이른바 '남한대토벌작전'에 대하여」, 『고고역사학지』 9, 1993.
洪淳權, 「을사조약 이후 호남지역 의병운동의 발전과 의병장들의 성격」, 『韓國學報』 15-4, 1989.
홍순권, 「의병학살의 참상과 '남한대토벌'」, 『역사비평』 45, 1998.
홍순권, 「한말 경남지역 의병운동과 일본군의 의병 학살」, 『군사연구』 131, 2011.
洪淳權, 「韓末 義兵運動의 사상적 기반과 정치·경제적 지향: 1905년 乙巳條約 이후 湖南地域의 의병운동을 중심으로」, 『考古歷史學誌』 7, 1991.
홍순권, 「한말 일본군의 의병 진압과 의병 전술의 변화 과정」, 『한국독립운동사연구』 45, 2013.
홍순권, 「한말 일본군의 의병 학살」, 『제노사이드연구』 3, 2008.
히구치 유이치(허광무 역), 「조선인 강제동원 연구의 현황과 과제」, 『한일민족문제연구』 30, 2016.

[국외 논문]

加藤聖文, 「喪われた記憶-戦時下の公文書廢棄」, 『國文學研究資料館紀要』 アーカイブズ研究編, 第1, 2005.
加藤聖文, 「政党内閣確立期における植民地支配体制の模索 - 拓務省設置問題の考察 - 」, 『東アジア近代史』 1号, 1998.
加藤聖文, 「敗戦と公文書廃棄-植民地·占領地における実態」, 『史料館研究紀要』 33号, 2002.
橋本陽, 「町村役場における兵事係の記録管理 - 大郷村兵事 係文書を事例として」, 『GCAS Report 学習院大学大学院 人文科学研究科 アーカイブズ学専攻研究年報』 vol. 1, 2012.
宮内彩希, 「日清戦争における朝鮮人人夫の動員」, 『日本植民地研究』 22, 2010.
金慶南, 「朝鮮海への要塞·軍港建設と際係」, 坂本悠一(編), 『地域と軍隊 帝國の最前線』, 吉川弘文館, 2015.
今泉祐美子, 「南洋群島の日本の軍隊」, 坂本悠一 編, 『帝國支配の最前線: 植民地 (地域のなかの軍隊 7)』, 吉川弘文館, 2015.
金慶南, 「GHQ占領期における供託金の事務手続きと名簿原本の出所について-経済協力。韓国105分析を中心に」, 強制動員真相究明ネットワーク, 神戸学生青年センター, 2009.
金慶南, 「戰時制期における近代都市釜山開の植民地的性格」, 『近代植民地釜山の都市形成: 「日本帝國」における植民地との人の移動をめぐって』, 九州國際大論文集』第181, 2011a.
金慶南, 「帝國と植民地における不均衡残存記録の構造と植民地支配の特徴－朝鮮総督府の山林資源記録を中心に」, 『アーカイブズ学研究』第15号, 2011.
大山梓 編, 「山縣有朋意見書」, 『原書房明治百年史叢書』, 1966.
大山梓, 「日露戦争直前における日露関係の問題:馬山浦事件」, 『明治時代軍事史』, 1968.
渡邊佳子, 「内閣制創設期における記録局設置についての一考察」, 『GCAS Report 学習 院大学大学院人文科学研究科アーカイブズ学専攻研究年報』, 学習院大学, 2013.
渡邊佳子, 「明治期中央行政機関における文書管理制度の成立」, 安藤正人·青山英幸 (編), 『記録史料の管理と文書館』, 北海道大学図書刊行会, 1996.
渡邊佳子, 「日本近代における公文書管理制度の構築過程–太政官制から内閣制へ」, 安 安藤正人·久保亨·吉田裕(編), 『歴史学が問う公文書の管理と情報公開』, 大月書店, 2015.
渡邊佳子, 「日本近代における公文書管理制度の構築過程–太政官制から内閣制へ」, 安藤正人·久保亨·吉田裕(編), 『歴史学が問う公文書の管理と情報公開』, 大月書店, 2015.
藤永壯, 「開港後の「会社」設立問題をめぐって－朴琪宗と汽船業, 鉄道業」(上)(下), 『朝鮮 学報』140·141集, 朝鮮学会, 1991.
藍谷邦雄, 「戰後補償裁判の現狀と課題」, 『季刊戰爭責任研究10』, 日本の戰爭責任資料センター, 1995.
李鎬勳, 「韓國に求められる新たな戰後補償運動」, 『法學セミナー』, 日本評論社, 1995.
民衆法廷準備會, 「戦争責任, 過去から 未来へ」, 緑風出版, 1998.
山脇重雄, 「馬山浦事件」, 『東北大学文学部研究年報』第9, 10, 13上号, 1959.
石渡隆之, 「公文類聚の構成」, 『北の丸』第4号, 1975.
石渡隆之, 「公文雜纂のかたち」, 『北の丸』第11号, 1979.
石渡隆之, 「所蔵公文書 の紹介」, 『国立公文書館年報 創刊号』, 国立公文書館, 1971.
小山博也, 「明治の内閣(第1代~第14代)」, 白鳥令, 『激動の日本政治史明治大正昭和歴代国会委員史録(上券)』, 阿坂書店, 1979.
水野直樹, 「戰時期の植民地支配と內外地行政一元化」, 『人文學報』第79號, 京都大學 人文科學研究所, 1997.
田中宏, 「これでは, 戰後50年の區切りはつかない－戰後補償問題の檢証」, 『世界』, 606, 1995.
竹内康人,「內務省警報局保安科內鮮警察史料(種村氏警察参考資料)から見た労務動員数」, 『強制動員真相究明ネットワーク資料集』, 2014.
芝村篤樹, 「戦時国土計画の歴史的役割」, 『桃山学院大学 経済経営論集』, 1995.
千葉功, 「戦前期日本における公文書管理制度の展開とその問題性」, 安藤正人·久保亨・吉田裕編, 『歴史学が問う公文書の管理と情報公開』, 大月書店, 2015.
塚本孝, 『韓國の對日平和條約 署名問題－日朝交渉, 戰後補償 問題に關連して』, 國立國會圖書館 調査立法考査局, 1992.
坂本悠一, 「福岡県における朝鮮人移民社会の成立」, 『青丘学術論集』第13集, 1998.
布野修司·韓三建·朴重信·趙聖民, 『韓國近代都市景観の形成』, 京都大学出版会, 2010.
学習院大学東洋文化研究所, 『友邦文庫目録』, 勁草書房, 2011.
洪淳権, 「日本帝國」における植民地との人の移動をめぐって」, 『経営経済論集』第18巻 1号, 2011.
Lester I. Tenney, *My Hitch in Hell: the Battaan Death March*, Brassey's Inc.: USA, 1995.

[기타]

http://www.archives.go.kr/ 국가기록원 기록정보서비스
http://nl.go.kr/nl/ 국립중앙도서관 자료검색포털
http://www.history.go.kr/ 국사편찬위원회 한국사데이터베이스
http://jsg.aks.ac.kr/ 한국학중앙연구원 장서각
http://kyujanggak.snu.ac.kr/center/ 서울대학교 규장각한국학연구원
http://www.knu.ac.kr/ 경북대학교 개인문고실
http://www.jacar.go.jp/ 日本國立公文書館
http://www.jacar.go.jp/DAS/meta/MetaOutServle/ アジア歴史資料センター
http://www.ndl.go.jp/ 日本國立國會圖書館
http://www.nids.mod.go.jp/military_archives/index.html/ 防衛省防衛研究所史料閲覽室
外村大, 「研究ノート 強制ではないことの意味を考える」, 2015. 4. 20. (外村大研究室HP, http://www.sumquick.com/tonomura/note).

찾아보기

글의 출처

이 책의 각 부는 기존에 발표된 논문을 수정·보완하고 내용을 대폭 추가한 것이다. 구체적인 출처는 다음과 같다.

제1부

- 1894-1910년 한국과 일본 근대기록구조의 중층성과 종속성(한국기록관리학회지 15-3, 2015)
- 한말 일제의 진해만 요새 건설과 식민도시 개발의 변형(항도부산 28, 2012)

제2부

- 帝国と植民地における不均衡残存記録の構造と植民地支配の特徴 - 朝鮮総督府の山林資源記録を中心に(アーカイブズ学研究 15, 2011)
- 전시체제기 중층적 결재구조로 본 강제동원(한일민족문제연구 35, 2018)

제3부

- 제국의 식민지 점령지 지배와 전후보상 기록의 재인식(기록학연구 39, 2014)

김경남金慶南

현재 경북대학교 인문대학 사학과 교수
전공 한국근대사, 기록관리제도사
경북대학교 사학과 졸업, 부산대학교 대학원 졸업(석사·박사학위 취득)
일본 교토대학 외국인연구원, 호세이대학 교수 역임

저서
『일제의 식민도시건설과 자본가』, 도서출판 선인, 2015.
『조선총독의 편지』, 도서출판 선인, 2015.(공저)
『근현대 지역공동체 변화와 유교 이데올로기-지역공동체 재편 Ⅰ』, 흐름, 2016.(공저)
『근현대 지역공동체 변화와 유교 이데올로기-지역공동체 재편 Ⅱ』, BookRail, 2017.(공저)
『일제의 조선구관제도 조사와 기초자료』, 혜안, 2019.(공저)
『일제의 조선 관습조사 자료 해제Ⅲ』, 혜안, 2019.(공저)

일본의 식민지배와 역사적 책임
중층적 결재 구조로 본 식민지배

찍은 날 2020년 2월 21일 • **펴낸 날** 2020년 2월 28일
지은이 김경남 • **펴낸이** 김상동 • **펴낸 곳** 경북대학교출판부
출판등록 1973년 10월 10일 ㉱97호 • **주소** 대구광역시 북구 대학로 80 • **전화** 053-950-6741~3
팩스 053-953-4692 • **이메일** press@knu.ac.kr • **홈페이지** http://knupress.com
ISBN 978-89-7180-533-6 93910